Das Buch

Georg Groddeck (1866–1934) gilt als Pionier der psychosomatischen Medizin. Wenngleich er zu seiner Zeit als Kuriosum, als »Jahrmarktsänger der Psychoanalyse«, betrachtet wurde, wird er heute als Vater der Psychosomatik wiederentdeckt. Herbert Will zeichnet äußerst sorgfältig und einfühlsam den Werdegang dieses außergewöhnlichen Menschen nach. Er schildert seine Entwicklung vom Mediziner zum Psychoanalytiker sowie dessen intensive Begegnung mit Freud, der den Begriff des »Es« von Groddeck übernommen hat. Will verschafft Zugang zum unkonventionellen Denkansatz Groddecks, er schildert dessen therapeutische Erfolge im eigenen Sanatorium, die ihn in ganz Europa bekannt machten; und schließlich stellt Will den weniger bekannten Literaten Groddeck vor, über den Ingeborg Bachmann 1967 schrieb: »Ein glänzender Schriftsteller, den man aber auch lesen kann, wenn man ein paar Volksschulklassen absolviert hat, seine Prosa ist witzig, trivial, großartig.« Insgesamt entsteht das Bild eines Menschen, der in seiner Vielschichtigkeit fasziniert und der von tiefer Empathie geprägt war: Im Mittelpunkt des Denkens und Handelns Georg Groddecks stand immer der Mensch, er betrachtete nicht eine bestimmte Krankheit als behandlungsbedürftig, sondern den Kranken selbst, und er war überzeugt, daß eine Krankheit stets eine Schöpfung des »Es« und damit sinnvoll sei. Erich Fromm schrieb kurz nach Groddecks Tod: »Er war als Mensch so groß, daß man erst in zweiter Linie an den Psychologen denkt; und doch war er als Psychologe kaum weniger einzigartig wie als Mensch.«

Der Autor

Herbert Will wurde 1951 in Südafrika geboren. Er studierte Theologie und Medizin und arbeitete drei Jahre lang als wissenschaftlicher Assistent für Systematische Theologie und Ethik an der Universität München. Er promovierte über Georg Groddeck. Heute arbeitet er in einer Klinik für Psychotherapie und Psychosomatische Medizin und macht daneben eine psychoanalytische Ausbildung. Veröffentlichungen u. a. im ›Kursbuch‹ und in ›Psyche‹.

Herbert Will:
Georg Groddeck
Die Geburt der Psychosomatik

Mit 20 Abbildungen

Deutscher
Taschenbuch
Verlag

Der Titel der Originalausgabe lautet: ›Die Geburt der Psychosomatik. Georg Groddeck, der Mensch und Wissenschaftler‹ (Urban & Schwarzenberg, München 1984).

Ungekürzte Ausgabe
August 1987
Deutscher Taschenbuch Verlag GmbH & Co. KG, München

ISBN 3-541-14051-8
Umschlaggestaltung: Boris Sokolow
Gesamtherstellung: C. H. Beck'sche Buchdruckerei, Nördlingen
Printed in Germany · ISBN 3-423-15034-3

Inhalt

I. Einleitung

Georg Groddeck (1866–1934) gilt als Pionier der psychosomatischen Medizin, als ebenso genialischer wie umstrittener Außenseiter aus den Anfängen der Psychoanalyse. Als erster in der Geschichte der Psychosomatik hat er Erkenntnisse und Techniken der Psychoanalyse verwendet, um organisch kranke Patienten psychisch zu behandeln. Zudem ist er mit seinen unkonventionellen Werken zur Psychoanalyse und Psychosomatik bekannt geworden, vor allem mit dem ›Buch vom Es‹ (1923). Den Begriff des »Es« hat Freud von ihm übernommen.

Heute gehört Groddeck zu den vielgelesenen Autoren der Psychoanalyse. Angesichts dessen ist es erstaunlich, daß man kaum etwas über ihn weiß, weder über sein Leben noch über die Zusammenhänge seiner Praxis und seines Denkens. Er selbst hat immer vollkommen unsystematisch und assoziativ geschrieben. Als enfant terrible der Psychoanalyse, das sich wenig um die Konventionen der medizinischen Wissenschaft scherte, wurde er mit seiner Arbeit bisher kaum ernstgenommen. Er war in jeder Hinsicht extrem und ließ kaum jemanden gleichgültig. Er wurde bewundert oder abgelehnt. Seine Feinde waren Moralisten, Wissenschaftler, Ärzte, Psychiater, diejenigen, die ein vor allem geordnetes und rationales Wissen liebten. Seine Freunde waren jene, die hinter seinen Extremen und seinem persönlichen Charme die Kraft ungewöhnlicher und konsequenter Einsichten spürten. Zu ihnen gehörte der Philosoph Hermann Graf Keyserling. Er berichtete 1924 einem Freund: »Ich war 8 Tage in Groddecks Behandlung. Können Sie mir's glauben? Er ist der reinste, feinste, überlegenste, dabei herzenswärmste Mensch, den man sich denken kann, als Arzt Genie, buchstäblich welt-überlegen, über die Analyse hoch erhaben, von allen lebenden Analytikern bei weitem der bedeutendste Mensch. Aber er ist furchtbar scheu und zart, ist viel verletzt worden, hat sich dauernd gegen die Ärzte einerseits, den Schmuu, Schwindel und Cant andrerseits wehren müssen – und so verspritzt er gleichsam seine Bücher, wie das Stinktier, um sich zu retten oder der Tintenfisch, um sich zu verbergen« (Groddeck-Almanach 1986, S. 174f.).

Groddeck starb 1934, zu einer Zeit, als in Deutschland jede Art produktiven Denkens bekämpft wurde. Seine Bücher wurden verbrannt, ihre Titel von den Nazis auf die »Liste des schädlichen und unerwünschten Schrifttums« gesetzt. Nach dem Krieg begannen Viktor von Weizsäcker und Alexander Mitscherlich gegen große

Widerstände die psychoanalytische Psychosomatik in Deutschland wieder einzuführen. Groddeck wurde dabei »vergessen«. Seine Arbeiten waren immer umstritten gewesen, aus moralischen und aus wissenschaftlichen Gründen. »Das schmutzigste und gemeinste Buch, das je geschrieben wurde«, hatte eine Leserin zu seinem psychoanalytischen Roman ›Der Seelensucher‹ gesagt, Freud hingegen hatte ihn das Werk eines Rabelais ebenbürtigen Kopfes genannt. Am meisten war Groddeck bei den Psychoanalytikern, bei Freud, Ferenczi und Erich Fromm, anerkannt gewesen. Sie hatten ihn als wissenschaftlichen Innovator geschätzt; Freud meinte, daß Groddeck vergebens aus persönlichen Motiven beteuere, er habe mit der gestrengen, hohen Wissenschaft nichts zu tun. Daneben waren es vor allem Schriftsteller gewesen, die Groddeck verehrten.

Im angloamerikanischen Bereich gibt es bis heute eine ungebrochene Groddeck-Tradition, Groddeck gilt dort selbstverständlich als Klassiker der Psychoanalyse und der psychosomatischen Medizin. In Frankreich wurde er innerhalb der letzten fünfzehn Jahre zu einem der bekanntesten und meistdiskutierten Psychoanalytiker. In vielen weiteren Ländern und Sprachen sind Groddecks Werke verbreitet, etwa in Skandinavien, Holland, Italien, in Spanien und Portugal und im ganzen südamerikanischen Raum. In Deutschland war Groddeck nach 1934 bald vergessen. Bezeichnenderweise war es 1961 ein englischsprachiger Autor, Lawrence Durrell, der die ersten deutschen Neuausgaben Groddeckscher Werke initiierte. Seitdem wird Groddeck bei uns zunehmend mehr gelesen. Heute liegt eine Vielzahl seiner Werke auch in Taschenbuchausgaben vor.

1984, zu Groddecks 50. Todestag, fand ein großes Ereignis statt: das erste Groddeck-Symposion in Baden-Baden, international, interdisziplinär, nur selten langweilig oder trocken – der Prophet findet endlich Gehör im eigenen Land. 1986 wurde in Zürich die Georg-Groddeck-Gesellschaft gegründet mit Sitz in Frankfurt a. M. (Holzhausenstr. 4). Sie kümmert sich um Groddecks Werk in all seinen Aspekten und ist offen für Interessenten jeder Couleur. Sie plant die Edition einer Groddeck-Werkausgabe, die 1987 mit der deutschen Erstveröffentlichung der 116 Vorträge von 1916–19 einsetzt.

Dieses Buch stellt Groddecks Werk im Zusammenhang seines Lebens erstmals ausführlich dar. Im Mittelpunkt steht Groddeck als Psychosomatiker und Psychoanalytiker. Der biographische Teil bringt erste Mitteilungen über sein Leben; im systematischen Teil ging es mir darum, die hintergründige Struktur zu entschlüsseln, die seine provozierend systemlosen und phantastischen Arbeiten organisiert. Dieser Teil kann auch als orientierender Kommentar zur Groddeck-Lektüre gelesen werden. Vorarbeiten gab es nahezu keine, eine deutsche Sekundärliteratur zu Groddeck existierte bisher in keinem nennenswerten Umfang. Im Anhang findet sich eine in diesem Ausmaß erstmals zusammengestellte Bibliographie der Arbeiten Groddecks; die weltweite Sekundärliteratur wurde ebenfalls so umfassend wie möglich dokumentiert. Diese Arbeit wäre nicht möglich gewesen ohne die großzügige Hilfe Margarete Honeggers aus Zürich. Frau Honegger, die als Patientin zu Groddeck gekommen war und eine enge Freundin der Familie wurde, übernahm nach dem Tod von Groddecks zweiter Frau Emmy die Verwaltung des umfangreichen Groddeck-Nachlasses. Sie stellte auch die Originale der abgebildeten Photos und Faksimiles zur Verfügung.

Heinrich Meng, der Psychoanalytiker und Vater der Psychohygiene, der ebenfalls eng mit Groddeck zusammengearbeitet hatte, meinte nach dessen Tod 1934: »Die Freunde und Schüler Groddecks werden dafür zu sorgen haben, daß seine Anschauungen nicht als dunkle und willkürliche Schöpfungen in einem Museum für geistige Kuriositäten hinterlegt werden. Sie sind praktisch zu wichtig. Seine Anhänger werden dafür um so mehr sich einsetzen, als ihnen der heilige Eifer Groddecks unvergeßlich sein wird. – Er ist von vielen sehr geliebt worden, und er wird lieb behalten werden, denn er war gütig, genial und stark. Sein Tod mahnt uns, ihn von neuem zu verstehen« (Meng 1934, S. 411).

Ich hoffe, daß dieses Buch dazu beitragen wird.

München, im Frühjahr 1987 H. Will

II. Groddeck und die Anfänge der psychosomatischen Medizin nach dem Ersten Weltkrieg

»Das was man jetzt unter Psychotherapie versteht, ist von mir in das Tätigkeitsgebiet der Ärzte eingeführt, die Grundlagen der modernen Psychotherapie des praktischen Arztes sind von mir gelegt worden, auf diesen Grundlagen hat sich alles Weitere aufgebaut und wird sich alles Weitere in den nächsten Jahren aufbauen. Es ist mein geistiges Eigentum« (Groddeck 1927e, S. 1). Das schrieb Groddeck in einem Kommentar zu den großen Psychotherapiekongressen 1926 in Baden-Baden und 1927 in Bad Nauheim, wobei er anmerkte, es handle sich bei dem, was man im Rahmen der Kongresse unter Psychotherapie verstehe, »nicht um die Behandlung von Neurosen oder Psychosen, sondern um die Verwendung psychischer Behandlungsfaktoren in der Allgemeinpraxis, bei organischen Erkrankungen so gut wie bei seelischen« (ebd.).

Das, was wir heute psychosomatische Medizin nennen, schillert zwischen der hochspezialisierten klinischen Psychosomatik besonderer Krankheitsbilder wie der Colitis ulcerosa, der Anorexia nervosa, des Asthma bronchiale, und jener Medizin der Zukunft, von der in den 20er Jahren viel gesprochen wurde: in der die Gegensätze von naturwissenschaftlicher und psychotherapeutisch-patientenorientierter Medizin aufgehoben sein sollten.

Groddeck war ein Vorläufer beider Richtungen. Er verwendete die Begriffe »Psychosomatik« und »psychosomatische Medizin« nie und sprach auch selten von »psycho-physisch«, jenem Begriff, der in den 20er Jahren der übliche war, wenn man sich mit den Wechselwirkungen von Psyche und Physis beschäftigte. Ihm schienen alle Begriffsbildungen unbrauchbar, die eine Differenz zwischen Psyche und Körper nahelegten.* In der ärztlichen Praxis gehe man, meinte er, wie im Leben von einem einheitlichen organischen Zusammenhang des Leibes mit der Seele aus. Es sei zwar sinnvoll, unter praktischer Perspektive Leib und Seele als different voneinander zu betrachten: für die konkrete Entwicklung und Anwendung physischer bzw. psychischer Behandlungsmethoden. Theoretisch-dogmatische Erörterungen der Leib-Seele-Frage aber hielt er für unfruchtbar und für die therapeutische Praxis hinderlich. Groddeck war medizinischer Praktiker und Empiriker.

* Ich werde weiterhin für Groddecks Arbeit die Bezeichnung »Psychosomatik« und »psychosomatische Medizin« verwenden, da sie nach dem heutigen Sprachgebrauch auch jenen Ansatz umfaßt, den Groddeck vertrat.

Die psychosomatische Medizin des 20. Jahrhunderts hat eine lange Vorgeschichte, die in der Medizin zwischen Aufklärung, Romantik und Idealismus Kontur gewann (vgl. Hahn 1976). Doch erst in den 20er Jahren dieses Jahrhunderts begann man systematisch und methodisch reflektiert, organische Erkrankungen psychisch zu behandeln, also klinische Psychosomatik im heutigen Sinn zu betreiben.

Der große Aufbruch der Psychotherapiebewegung nach dem Ersten Weltkrieg, an dem auch Groddeck beteiligt war, hatte sich auf verschiedenen Ebenen angekündigt.

1. Die akademische Psychologie und Philosophie um die Jahrhundertwende und in den ersten Jahrzehnten unseres Jahrhunderts hatte *ein* großes Thema: die Leib-Seele-Frage, das psychophysische Problem. Sie war nicht nur terminologisch so einflußreich, daß das Begriffspaar psychisch-physisch die deutsche psychosomatische Diskussion der 20er Jahre fast durchgehend bestimmte, sondern regte vor allem eine Flut experimenteller Forschungen an, die sich im akademischen Rahmen mit den psycho-physischen Wechselwirkungen beschäftigten.

2. Hypnose und andere Suggestionsmethoden hatten gegen Ende des 19. Jahrhunderts eine ganze klinische Kultur und experimentelle Forschungsrichtung hervorgebracht, die auch in der Öffentlichkeit dafür sorgte, daß die Macht der Psyche gegenüber körperlichen Vorgängen bereitwillig anerkannt wurde. Die sich entwickelnde psycho-physische Forschung, die sich oft der Hypnose bediente (ein Repräsentant war G. R. Heyer in München), war in den 20er Jahren viel weiter verbreitet als die klinisch-therapeutisch orientierte Psychosomatik.

3. Hier schlossen sich auch die experimentellen Forschungen der großen Physiologen wie Cannon, Hess und Pawlow an.

4. Es gab eine Vielzahl medizinischer Schulen und Richtungen, die therapeutisch-praktisch orientiert waren und »den ganzen Menschen«, »den Kranken, nicht die Krankheit« in den Mittelpunkt ihrer Medizin stellten. Dazu gehörte neben paramedizinischen und naturheilkundlichen Richtungen die damals sehr wichtige und öffentlichkeitswirksame Sanatoriums- und Kurmedizin. Einer ihrer Vertreter war Ernst Schweninger, Georg Groddecks Lehrer, der zugleich Ordinarius an der Berliner Universität war.

5. Auch in der Hochschulmedizin, der akademischen Klinik, gab es Richtungen, die gegen gewisse Einseitigkeiten der naturwissenschaftlich-objektivierenden Medizin ihre Stimme erhoben. Kraus, von Bergmann, von Krehl, Siebeck und später vor allem Viktor von Weizsäcker sind hier zu nennen, die für die Geschichte der psychosomatischen Medizin wichtig geworden sind.

6. Die allgemein- und fachärztliche Praxis stieß zunehmend auf Erkrankungen, bei denen psychische Entstehungsfaktoren ganz offensichtlich im Vordergrund standen. Das erste große Thema war hier im ersten Jahrzehnt unseres Jahrhunderts das »psychogene Fieber«, »hysterische Fieber«. Einige wenige Praktiker sahen sich dazu angeregt, die Entstehung und Behandlung körperlicher Erkrankungen unter psychosomatischer Perspektive intensiver zu studieren und damit an die Öffentlichkeit zu treten. Zu ihnen gehörte Fritz Mohr.

7. Freuds Psychoanalyse war schon bei den Hysterien auf körperliche Elemente psychischer Erkrankungen gestoßen. Freud konzentrierte sich im weiteren auf den Bereich der Psychoneurosen, doch beschäftigten sich seine Schüler von ca. 1910 an auch intensiver mit genuin körperlichen Erkrankungen, vor allem funktionellen Störungen, bei denen man zunehmend psychische Krankheitsmomente fand. Das erste große psychosomatische Thema innerhalb der psychoanalytischen Bewegung war das Asthma bronchiale. Adler und seine Schule fanden über dessen Begriff der Organminderwertigkeit einen gewissen Zugang zu psychosomatischen Phänomenen (hier wurde vor allem Oswald Schwarz bekannt). Bemerkenswerterweise verhielt sich die psychoanalytische Schule in den 20er Jahren, was die psychosomatische Medizin anging, außerordentlich zurückhaltend. Nur wenige – Ferenczi etwa auf theoretischer Ebene und Felix Deutsch, Ernst Simmel und vor allem Georg Groddeck auch praktisch – setzten sich mit psychosomatischen Phänomenen auseinander. Groddeck beklagte oftmals seine Isolation innerhalb der psychoanalytischen Schule und die Abstinenz der meisten Psychoanalytiker in diesen Fragen. Wir werden später darauf zurückkommen.

8. Der Erste Weltkrieg brachte der psychosomatischen Medizin einen gewaltigen Aufschwung. Hysterische Konversionen, Kriegsneurosen, das Heer der Kriegszitterer und »Simulanten« und die psychischen Begleiterscheinungen des gemeinen Kriegsverwundeten gaben den psychotherapeutisch Tätigen ein reiches Patientenmaterial an die Hand. J. H. Schultz etwa, der später das autogene Training entwickelte, leitete ein Lazarett mit nicht weniger als 2000 Kriegsneurotikern, die er mit größtem Erfolg psychotherapeutisch behandelte. »Für die Entwicklung der Psychotherapie in Deutschland«, meinte Schultz später, bedeuteten diese Erfolge »eine große Hilfe. Sie zeigten unabweislich, daß Krankheitsbilder, die selbst von Fachleuten ersten Ranges als ›organisch‹ fehlgedeutet wurden, rein psychischer Beeinflussung wichen« (Schultz 1964, S. 80). Auch die psychoanalytisch Orientierten erlebten, wie ihre erfolgreiche Arbeit mit Kriegsneurotikern zur öffentlichen

Wertschätzung ihrer psychoanalytischen Methode wesentlich beitrug.

Und Georg Groddeck? Nach einem knappen Jahr war er 1915 als Leiter eines Baden-Badener Lazaretts entlassen worden, da er sich mit den Eigenarten der Kriegsmedizin nicht hatte abfinden können. Er saß weiterhin in seinem kleinen Sanatorium und machte Erfahrungen mit seiner psychosomatischen Medizin, von 1917 an in enger Zusammenarbeit mit Freud und dessen Schülern. Er war der konstanteste Faktor in der Entwicklung der psychosomatischen Medizin. Von 1900 bis 1934 entfaltete er in konsequentester Arbeit seine psychische Therapie organischer Leiden (wie er jene ärztliche Tätigkeit nannte, die heute psychosomatische Medizin heißt): die methodisch reflektierte Behandlung organischer Erkrankungen mit Hilfe der Psyche (des Kranken und des Arztes), die durch organische Behandlungsmaßnahmen ergänzt war. Groddeck wurde der bei weitem erfahrenste psychosomatische Praktiker der 20er Jahre. Zudem war er der erste und einzige, der damals ein umfassendes psychosomatisches Therapiekonzept und eine diesem adäquate psychosomatische Theorie ausarbeitete.

Zugegeben, er war immer etwas eigen, hielt sich abseits, beteiligte sich selten an den großen Diskussionen etwa um Felix Deutschs Begriff der Organneurosen oder um Ferenczis technische Neuerungen. Doch hatte er als engster Freund Ferenczis viel mit dessen Entwicklung während der 20er Jahre zu tun. Und andere produktive Psychoanalytiker wie Ernst Simmel, Frieda Fromm-Reichmann, Erich Fromm, Heinrich Meng, Karen Horney, Karl Landauer arbeiteten eng mit ihm zusammen. Allseits galt er als *der* Pionier der psychosomatischen Medizin.

Sigmund Freud hatte Groddeck 1917 mit offenen Armen empfangen, hatte ihn aber schon damals in Sachen der psychosomatischen Medizin an Ferenczi verwiesen, der »für mich«, so Freud, sich mit diesen Fragen auseinandersetzte. Mit Interesse, doch distanziert, verfolgte Freud weiterhin die psychosomatischen Versuche Groddecks, Simmels, Deutschs oder des Amerikaners Jelliffe. Freuds prononcierte Reserve gegenüber der Entwicklung der psychosomatischen Medizin, die Groddeck oftmals beklagte und die Freud auch vor Groddeck niemals dementierte, führte dazu, daß die Psychoanalytiker sich nur peripher mit Fragen der Psychosomatik auseinandersetzten. Die Zurückhaltung Freuds mochte mit seinem schwindenden Interesse an explizit therapeutischen Aspekten der Psychoanalyse zusammenhängen, die sich bei den Experimenten der psychosomatischen Behandlung, gerade auch bei Groddeck, in den Vordergrund schoben. »Fed up«, meinte Freud 1930 gegenüber Ferenczi, sei er mit den Diskussionen über die psychoanalytische Therapie (Freud/Ferenczi 1980, S. 143). Zwei weitere Gründe führte Freud in Briefen an Groddeck und von Weizsäcker an:

Groddeck hatte Freud auch 1921 wieder in sein Sanatorium nach Baden-Baden eingeladen, Freud hatte wie immer dankend abgelehnt, aus Zeitgründen. Doch, meinte er, »der wirkliche Grund ist ein andrer. Weil mir nämlich die Jugend abhanden gekommen ist. Wäre ich 15 Jahre jünger, so hätte mich kein Teufel abgehalten, mich Ihnen für einige Wochen aufs Genick zu setzen und zu schauen, was für Künste Sie trieben.... Aber jetzt, Ihnen sage ich es frei heraus und habe sogar eine Zuversicht, daß Sie's nicht vorzeitig weitersagen werden: Im Grunde hat man in den Jahren nur noch ein Bedürfnis, das nach Ruhe. Es ist eine ganz durchsichtige Rechnung. Da ich doch die Früchte von dem Baume nicht werde pflücken können, pflanze ich ihn lieber gar nicht. Gemein aber wahrhaft. Man will nichts Neues mehr lernen, dabei hat man auch vom Alten nicht die richtige Freude mehr... Es ist gewiß, daß ich nicht bei Ihnen sein kann, um mich allein an dem Charme Ihres Verkehrs zu erfreuen. Ich müßte mich auch um die merkwürdigen Einflüsse kümmern, die Sie studieren...« (Groddeck/Freud 1974a, S. 41f.).

Einen *zweiten Grund* gab Freud gegenüber Viktor von Weizsäcker an. Der hatte Freud 1932 seine Studie über ›Körpergeschehen und Neurose‹ zugesandt. Freud merkte zu von Weizsäckers psychosomatischen Überlegungen an: »Von solchen Untersuchungen mußte ich die Analytiker aus erziehlichen Gründen fernhalten, denn Innervationen, Gefäßerweiterung, Nervenbahnen wären zu gefährliche Versuchungen für sie gewesen, sie hatten zu lernen, sich auf psychologische Denkweisen zu beschränken. Dem Internisten können wir für die Erweiterung unserer Einsicht dankbar sein« (v. Weizsäcker 1954, S. 125).

Die psychosomatische Medizin war dem Begriff und der Sache nach in den 20er Jahren noch wenig verbreitet, obwohl sich mit dem Aufbruch der psychotherapeutischen Bewegung eine gewisse Sensibilität ihren Fragestellungen gegenüber entwickelte. Üblicherweise sprach man dann von psycho-physischen Zusammenhängen; auch das Begriffspaar psychisch-organisch wurde, zumal von Felix Deutsch, gerne benützt. Der erste programmatische Gebrauch des Begriffs »psychosomatisch« findet sich erst 1928 im Untertitel einer neu erschienenen Zeitschrift: ›Der Nervenarzt. Monatsschrift für alle Gebiete nervenärztlicher Tätigkeit mit besonderer Berücksichtigung der psychosomatischen Beziehungen‹.

Erst mit der Emigration deutscher Ärzte und Psychoanalytiker in die Vereinigten Staaten Anfang der 30er Jahre setzte sich der Begriff »Psychosomatische Medizin« auf breiter Ebene durch: aus sprachlichen Gründen, ist anzunehmen. Psycho-physic oder psycho-physical waren für den englischen Sprachraum unbrauchbare Wortschöpfungen, psycho-somatic schien das Gemeinte adäquat und verständlich auszudrücken. Mit der Gründung der Amerikanischen Psychosomatischen Gesellschaft (1934) und der Zeitschrift

›Psychosomatic Medicine‹ (1939) konnte Felix Deutsch den Begriff und die Sache endgültig einführen.

Auch in der klinischen und ambulanten Praxis war die psychosomatische Medizin zu Groddecks Zeiten noch keineswegs weit verbreitet. Man sprach viel über sie, arbeitete aber wenig mit ihr. »Es werden wohl kaum mehr als ein Dutzend Ärzte sein, die sich ernstlich mit dieser Sache befassen«, meinte Michael Balint noch 1926 dazu (Balint 1926, S. 641).

Wegen seiner rückhaltlosen Offenheit hatte Groddeck ganz besonders unter jenen Anfeindungen zu leiden, die der Psychoanalyse mit ihrem angeblichen Pansexualismus und ihrer Immoralität entgegengebracht wurden. So warnten in den 20er Jahren Baden-Badener Ärzte und Pfarrer ihre »Schäflein« davor, sich bei Groddeck in Behandlung zu begeben; Patienten Groddecks, die mit der Bahn nach Baden-Baden reisten, wurden auf dessen unsittliches Wirken angesprochen. Groddeck beschrieb, was an Platitüden über ihn umging: »Wenn zu diesem Arzte eine Dame ins Sprechzimmer käme und habe noch die Klinke der Eingangstür in der Hand, so frage er schon: ›Was ist das, was Sie da in der Hand haben?‹ und wenn sie dann sage: Eine Klinke, so belehre er sie: ›Nein, das ist ein Penis‹, und wenn sie dann ihm gegenüber säße, zeige er auf eine Vase und frage wieder: ›Was ist das‹, um die harmlose Antwort: Eine Vase, wiederum dahin zu verbessern: ›Nein, das ist auch ein Penis‹« (Groddeck 1927e, S. 2). Mehrmals wurde mit Hilfe der Baden-Badener Polizei versucht, das Erscheinen von Groddecks halböffentlicher Zeitschrift ›Die Arche‹ zu verhindern. Auch die Kollegen von der Medizinischen Fakultät hielten sich in diesen Fragen keineswegs zurück. Ein Bild von dem Niveau der damaligen Auseinandersetzungen auch um Groddeck gibt der Bericht Otto Fenichels von einer Diskussion über die Psychoanalyse in der Berliner Medizinischen Gesellschaft im April 1925. Dort machte der einflußreiche Psychotherapeut und geheime Sanitätsrat Albert Moll, ein ehemaliger Mitstreiter Groddecks aus dem Kreis um Schweninger, Stimmung, indem er »Groddecks ›Buch vom Es‹ zirkulieren ... ließ, in der Erwartung, wer hineingucke, werde schamrot werden, endlich indem er meinte, daß in der Psychoanalyse die Patientinnen ›aufgegeilt‹ würden (sic) und daß diese Methode die Sittlichkeit gefährde. Die Veranstaltung zeigte ein erstaunlich niedriges Niveau; ein Sturm von Affekten ließ jede Rücksicht auf nüchterne, vorurteilslose Wissenschaftlichkeit vergessen« (Fenichel 1925, S. 246f.).

1933 hatte dann der ganze unsittliche Spuk der Psychoanalyse offiziell ein Ende. Die psychotherapeutische Bewegung und Momente der psychosomatischen Medizin gingen in der Neuen Deutschen Heilkunde auf. Groddeck wurde nach seinem Tod 1934 bei uns schnell vergessen. Seine Wirkungsgeschichte entfaltete sich wie die junge psychosomatische Medizin zunächst im angelsächsischen Raum.

III. Groddecks medizinisch-psychologischer Werdegang – Aspekte seiner Biographie

Groddecks Leben wurde bisher erst einmal etwas ausführlicher dargestellt – und zwar 1965 von Carl und Sylva Grossman. Leider verarbeiteten die Grossmans das ihnen vorliegende biographische Material so phantasievoll, mit einer solchen Fülle historischer Ungenauigkeiten und romanhafter Ergänzungen, daß Maurers (1967, S. 13) Urteil, sie hätten eher eine Pseudobiographie in Form eines historischen Romans als eine sorgfältig gearbeitete Lebensbeschreibung geliefert, etwas scharf, aber nicht ganz unberechtigt erscheint. Auch Margareta Honegger, Groddecks Nachlaßverwalterin, zeigte sich mit Grossmans Biographie nicht einverstanden.

Auf den folgenden Seiten wurden ausschließlich Daten aus zuverlässiger Quelle zusammengetragen, um Groddecks Leben und seine Entwicklung zu rekonstruieren. Dankenswerterweise unterzog sich M. Honegger der Mühe, den Inhalt dieser Arbeit zu überprüfen und einige Korrekturen anzuregen, die sich ihrer intimen Kenntnis von Groddecks Lebenszusammenhängen verdanken. Eine umfassende Biographie konnte und wollte ich nicht schreiben, eher Vorarbeiten dazu liefern.

Groddeck selbst hat in ausführlichen, zum Teil publizierten analytisch-autobiographischen Berichten seine Entwicklung dargestellt (Groddeck 1926e, 1929a, 1932d und vielfältige Anmerkungen in der ›Arche‹, seiner Privatzeitschrift 1925–1927). Sie bieten eine Fülle biographischen Materials, vor allem zu seiner Kindheit und Jugend. Dieser eher private Aspekt von Groddecks Leben steht hier nicht im Vordergrund, ebensowenig seine vielfältige außermedizinische Tätigkeit. In seiner Universalität war Groddeck nicht nur Arzt, Praktiker und Theoretiker der psychosomatischen Medizin. Er veröffentlichte eigene Lyrik, Romane, Theaterstücke, betätigte sich als Sprachtheoretiker, entfaltete vielfältige soziale Aktivitäten, schrieb eine große Menge an Kommentaren zu politischen, ökonomischen, sozialen Entwicklungen der Zeitgeschichte, verfaßte Arbeiten zur Literatur und Kunst. All diese Aspekte seines Lebens sind noch weitestgehend unerschlossen. Hier kam es darauf an, die Grundlagen seiner Entwicklung und seines medizinisch-psychologischen Denkens darzustellen und Material zu sammeln, das einen Eindruck davon zu geben vermag, was Groddeck für die Entwicklung der psychosomatischen Medizin bedeutet hat.

1866–1885: Kindheit und Jugend

Georg Walther Groddeck erblickte am 13. Oktober 1866 das Licht der Welt – in Bad Kösen an der Saale, wo sein Vater, der praktische Arzt Carl Theodor Groddeck (1826–1885), eine Solbadeanstalt betrieb. Georg war das jüngste von fünf Geschwistern. Das innigste Verhältnis hatte er zu der um ein Jahr älteren Schwester Caroline, genannt Lina (1865–1903), sie bildeten die Kindheit hindurch ein unzertrennliches Paar.

Die Groddecks entstammten einer alten Danziger Patrizierfamilie, deren Geschichte sich bis ins 17. Jahrhundert zurückverfolgen läßt (K. A. v. Groddeck 1929; 1934). Als geborener Groddeck war man etwas Außergewöhnliches, nicht Alltägliches – dieses unterschwellige Wissen konstatierte Georg Groddeck auch für sich immer wieder. Erich Fromm, der in den 20er Jahren in Heidelberg und Frankfurt mit Groddeck zusammengearbeitet hatte, sprach sehr zutreffend von seiner »feudalen Einstellung« (1935, S. 386), die aller bürgerlichen Enge entriet. Sie habe es ihm ermöglicht, auf so erfrischende und produktive Art mit der Sexualmoral und allen anderen Tabus der bürgerlichen Gesellschaft umzugehen.

Georgs Großvater, Justizrat Carl August Groddeck (1794–1877), war Danziger Oberbürgermeister und während der Revolution 1848 Abgeordneter der Preußischen Nationalversammlung, ab 1849 Schriftführer der Preußischen Abgeordnetenkammer und vorübergehend Mitglied der Konservativen Partei. Sein Sohn, Carl Theodor, Georgs Vater, machte vornehmlich mit seiner medizinischen Dissertation Furore. Er hatte sie im Revolutionsjahr 1849 in Berlin vorgelegt: ›De morbo democratico, nova insaniae forma‹ (in erweiterter deutscher Ausgabe 1850 bei H. Sieling in Naumburg: ›Die demokratische Krankheit, eine neue Wahnsinnsform‹). Die Arbeit war in Anlehnung an Vorstellungen des großen Berliner Medizinhistorikers und Epidemiologen J. F. K. Hecker (›Die Tanzwuth, eine Volkskrankheit im Mittelalter‹. Berlin 1832), vermutlich sogar bei Hecker entstanden. Carl Groddeck analysierte das demokratische Denken als eine ansteckende Geisteskrankheit – mit Hilfe der Theorie, daß Krankheiten sich auch »auf dem rein psychischen Gebiet« (S. 48) verbreiten könnten: Psychische Ansteckung. Georg Groddeck liebte später diesen Begriff (den sein Vater noch nicht verwandte), zumal im ›Seelensucher‹, bezog ihn jedoch auf den alltäglichen und allumfassenden Assoziationszwang und auf die überwältigende Symbolik des Sexuellen. Die

Dissertation wurde mit der öffentlichen Disputation am 21. Dezember 1849 zu einem Politikum. Der akademische Senat der Berliner Universität lehnte sie ab, erst Innenminister von Manteuffels Eingreifen verhalf Carl Groddeck zu seiner Promotion (W. Groddeck 1941).

Georgs Vater wurde später Choleraarzt in Marienburg, ließ sich 1856 in Bad Kösen nieder, dessen Ruf als Soleheilbad er begründete, und zog schließlich 1883 als Armen- und Kassenarzt nach Berlin, nachdem er durch Bauspekulationen (die Gründerzeit stand in Blüte) all sein Hab und Gut verloren hatte. Als praktischer Arzt wurde er das erste große Vorbild Georgs – in seiner praktischen Tätigkeit wie in deren Reflexion: »In seinen letzten Lebensjahren grub er für seinen ärztlichen Privatgebrauch das schon damals fast vergessene Buch Rademachers, des Wiederentdeckers von Paracelsus, aus«, schrieb Georg Groddeck 1930. »Ich habe diese ›Erfahrungsheillehre‹ Rademachers schon als Gymnasiast gelesen; es ist für meine ärztliche und menschliche Entwicklung ebenso wichtig gewesen wie mein Schüler- und Freundesverhältnis zu Schweninger« (Groddeck 1970, S. 124).

Gottfried Rademacher (1772–1849) hatte seine Erfahrungsheillehre als Summe praktisch-ärztlicher Lebenserfahrung zusammengestellt: ›Rechtfertigung der von den Gelehrten misskannten verstandesrechten Erfahrungsheillehre der alten scheidekünstigen Geheimärzte und treue Mittheilung des Ergebnisses einer 25-jährigen Erprobung dieser Lehre am Krankenbette‹. 2 Bde, Berlin: G. Reimer 1843. Ebenso wie später Georg Groddeck war Rademacher ein Anhänger der aufklärerischen Tendenz zur Praxis, war Empiriker, nicht Dogmatiker: Er betonte die Kraft der Erfahrung gegenüber dogmatischen Schulbildungen und war damit ein typischer Vertreter der Aufklärungsmedizin.

Wie Rademacher verstand auch Groddeck sich zeitlebens als Empiriker, der sich gegenüber den – in seinen Augen – Dogmatikern der Schulmedizin, etwa den Zellular- oder den Humoralpathologen, abzugrenzen wußte. Noch Groddecks spätere spekulative Neigungen, die ihm so gern vorgeworfen werden (»Mystizismus«, »Es-Mythologie«), zeigen eine deutliche praktisch-aufklärerische Tendenz. Sie ermöglichten ihm Erfahrungen und Beobachtungen psychosomatischer Zusammenhänge, wie sie in den 20er Jahren unseres Jahrhunderts nirgendwo sonst beschrieben wurden. Die psychosomatische Medizin seiner Zeit vollzog sich weitgehend in Form experimenteller psycho-physischer Forschung, als – für Groddeck – dogmatische Wissenschaft. Groddeck war klinisch-praktisch-therapeutisch orientiert, lernte vorwiegend aus den Erfahrungen an seinen Patienten. So wurde er ein würdiger Nachfolger jener großen Empiriker unter den Ärzten, von denen er gelernt hatte: Paracelsus (Groddeck 1894 a), Rademacher und Schweninger

Georg Groddeck am 12. Juli 1876

(Groddeck 1930a). Noch 1934, als Groddeck wenige Tage vor seinem Tod im engen Kreis der Schweizer Psychoanalytiker über seinen Weg als Arzt sprach, gedachte er Schweningers und Rademachers, als dessen geistigen Schüler er sich bezeichnete (Meng 1934, S. 408).

Georgs Mutter Caroline (1825–1892) war Tochter des Literarhistorikers August Koberstein (1797–1870), eines Professors an der Landesschule Pforta. Er war durch seine große Literaturgeschichte bekannt geworden und präsidierte lange Zeit der damaligen Germanistengesellschaft »Vogelweide«, die oftmals bei den Groddecks in Bad Kösen tagte. Friedrich Nietzsche hatte zu jener Zeit in Schulpforta seine Gymnasialzeit verbracht, in der August Koberstein dort Direktor war. Nietzsche verkehrte häufig im Hause Koberstein, wo er auch Carl Theodor Groddeck und seine Doktorarbeit über die demokratische Krankheit kennenlernte – Carl hatte sie seinem zukünftigen Schwiegervater Koberstein gewidmet. Georg Groddeck war damals noch nicht geboren. Er hat Nietzsche erst später schätzen gelernt und besuchte noch 1904 mit Elisabeth Förster-Nietzsche dessen Grab (K. A. v. Groddeck 1929, S. 123). Mit Nietzsche verband ihn die Hochschätzung Shakespeares und vor allem Goethes. Sie war ihm durch seine Mutter Caroline vermittelt worden. »Für meine Mutter, die wohl die wichtigste Person meiner Kindheit gewesen ist, gab es zwei Götter, der eine war Goethe, ... der andre, nicht ganz so hoch verehrte war Shakespeare« (Groddeck 1926e, S. 363). Die Literatur spielte bei den Kobersteins und Groddecks eine große Rolle. Vor allem Georgs Mutter verachtete im Grunde ihres Herzens die Niederungen des Alltags; das literarische Leben war ihr das eigentliche Medium, in dem sie sich bewegte.

In dem klösterlichen Internat Schulpforta, einer der damaligen Eliteschulen, die vor Nietzsche schon Klopstock, Lessing und Ranke besucht hatten, verbrachte Georg Groddeck seine Gymnasialzeit (1878 bis 1885). Dort wurde er – soweit es sein äußerst mäßiger Lerneifer gestattete – mit dem humanistischen Bildungsgut vertraut. Die Zeit in der berühmten Pforte hat er erst in gesetzterem Alter schätzen gelernt. »Meine Pförtnerzeit ist wohl etwas anders verlaufen als bei vielen, unter meinen Kommilitonen waren aber eine ganze Reihe, denen es ging wie mir, schlechte, faule Schüler, die an Kenntnissen sehr wenig, an Lebensfähigkeit und Lebensmöglichkeiten sehr viel mitgenommen haben. Die ungeheure Einsamkeit, in die derartige Naturen gedrängt wurden, die Möglichkeit, sich auf sich selbst zurückzuziehen, sobald man das bißchen Schulsitte mitgemacht hatte, waren für langsam sich entwickelnde Naturen, für solche, die viel Kind in sich haben, unschätzbar wertvoll. Von mir bestimmt gilt es, daß ich durch andere Schulverhältnisse zugrunde gegangen sein würde« (zit. nach Roeder von Diersburg 1934, S. 45).

1885–1889: Das Medizinstudium – Ernst Schweninger

»Im Frühjahr 1885 verließ ich mit dem Reifezeugnis in der Tasche die Landesschule Pforta, um in Berlin am Wohnort meiner Eltern Medizin zu studieren. Kurz nach meiner Ankunft zu Hause hatte mein Vater einen Schlaganfall, er starb im September desselben

Jahres. Am ersten Oktober trat ich als Studierender der militärärztlichen Bildungsanstalten ein und siedelte in das alte, jetzt lange abgerissene Gebäude der Pépinière über. Am ersten April wurde ich der 6. Kompanie des Kaiser-Alexander-Regiments zugeteilt, um das halbe Jahr mit der Waffe abzudienen, zu dem Studierende der Medizin verpflichtet waren« (Groddeck 1926e, S. 386f.).

Da die Groddecks vollkommen verarmt waren, sollte Georgs Medizinstudium durch eine langfristige Verpflichtung zum Militärarzt erleichtert werden. Zudem halfen frühere Patienten des Vaters bei der Finanzierung des Studiums. Die Sammlungen wurden koordiniert von dem Dresdner Arzt D. Meinert, den Georg Groddeck den »Beschützer während meiner Studienzeit« nannte (ebd., S. 390). Ihm widmete Groddeck 1889 seine Doktorarbeit.

Das Medizinstudium in Berlin erlebte Georg Groddeck wenig begeistert. Hatte sein Vater die Medizin als praktische Kunst gepflegt, so wurde er jetzt mit einer Art akademischen Denkens konfrontiert, die ihm zutiefst widerstand: »Nicht Ärzte hat man auf der Universität ausgebildet, sondern Gelehrte, nicht Künstler, sondern Wissenschaftler.... Das Halbwissen hat man großgezogen.... Das Spezialistentum hat man gezüchtet.... In wüstem Chaos drängen sich beim jungen Arzt die Kenntnisse durcheinander.... Wer unter den jungen Leuten kann den Kranken helfen? Keiner, sie haben es nicht gelernt« (Groddeck 1970, S. 105f.).

Georg Groddeck hatte es gelernt, und zwar bei Ernst Schweninger (1850–1924), dem er sich in Berlin bald anschloß. Schweninger war der große Außenseiter an der Berliner Fakultät. Er hatte sich 1875 als 25jähriger in München für pathologische Anatomie habilitiert und wurde mit 30 Jahren als Leibarzt Bismarcks berühmt. »Tief brünett behaart und umbartet wie ein antiker Satyr wurde er zum Modearzt der guten Gesellschaft, die ihn mit dem Kaspar im ›Freischütz‹ verglich« (Richter 1962, S. 399).

Bismarck war damals schwerleidend. Verschiedenste medizinische Koryphäen hatten sich vergebens um ihn bemüht, Professor Frerichs, der damals bekannteste Diagnostiker, hatte schließlich auf Leberkrebs erkannt. Erst Schweninger konnte durch ein strenges Regime diätetischer und physikalischer Medizin einen durchschlagenden therapeutischen Erfolg erzielen. Er hatte die vorwiegend funktionellen Störungen Bismarcks, die eng mit seinem Lebenswandel zusammenhingen, adäquat erfaßt. Über das Prinzip dieser Therapie soll Bismarck zu Schweninger gesagt haben: »Bisher habe ich alle meine Ärzte behandelt. Sie sind der erste, der mich behandelt« (Groddeck 1926e, S. 344).

Ein Element von Schweningers Erfolg war seine starke suggestive Ausstrahlung, die er allem Anschein nach bewußt einsetzte. Er arbeitete mit der Übertragung, gerade, indem er eine streng individualisierte Therapie einsetzte, die ebenso unverwechselbar war wie der einzelne Kranke, auf den sie zugeschnitten war, und die im wesentlichen physikalische und diätetische Maßnahmen beinhaltete. Bismarck etwa durfte eine Zeitlang nur Heringe essen: die seither berühmten Bismarckheringe. Schweninger war in Friedrichsruh allgegenwärtig, saß zu jeder Mahlzeit an Bismarcks Tafel und kam nur mittwochs für Klinik und Lehre nach Berlin. Er war im wahrsten Sinne des Wortes Bismarcks Leibarzt.

Bismarck wollte Schweninger in Berlin halten und verschaffte ihm deshalb 1884 einen Lehrauftrag für Dermatologie und die Leitung der dermatologischen Poliklinik der Charité. Dies geschah gegen den Willen der Fakultät und vor allem Virchows, welcher massiv gegen Schweninger intrigierte, wobei es weniger um Schweningers wissenschaftliche Qualifikation als vielmehr um die Willkür Bismarcks ging (Munk 1979, S. 86). An der Charité sammelte Schweninger bald einen Kreis von Studenten um sich, zu denen neben Georg Groddeck auch Alfred Grotjahn gehörte, einer der Väter der Sozialmedizin und zugleich Vater des Psychoanalytikers Martin Grotjahn, welcher wiederum Georg Groddeck später sehr nahe stand. Als Schüler Schweningers und Kollegen Groddecks aus jener Zeit sind weiter erwähnenswert der Internist und Medizinhistoriker Richard Koch, der später das Medizinhistorische Institut der Universität Frankfurt gründete (dem heute wiederum Helmut Siefert vorsteht, in den letzten Jahren Herausgeber vieler Werke Groddecks) und Maximilian Harden, ehemals Medizinstudent bei Schweninger, dann Literat und Herausgeber der ›Zukunft‹, eine einflußreiche und schillernde Gestalt der damaligen Zeit. Über ihn wurde die ›Zukunft‹ eines der Publikationsorgane Groddecks.

In einer Würdigung Schweningers zu dessen 80. Geburtstag 1930 berichtete Groddeck von der kleinen »Schar junger heißblütiger Studenten, die sich am Ende der 80er und im Beginn der 90er Jahre allwöchentlich abends um 9 Uhr zum Gespräch in Schweningers Wohnung in der Zimmerstraße zusammenfanden, um selber vorlaut zu reden und schweigend zu hören, was dieser ärztliche Arzt und menschliche Mensch uns sagte, uns, die wir alle im tiefsten mit der Medizinwissenschaft zerfallen waren und in peinvoller Zerrissenheit Grimm und Hohn in uns nährten, um nur leben zu können« (Groddeck 1930a, S. 168).

Galt es damals als höchste Kunst der medizinischen Wissenschaft, fachgerecht zu diagnostizieren, dem Kranken eine Krankheit zuzuschreiben, so betonte Schweninger demgegenüber, daß der Arzt es nie mit Krankheiten, sondern immer mit Kranken zu tun habe. Er lehnte das Schlagwort der »Diagnose« leidenschaftlich ab, da es dem bestimmten individuellen Kranken und seinem Verhältnis zum Arzt, aber auch dem Verlauf einer Krankheit nie gerecht werden konnte. Ebenso verdammte er alle allgemeinen

Therapieschemata. Zur Ehrfurcht vor dem Kranken gehörte die individualisierende, auf den einzelnen Kranken zugeschnittene Behandlung. Ebenso wie Schweninger im Kampf mit der verabsolutierten Schulmedizin lag, ebensosehr wandte er sich gegen alle dogmatisierte Naturheilkunde, gegen alle Außenseitermethoden, die damals mit immer neuen Kuren und Diäten den Markt überschwemmten. Alle Medizin, die nicht den Kranken als Individuum zu ihrem Mittelpunkt hatte, war ihm ein Greuel.

Die jeweils angemessene individuelle Therapie wurde von Schweninger weitgehend intuitiv, auf der Basis seiner medizinischen Erfahrungen, bestimmt. Doch war sie nie auf Dauer festgelegt, sondern ausschließlich an der genauen Beachtung des Krankheits- und Gesundungsverlaufs orientiert. Bei der Anwendung einer Diät etwa sollte man »für *jedes Individuum* Zufuhr, Verbrauch, Abfuhr, Nutzen und Schaden, allgemeine und spezielle (locale) Ernährung, Circulation, Blutvertheilung und tausenderlei andere Dinge vorurteilsfrei und immerwieder prüfen und das Beste behalten, das aber doch immer nur relativ ist und sein kann und wieder nach Zeit, Verhältnissen und Umständen wechseln wird« (Groddeck/Schweninger 1896a, S. 453).

Die meisten Patienten, das war Schweningers Überzeugung, würden »von selbst«, d.h. durch unspezifische Therapiefaktoren geheilt: durch die unwillkürliche psychische Beeinflussung von seiten des Arztes, durch die tiefgreifende Veränderung der Lebensverhältnisse im Krankenstand, die durch unspezifische Therapiemaßnahmen wie Diäten und physikalische Medizin verstärkt würden. Heilerfolge, die auf eine spezifische Behandlung zurückgeführt würden, verdankten sich meist diesen unspezifischen Faktoren. Deswegen setzte Schweninger allen therapeutischen Eitelkeiten (als ob es der Arzt sei, der die Krankheit besiege) das Grundprinzip seiner Medizin entgegen: nil nocere, keinen Schaden anrichten, Zurückhaltung üben im Verordnen schwerwiegender Therapiemaßnahmen. Erst bei Kranken, die – wie Bismarck – trotz aller Therapien hartnäckig krank blieben, träten die Vorzüge seiner intensiven, differenzierenden, individualisierenden Medizin in den Vordergrund. Diese Vorstellungen entsprachen Groddeck. Schweninger wurde für ihn das wichtigste ärztliche Vorbild, Schweningers Ansichten bildeten die Basis auch seiner späteren psychoanalytisch-psychosomatischen Medizin. Groddeck wurde Schweningers Lieblingsschüler und Freund.

Neben Schweninger zeigte sich Groddeck während des Studiums nur durch den berühmten Physiologen Du Bois-Reymond und durch den Gynäkologen Olshausen beeindruckt, und dies, wie er berichtete, aus eher unakademischen Gründen: Ihre Namen

ÜBER DAS HYDROXYLAMIN

UND SEINE VERWENDUNG

IN DER THERAPIE DER HAUTKRANKHEITEN.

INAUGURAL-DISSERTATION

WELCHE ZUR

ERLANGUNG DER DOCTORWÜRDE IN DER MEDIZIN UND CHIRURGIE

MIT ZUSTIMMUNG DER MEDIZINISCHEN FAKULTÄT DER

FRIEDRICH-WILHELMS-UNIVERSITÄT ZU BERLIN

AM 4. OCTOBER 1889

NEBST DEN ANGEFÜGTEN THESEN

ÖFFENTLICH VERTHEIDIGEN WIRD DER VERFASSER

GEORG GRODDECK

AUS KÖSEN (PROVINZ SACHSEN).

OPPONENTEN:

HERR DR. MED. BRUCKE.
„ DR. MED. MIETHKE.
„ DD. MED. KERN.

BERLIN.

BUCHDRUCKEREI DER „POST“, KAYSSLER & CO.

1889.

erinnerten ihn an Gestalten aus seiner Kindheit. Doch Eindruck erweckt hat er selbst – zumindest einmal, bei dem Anatomen Wilhelm von Waldeyer-Hartz, nämlich am 4. Oktober 1889. Groddeck hatte bei Schweninger ›Über das Hydroxylamin und seine Verwendung in der Therapie der Hautkrankheiten‹ (Berlin 1889) promoviert und verteidigte am 4. Oktober in öffentlicher Disputation seine Promotionsthesen. »Der Dekan, Professor Waldeyer«, berichtete Groddeck darüber, »las während des Scheingefechts mit meinen Opponenten in meiner Dissertation. Als wir geendet hatten und ehe er uns vereidigte, ergriff er das Wort, was an sich schon ungewöhnlich war, und beglückwünschte mich mit den Worten: ›Ich hoffe, es zu erleben, daß Sie, Herr Doktor, nach Jahren in ähnlicher Stellung wie ich jetzt von diesem Katheder aus zur Zuhörerschaft sprechen werden‹« (Groddeck 1927g, S. 24). Waldeyer sollte der einzige akademische Mediziner bleiben, der Groddeck zu seinen Lebzeiten so positiv würdigte.

Es war insbesondere die dritte These, die Waldeyer beeindruckt hatte. Ihre Aussage wurde von Groddeck in seiner psychoanalytischen Zeit am weitestgehenden abgeändert: Die geistige Überlegenheit des Arztes zeigte sich dann nicht mehr wie noch in ›Nasamecu‹ (1913), das Schweninger gewidmet ist, in der Herrschaft des Arztes über den Patienten, sondern vielmehr in seiner Fähigkeit zu dienen, Diener des Kranken, sein ausführendes Organ im Prozeß der Heilung zu werden. Die drei Promotionsthesen von 1889, die er vor Augen gehabt hatte, sind auf S. 27 wiedergegeben, da sie den Einfluß Schweningers auf Groddeck sehr schön beleuchten.

Groddeck veröffentlichte seine Dissertation über das Hydroxylamin in Kurzfassung nochmals in den Monatsheften für Praktische Dermatologie und geriet prompt in einen Streit mit dem Dermatologen Eichhoff, dessen Untersuchungen er angegriffen hatte. Es ging um die Anwendung und die Wirksamkeit des neuen Mittels Hydroxylamin bei verschiedenen Hauterkrankungen. Groddeck hatte 23 eigene Behandlungen und deren mäßige Erfolge beschrieben und dann die sehr viel enthusiastischeren Arbeiten von Eichhoff, Fabry und Kantorowicz kritisiert. Letztendlich ging es ihm jedoch um mehr als um das Hydroxylamin. Mit Schweninger verdammte er die Suche nach »spezifischen« Pharmakotherapeutika, mit denen man darauf zielte, eine Krankheit zu bekämpfen, anstatt einen Kranken zu heilen. »Nehmen wir an, wir hätten ein Mittel gegen die Psoriasis, wie das Chinin gegen das Wechselfieber. Was wäre damit geholfen? Den einzelnen Fall könnten wir vielleicht etwas rascher zur Heilung bringen. ... Den Recidiven könnten wir aber auch mit dem besten Specificum nicht vorbeugen. Sie würden immer wiederkehren. ... Wir müssen den Kranken so heilen, daß

Thesen.

I.

Viele Krankheiten sind das Produkt der Lebensweise des Menschen. Will man sie heilen, so muss man die Lebensweise des Patienten ändern, da man die Krankheit selbst nur in den wenigsten Fällen durch sogenannte Specifica angreifen kann.

II.

In der Therapie der Hautkrankheiten kommt es weniger auf die Wahl des Mittels als auf die Art der Anwendung desselben an.

III.

Die geistige Ueberlegenheit des Arztes über den Patienten ist mit der wichtigste Faktor zum Gelingen einer Kur.

(Groddeck 1889, Appendix)

er nie wieder Psoriasis bekommt. Das rätselhafte Ding, das wir in unserer Unwissenheit ›Prädisposition‹ nennen, das müssen wir angreifen« (Groddeck 1890a, S. 171f.). Und dazu seien individualisierende Therapieformen, wie Schweninger sie entwickelt hat, nötig.

Eichhoff schrieb dagegen, argumentierte für das Hydroxylamin und gegen die Ergüsse der »weitschweifenden Phantasie« Groddecks (Eichhoff 1890a, S. 225); Groddeck antwortete abermals und rückte einige Platitüden Eichhoffs gegenüber Schweninger zurecht (Groddeck 1890b, S. 352f.), betonte etwa, daß Schweninger wie jeder andere Arzt nach bewährten Medikamenten greife, wenn sie indiziert seien, daß aber gerade dort, wo diese nicht wirkten, die Schulmedizin hilflos und Schweningers Vorstellungen wichtig würden. Schweninger behandelte ja gerade – wie später auch Groddeck – vorwiegend chronisch Kranke, die schon erfolglos durch die Hände vieler Ärzte gegangen waren: hoffnungslose Fälle. Diese Tatsache macht die Therapieerfolge beider um so erstaunlicher und ihre Therapiemethoden um so interessanter.

Georg Groddeck ca. 1895

Eichhoff erwiderte mit dem in seiner Borniertheit unschlagbaren und auch heute in Variationen weitverbreiteten Argument, »auch wir« und »schon immer« behandelten nicht nur die Krankheit, sondern auch den Kranken, trieben damit patientenbezogene Medizin ... (Eichhoff 1890b, S. 506). Die Fronten hatten sich geklärt. Groddeck hatte mit der akademischen Medizin abgeschlossen. Er erntete von ihr zeit seines Lebens nur Hohn und Spott, verteilte dergleichen aber ebenso freigebig. 40 Jahre später, Groddeck war zurückhaltend und weise geworden, meinte er zu seiner Doktorarbeit, sie sei »ein heftiges und für einen 23jährigen und ganz unerfahrnen Mediziner ungehöriges Pamphlet ... geworden, anmaßend in Form und Inhalt« (Groddeck 1927g, S. 19).

1889–1900: Die Zeit als Assistenz- und Militärarzt

Schweninger suchte Groddeck als Assistenten zu gewinnen. Doch konnte dieser nur ein gutes Jahr, von Februar 1890 bis Juli 1891, als Unterarzt an der Charité bei Schweninger arbeiten. Ursprünglich hatte Groddeck dann in der Nachfolge Schweningers nach Friedrichsruh ziehen sollen, um Bismarcks Leibarzt zu werden. Doch gelang es nicht, Groddeck von seiner 8jährigen Verpflichtung als Militärarzt befreien zu lassen, die er aus Gründen der Studienfinanzierung eingegangen war. So mußte er zunächst bis Februar 1893 beim II. Königlichen Füsilier-Regiment in Brandenburg an der Havel dienen, dann ab März 1893 an der Unteroffiziers-Vorschule in Weilburg an der Lahn. Von seiner Zeit als Militärarzt sprach Groddeck später selten. Er fühlte sich eingesperrt und in seiner Produktivität reduziert wie während seiner Zeit in Schulpforta. »Ich habe mir in meiner militärischen Dienstzeit viel Mühe gegeben, die Arme im Takt des Marschschritts zu bewegen, es ist mir aber nur mäßig gelungen« (Groddeck 1926e, S. 268). Dieser Kommentar sagt alles über die Bedeutung dieser Jahre.

Nach dieser Zeit kehrte Groddeck zu Schweninger zurück. Ein Jahr lang (März 1896 bis März 1897) leitete er dessen Berliner Sanatorium, dann zog er mit Familie und Schwester Lina nach Baden-Baden, wo er in einem weiteren Sanatorium Schweningers die Anwendung der Kuren leitete.

Der Breslauer Ophthalmologe Hermann Cohn veröffentlichte 1898 in der Wiener Medizinischen Presse einen ausführlichen Bericht über die Durchführung der Schweningerkuren, wie er sie in Baden-Baden bei Groddeck erlebt hatte. Wegen ihrer Bedeutung auch für den »psychoanalytischen« Groddeck zitiere ich ausführlicher aus Cohns Bericht.

Wodurch wurde nun dieser ausgezeichnete Erfolg erzielt? Die Cur war cito und tuto, aber jucunde war sie freilich nicht. Allein der Zustand der Patienten war vorher ein so unerträglicher gewesen, daß sie selbst jedes Mittel, das sie Heilung erhoffen ließ, mit eiserner Energie anwenden wollten.

Die drei Heilpotenzen, welche SCHWENINGER und GRODDECK anwandten, waren: 1. Massage des Unterleibes, 2. heiße Bäder und 3. eigenthümliche Diät ohne jede Brunnencur.

1. Massage. Sie wurde in ganz eigenartiger Weise von SCHWENINGER und GRODDECK persönlich ausgeführt, und zwar dreimal täglich, einmal vor dem Frühstück, einmal vor dem Mittag- und einmal vor dem Abendbrot, jedesmal eine Viertelstunde lang. Der Patient liegt flach auf einem Sopha mit etwas an den Leib angezogenen Oberschenkeln und gebeugten Knien, um die Bauchmusculatur zu erschlaffen; den Hinterkopf unterstützt der Kranke mit seinen Händen. Es handelt sich jedesmal um drei Arten von Massage, die ich Puffen, Kneifen und Bauchbeknieung nennen möchte.

Zuerst pufft der Arzt mit der geballten Faust die Gegend der Magengrube, schwach beginnend und immer stärkere Püffe versetzend, schließlich die Faust so tief als möglich in die Magengrube hineindrückend, wobei der Kranke sich bemühen muß, möglichst tief zu athmen. Das ist in den ersten Tagen kaum mehr als fünfmal möglich, so anstrengend ist die Zwerchfellbewegung bei dieser Art von Druck; allmälig aber gewöhnt sich der Kranke daran, 20mal hintereinander trotz dieses Faustdruckes Athem zu holen.

Hierauf kommt das Kneifen. Der Arzt fasst die fetten Hautdecken des Bauches so breit als möglich horizontal zwischen seine beiden Hände und zerquetscht die Fettträubchen derselben so kräftig, daß braune und blaue Flecke auf der Haut entstehen. Dabei wimmern und wehklagen die Kranken sehr; es ist der schmerzhafteste Theil der Procedur.

Endlich springt der Arzt in ganzer Person auf den Leib des Patienten, so daß seine beiden Knie tief in die Magengrube hineindrücken. Der Arzt bleibt in hockender Stellung auf dem Kranken so lange, bis dieser anfangs 5-, 7-, 10-, zuletzt 30mal tief Athem geholt hat. Es ist dies eine Gymnastik des Zwerchfells, wie sie bei keiner anderen Art der Massage möglich ist und die nach SCHWENINGER ganz wesentlich zum Schwunde desjenigen Fettes beiträgt, welches Herzthätigkeit und Athmung störend beeinflußt.

1*

Anfangs glaubt der Kranke natürlich, daß er eine solche Cur täglich dreimal nicht aushalten könne. Allein „Les anguilles aiment d'être écorchés", sagen die Franzosen, und in der That, die Aale lieben es schließlich, wenn sie geschunden werden; die Kranken sehnen sich am Ende nach dieser Procedur. Sie macht freilich im Anfang auf den Zuschauer einen ganz unheimlichen Eindruck. Als ich und andere Collegen sie zum ersten Male sahen, trauten wir unseren Augen kaum. Man glaubt, die Därme müssen bei dieser Bauchbeknieung zerquetscht werden, oder die Herzthätigkeit müsse, namentlich bei Herzfehlern, ungünstig beeinflußt werden. Das ist aber durchaus nicht der Fall; natürlich kann man nicht den ersten besten Masseur für diese Methode nehmen, nur ein geübter Arzt selbst, der Puls und Athmung zusammen beobachtet, und der bei alten Resten von Blinddarmentzündung die Gegend des Typhlon vorsichtig vermeidet, darf eine solche Massage vornehmen, denn er kann den Druck nach Bedürfniß variiren. Dr. GRODDECK versteht diese Art der Massage ganz besonders gewandt und exact auszuführen.

Ich habe bei keinem der Kranken, die in der Pension in dieser Weise massirt wurden, einen Schaden entstehen gesehen. Natürlich sind die Kranken nach solcher Massage sehr müde und sollen auch ruhig noch eine Zeit lang auf dem Sopha liegen bleiben.

2. Heiße Bäder. Es handelt sich hier nicht um Vollbäder, sondern um Theilbäder, und zwar wird am Morgen nach der Massage am ersten Tage ein heißes Armbad, am zweiten ein heißes Fußbad und am dritten ein heißes Sitzbad gegeben und in dieser Reihenfolge täglich fortgefahren. SCHWENINGER hat ganz eigenthümliche Armwannen und Fußwannen construirt. Die Armwannen sind große Blechkästen, die auf einem Tische stehen, einen Deckel mit 2 Löchern haben und welche mit Wasser von 36° Réaumur gefüllt werden. Oben ist eine Zuflußöffnung und seitlich ein Schlauch mit einem Hahn angebracht, der in einen Eimer führt. Der Kranke steckt seine Arme bis in die Nähe des Oberarmkopfes in die Wanne und läßt die Vorderarme und Hände auf Gurten ruhen, welche in der Wanne ausgespannt sind. Die Arme bleiben 20 Minuten in dem Bade, während deren immer von Neuem heißes Wasser zugegossen wird, so daß die Temperatur allmälig bis 40° Réaumur steigt. (Diese Wannen sind vom Klempner Paul Heyse in Berlin, Wallstraße 21, zu beziehen.)

Die Fußwannen unterscheiden sich von den gewöhnlichen Eimern dadurch, daß sie stiefelartig gestaltet sind, so daß die ganze Fußsohle bequem aufruhen kann, während die

Unterschenkel im rechten Winkel zum Oberschenkel gebeugt sind. Zufluß und Abfluß sowie die Temperatur werden wie bei den Armwannen regulirt; die Beine bleiben bis über die Wade hinauf ebenfalls 20 Minuten in dem Bade. Am dritten Tage wird ein Sitzbad von gleicher Temperatur genommen.

Der erste Shock, der beim Eintauchen der Arme, der Beine und namentlich des Unterleibes in dieses heiße Wasser entsteht, wird von allen Kranken als sehr unangenehm geschildert; aber sie gewöhnen sich ebenfalls an die Hitze und ertragen das Zugießen von heißem Wasser bis 40° nach 15 Minuten ganz gut. Es tritt starke Schläfrigkeit und Ermüdung nach diesen Bädern ein, und die Kranken sinken bald sehr matt in einen guten, ½—¾stündigen Schlaf. Natürlich wird jeden Tag nur ein solches Bad genommen.

3. Diät. Alles, was in der Pension Groddeck verabfolgt wird, kommt nur in sehr kleinen Portionen in das Krankenzimmer. Die Gläser sind Puppengläser, welche kaum 50 Grm. Wasser fassen. Die Teller sind Puppenteller, auf welchen höchstens eine Schnitte Fleisch Platz hat. Auch die Messer und Gabeln sind sehr klein. Das wirkt in suggestiver Weise recht gut. Man glaubt mehr gegessen und getrunken zu haben als man bekommen hat, da ja das Glas, respective der Teller voll war.

Die Mahlzeiten werden mit größter Pünktlichkeit alle 3 Stunden gereicht, das erste Frühstück um 7½, das zweite um 10½, das Mittagessen um 1½, die Vesper um 4½ und das Abendbrot um 7½ Uhr. Eine Table d'hôte existirt natürlich nicht; jeder Kranke erhält zur angegebenen Zeit die kleine Mahlzeit in sein Zimmer gebracht und ist in 2 Minuten bei den geringen Mengen, die gegeben werden, fertig.

Was die Speisen und Getränke anlangt, so sind eine ganze Anzahl durchaus nicht gestattet. Brot, Semmel, Kuchen, Butter, Fett, Zucker, Kaffee, Thee, Milch, Wein, Bier und Schnaps existiren überhaupt nicht. Trotzdem ist der Speisezettel ein täglich wechselnder.

(Cohn 1898, S. 171f.)

Die hier beschriebenen Techniken der Massage, der heißen Bäder und der diätetischen Maßnahmen wandte Groddeck zeit seines Lebens bei seinen Patienten an. Vor der analytischen Wende standen sie im Zentrum der Therapie, danach bildeten sie neben den analytischen Gesprächen ein wichtiges Element der psychosomatischen Behandlung.

1896 hatte Groddeck geheiratet. Seine Frau Else, geborene Neumann und geschiedene von der Goltz, brachte zwei Kinder mit in die Ehe, Ursula und Joachim (welcher später ein bekannter Schriftsteller wurde). 1901 wurde Groddecks einzige leibliche Tochter geboren, Barbara. Ihr Patenonkel wurde Ernst Schweninger, der bis zu seinem Tod 1924 engen Kontakt zu Groddeck hielt.

In Baden-Baden hatte Groddeck einen solchen Erfolg, daß er bereits im Jahre 1900 mit der finanziellen Hilfe seiner Schwester Lina ein eigenes kleines Sanatorium mit 15 Betten eröffnen konnte – in der Werderstraße 14 in der Villa Marienhöhe –, das er bis zu seinem Tode 1934 leitete und in dem er seine eigentümliche psychosomatische Praxis und Lehre entwickelte.

Die wissenschaftlichen Veröffentlichungen Groddecks in den ersten 20 Jahren seines ärztlichen Wirkens sind auf das engste mit Schweningers Ansichten, teilweise auch mit seinem Namen verknüpft. Schweninger war als Schriftsteller nicht sonderlich begnadet gewesen. Groddeck berichtete später, wie Schweninger »aus der Zahl seiner Schüler die schreibfähigsten aussuchte, und von denen wieder die nahe an sich zog, die nachempfinden konnten. Die ließ er niederschreiben. ... Manches, was unter dem schirmenden Namen Schweninger veröffentlicht worden ist, hat er nicht selbst niedergeschrieben. ... Wer für ihn schrieb, hatte zusammenzustellen, was er in sich überstürzender Rede äußerte. Ich habe darüber deshalb ein Urteil, weil ich wohl der erste war, der so Schweningers Schriftstellerwerkzeug wurde« (Groddeck 1930a, S. 170).

Unter dem Pseudonym Caius veröffentlichte Groddeck in der Schweninger nahestehenden Zeitschrift ›Hygieia‹ 1893 und 1894 seine Kommentare zum medizinischen Zeitgeschehen: ›Einiges über moderne ‚Kollegialität'‹ und über die Blüten ärztlichen Konkurrenzkampfes; Bemerkungen über ›Kunst und Wissenschaft in der Medizin‹, wo Groddeck sich über die Helden des Katheders und den Alleinvertretungsanspruch ihrer »Wissenschaft« mokiert und den Untergang der therapeutisch orientierten Heilkunst beklagt; über ›Die Schutzmassregeln gegen die Cholera‹ und ihren Sinn und Unsinn; über ›‚Krankheit'‹, darüber, daß es keine Krankheiten, sondern nur kranke Menschen gebe, daß kein Gegensatz zwischen Krank- und Gesundsein bestehe, nur Gradunterschiede, Übergänge zu finden seien; über ›Theophrastus Bombastus Paracelsus ab Hohenheim‹, ein nachträglicher Kommentar zu dessen vierhundertstem Geburtstag, in dem Groddeck daran erinnert, wie die Kollegen von der Fakultät Paracelsus beschimpft, seinen Namen in den Schmutz gezogen und grinsend mit Füßen getreten und ihn der Charlatanerie bezichtigt hätten, und wie ähnlich das

Schicksal Schweningers heute sei; schließlich einige Bemerkungen zum Frauenstudium: ›Die Aerztin‹.

1894 erregte sich die Öffentlichkeit in dem Streit der Virchowschen Schule (Zellularpathologie) gegen Behrings Anhänger (bakteriologische Schule – Humoralpathologie) über das von Behring entwickelte »Viehserum« gegen den Diphtherie-Erreger, den Löfflerschen Bazillus. Groddeck versuchte in seinem Aufsatz ›Behring und Virchow‹ beiden Standpunkten gerecht zu werden, kritisierte jedoch an ihren dogmatischen Vertretern die Blindheit gegenüber den jeweils individuellen Bedingungen einer Krankenbehandlung: »Es giebt so viele Arten der Diphtherie, wie es diphtheriekranke Menschen giebt und ebenso viele Behandlungsmethoden ... sollte es geben. Die einzig spezifische Ursache ist die, die im einzelnen Falle den Menschen krank macht, die einzig spezifische Behandlung ist die, die das Individuum behandelt. Individualisieren ist das A und O der ärztlichen Kunst« (Groddeck 1894d, S. 117).

Dieser Grundsatz Schweningers ist auch der Leitfaden, anhand dessen Groddeck im Auftrag Schweningers Ende der 90er Jahre die großen Artikel für eine damals sehr bekannte medizinische Enzyklopädie schrieb: über ›Cur und Curen‹, ›Dermato-Balneotherapie‹, ›Krankendiät‹, ›Mechanotherapie‹, d.h. über den ganzen Bereich der physikalischen Medizin, und ›Verstopfung‹. Diese Artikel enthalten viel Aufschlußreiches über die Grundsätze und das therapeutische Verfahren der Schweningerschen Schule. Der Kranke in seiner Individualität ist das Zentrum der Medizin; der Arzt wirkt als Künstler und als Eklektiker: mit seiner ärztlichen Erfahrung sich einfühlend in das Wesen dieser individuellen Erkrankung, in ihre Ursachen und Begleitumstände, mit seinem medizinischen Wissen jene therapeutischen Maßnahmen auswählend, die dem Kranken angemessen sind. Diese Mischung von Empathie und Fachwissen begleitet die gesamte Therapie und ermöglicht eine ständige Überprüfung und Korrektur der eingesetzten therapeutischen Maßnahmen, indem sie sich allein an dem Verlauf der Behandlung orientiert. Der größte ärztliche Fehler ist Denken in der Schablone. So sind die therapeutischen Maßnahmen nicht schematisch anzuwenden, »sondern lediglich der Kranke und seine Bedürfnisse geben für uns den Ausschlag. Die Hauptregeln sind dabei für uns, möglichst einfach, aber auch möglichst unter Berücksichtigung aller Factoren, wie sie Leben, Wissenschaft und Kunst bieten, zu verfahren. ... Wir binden uns dabei nur insoweit an wissenschaftliche Grundsätze und Hypothesen, als sie sich mit dem individuellen Zweck vertragen. Wir wollen nicht mit der Wissenschaft behandeln, sondern mit der Kunst. Denn der praktische

Arzt ist und soll ein humaner Künstler bleiben ...« (Groddeck/Schweninger 1896b, S. 666f.).

Allein der Kranke, nicht die Krankheit ist Gegenstand der Behandlung. »Wir kennen keine Verstopfung, sondern nur verstopfte Menschen. Wir behandeln keine Verstopfung, sondern nur verstopfte Menschen« (Groddeck/Schweninger 1898, S. 1029). Georg Groddeck wuchs in einer medizinischen Tradition auf, die lange vor Ludolf von Krehl und Viktor von Weizsäcker den Patienten als Subjekt der Medizin ernst nahm. So verwundert es nicht, daß er im Laufe der Zeit auf vollkommen eigenständige Weise Elemente unbewußter Vorgänge bei seinen Patienten (und bei sich selbst!) entdeckte, Elemente von Übertragung und Widerstand, mit deren Hilfe er Erstaunliches über die Entstehung und Behandlung organischer Leiden ans Licht brachte.

1900–1913: Das eigene Sanatorium

Groddecks Praxis blühte auf. Als Schüler Schweningers hatte er mit aller Welt Bekanntschaft gemacht – zu Schweningers Patienten hatten neben Bismarck und seiner Familie auch Prinzregent Luitpold, König Gustav von Schweden, Cecil Rhodes, Eva und Houston Chamberlain gehört, der Vizekönig von China, der Sultan Abdul Hamid, Alfred Krupp, Baron von Rothschild, Richard und Cosima Wagner, um nur einen Eindruck von der Vielfalt der Prominenz zu geben, die vor 1900 bei Schweninger verkehrte (Espach 1979, S. 119). So lag es nahe, daß auch Groddeck mit einer internationalen Klientel zu tun hatte und bald in ganz Europa bekannt war. Seine Patienten kamen aus Holland, England, Skandinavien, aus Belgien, Frankreich, Italien, der Schweiz, Österreich und Ungarn und aus dem ganzen Einzugsbereich des Deutschen Reiches. In späteren Jahren, als Psychoanalytiker und Psychosomatiker, wurde er in diesen Ländern zumindest ebenso geschätzt wie in Deutschland; nach der Katastrophe von 1933 war er hierzulande bald vergessen, seine Entdeckungen und Gedanken wurden vorwiegend im englischsprachigen Raum verbreitet und weitergeführt. Seine internationale Klientel gab Groddeck die Möglichkeit, sein Sanatorium auch während des Ersten Weltkriegs und in den wirtschaftlich schwierigen Nachkriegsjahren ökonomisch erfolgreich zu führen.

Doch ebenso wie prominente Patienten behandelte Groddeck den Arbeiter aus Baden-Baden; er hielt sein Sanatorium immer in bescheidenem Rahmen. Noch 1930 erwähnte er in einem Brief an den Philosophen Hans Vaihinger: »Einen Prospekt meiner kleinen

Anstalt – 15 Zimmer –, in der meine Frau hilft, nicht bloß im Haushalt, sondern als Mitarbeiterin, kann ich nicht schicken, ich habe keinen. In den Preisen richte ich mich nach dem Vermögen meiner Kranken ...« (Groddeck 1970, S. 126). Therapeutisch hielt er es mit der physikalischen Medizin, mit Bädern, Massagen – er war allen Berichten zufolge ein begnadeter, ebenso machtvoller wie feinfühliger Masseur, hatte das Massieren bei Schweninger erlernt und wandte es zeit seines Lebens als wichtiges Element seiner psychosomatischen Behandlungen an –, er hielt es mit diätetischen Maßnahmen, wo nötig auch mit den Methoden der Schulmedizin, vor allen Dingen aber mit der individualisierenden, den einzelnen Patienten packenden Medizin. Wie Schweninger war er ein autoritärer, oft grober Führer des Kranken, verstärkte dadurch noch die Suggestionskraft seiner Therapie. Martin Grotjahn charakterisierte den Arzt Georg Groddeck dieser Zeit mit folgenden Worten:

»Groddeck war ein großer, untersetzter Mann mit einem strengen Gesicht und den guten Manieren des alten preußischen Offiziers. Seine Patienten zu beherrschen, gewissermaßen körperlich und geistig Besitz von ihnen zu ergreifen, war ihm ein ausgesprochenes Vergnügen. Von dem Augenblick an, da sie sein Sanatorium betraten, bis zu dem Augenblick, da sie es wieder verließen, bestimmte er ihr Leben. Er massierte sie, verschrieb ihnen Diäten und hielt sie zu besonderen Lebensweisen an. Bei der Anwendung physikalischer Therapien half ihm seine Schwester. Das ganze Sanatorium wurde eingespannt, um seinen Einfluß zu vermehren, alles drehte sich um die Visiten des Doktors. Viele Massagen gab er selbst, wobei er sich rittlings auf die bettlägerigen Patienten setzte, egal ob es Männer oder Frauen, ob sie zwanzig oder siebzig Jahre alt waren.

Es stand den Patienten frei, die Klinik wieder zu verlassen, aber sie taten es selten. Rasch wuchs sein Ruhm als ein Arzt, der helfen konnte, wo nur noch Wunder halfen. Da er nicht den Ehrgeiz hatte, möglichst viele Kranke zu behandeln, teilte er sich den Arbeitstag so ein, daß er sich jedem Patienten persönlich widmen konnte. Die meisten nannten ihn einen Giganten, Verrückten, alle einen großen Heiler. Er konnte schonungslos, fast gewalttätig werden und andere zwingen, Dinge zu tun, deren sie sich selbst nicht für fähig hielten. Andererseits war er wieder sehr zärtlich und freundlich ...« (Grotjahn 1977, S. 183 f.).

Groddeck setzte schon damals gezielte psychotherapeutische Maßnahmen bei all seinen Patienten ein, auch bei jenen, die keine psychischen Auffälligkeiten zeigten. »Man hat vielfach die Vorstellung, daß eine psychische Behandlung, eine Suggestionsbehandlung, nur bei den sogenannten nervösen Personen am Platze sei. Das ist ein großer Irrtum. Die psychische Behandlung ist der Beginn der Behandlung überhaupt« (Groddeck 1913, S. 130). Groddeck hatte schon zu dieser Zeit mit der Anwendung suggestiver Techniken bei organisch erkrankten Patienten eine ganz eigen-

Georg Groddeck 1903

ständige Art psychosomatischer Medizin entwickelt. Bei ihrem Einsatz war es gerade zu Beginn der Behandlung wichtig, von dem Patienten Besitz zu ergreifen, eine, wie Groddeck es später nannte, Vater-Übertragung herzustellen. Mit der Entwicklung seiner psychoanalytischen Behandlung organischer Leiden verzichtete Groddeck zunehmend auf dieses Besitzergreifen, stellte vielmehr eine Atmosphäre von Wärme und Verstehen her, die beim Patienten eine Mutter-Übertragung förderte und damit den psychosomatischen Heilungsprozeß anzuregen suchte.

In seinem Buch ›Nasamecu‹ (Natura sanat, medicus curat) stellte Groddeck 1913 im Rückblick die medizinisch-therapeutischen Überlegungen und Prinzipien dar, nach denen er in der Nachfolge Schweningers sein Sanatorium führte. ›Nasamecu‹ – mit dem Untertitel: Der gesunde und kranke Mensch, gemeinverständlich dargestellt – war als Vortragsreihe für die einfachen Bürger und Arbeiter Baden-Badens entstanden. Die Vorträge und das Buch stehen in der Tradition medizinischer Aufklärung von Rademacher und Schweninger. Groddeck hatte sie für den Arbeiterdiskussionsklub in Baden-Baden konzipiert. Dort trat er oftmals auf und brachte Bewegung in das schläfrige Kleinstadtleben. »Damals vor dem Ersten Weltkrieg lebte man in Baden-Baden – vermutlich überall – in einer fast unerträglichen Behaglichkeit. Da war dieser Mann gut, der den Satz in der Tasse umrührte«, berichtete Agnes Koch-Thorbecke, eine enge Mitarbeiterin Groddecks in der genossenschaftlichen Bewegung. »An diesen Abenden war es nun nicht so, daß der Doktor dozierte und wir andern andächtig zuhörten, nein, jeder, der etwas zu sagen hatte, klein oder groß, sprachbegabt oder nicht, wurde von ihm ermuntert, einmal ein Referat zu halten. In der Diskussion verstand der Doktor auch das Einfachste auszuwerten und interessant zu machen ...« (Knoch 1961, S. 43).

Groddeck setzte sich immer wieder aktiv mit der sozialen Frage auseinander. Neben intensiver Mitarbeit in dem ›Volksbildungs- und Diskussionsklub Baden-Baden‹ unterstützte Groddeck tatkräftig verschiedene genossenschaftliche Unternehmungen: als Mitbegründer 1911 des ›Konsumvereins Baden-Baden‹, eines genossenschaftlich organisierten Lebensmittelhandels, und 1912 der ›Gemeinnützigen Baugenossenschaft Baden-Baden‹. Beiden Genossenschaften gehörte er als Vorsitzender des Aufsichtsrates bis zu seinem Lebensende an (vgl. dazu Pichler 1926 und 1970; Verspohl 1926).

In medizinischen Fachzeitschriften veröffentlichte Groddeck zu dieser Zeit eine ganze Anzahl von Studien, die auch weiterhin im Zusammenhang mit Schweningers Ärzteschule standen. Doch wirken Stil und Inhalt gegenüber Groddecks früheren Arbeiten noch selbständiger, sind nicht mehr so stark durch den Kampf gegen die Schulmedizin und durch die Verteidigung Schweningers bestimmt. Ins Auge springt die Vielzahl von Falldarstellungen – meist internistischer Patienten, die nach langen Patientenschicksalen bei Groddeck gelandet waren. Die Arbeiten lassen die zunehmenden therapeutischen Erfahrungen Groddecks erkennen: ›Über Messen und Wägen in der ärztlichen Tätigkeit‹ (1899); ›Einiges über die Bedeutung mechanischer Vorgänge im Bauche‹ (1901); ›Über den Zusammenhang von Sehschärfe und Zirkulation‹ (1904); ›Bemerkungen über die Mechanik des Wachstums‹ (1905); ›Bemerkungen über mechanische Kräfte im menschlichen Körper‹ (1906); ›Die Wasserverteilung im Körper‹ (1906); ›Die Wasserbewegung im Körper‹ (1906); ›Wasserfülle und Wasserarmut‹ (1906); und nochmals: ›Studien über die Rolle des Wassers im menschlichen Organismus‹ (1908).

Zudem betätigte Groddeck sich literarisch, schrieb eine Vielzahl von Essays, einen Roman, ein großes Gedicht, eine Novelle, Theaterstücke, Rezensionen (dazu unten S. 171–176) und war in den verschiedensten Bereichen ein gefragter Redner. Er führte, so hat man den Eindruck, ein vielseitiges und ausgefülltes Leben.

Psychoanalyse organischer Leiden – In der Schule bei Freud (1909–1934)

1909–1916: Fräulein G. und die Folgen

Obwohl Georg Groddeck mit Familie, Klinik, Schriftstellerei und tausenderlei anderen Dingen beschäftigt war, faßte er später seinen damaligen Seelenzustand mit den Worten zusammen, »daß ich abgewirtschaftet hatte. Ich kam mir alt vor, hatte keine Lust mehr am Weibe oder am Manne, meiner Liebhabereien war ich überdrüssig geworden, und vor allem, meine ärztliche Tätigkeit war mir verleidet. Ich betrieb sie nur noch zum Gelderwerb« (1923a, S. 239). Groddeck war gut 40 Jahre alt. Die Ehe mit Else erwies sich als zunehmende Last. Das innerliche Band zwischen den Eheleuten habe sich, so schrieb Groddeck 1932 rückblickend, schon bald gelockert und sei wenige Jahre nach der Hochzeit (1896) zerrissen. Die Schriftstellerei wurde schon wegen der ewigen Suche nach veröffentlichungswilligen Verlagen zur Plage. Und die medizinische Arbeit war unproduktiv geworden.

»In dieser Zeit übernahm ich die Behandlung einer schwerkranken Dame; die hat mich gezwungen, Analytiker zu werden« (Groddeck 1923a, S. 239).

Mit Hilfe der Patientin Fräulein G. machte Groddeck 1909 seine ersten psychoanalytisch-psychosomatischen Entdeckungen. Er beschrieb sie im ›Buch vom Es‹. In seinem ersten Brief an Sigmund Freud vom 27. Mai 1917 faßte er die Erfahrungen mit Fräulein G. zusammen: »Ich habe von ihr zunächst die Eigentümlichkeiten der kindlichen Sexualität und der Symbolik kennengelernt und stand sehr bald, schon nach wenigen Wochen, dem Begriff der Übertragung und des Widerstandes gegenüber, – die Bezeichnungen Übertragung und Widerstand habe ich erst jetzt kennengelernt –, die beide gewissermaßen automatisch Drehpunkte der Behandlung wurden« (Groddeck/Freud 1974a, S. 8).

Fräulein G. war eine multimorbide Patientin, die nach mehreren erfolglosen Operationen (welcher Art, teilte Groddeck nicht mit) als Todeskandidatin zu Groddeck geschickt worden war und die neben ihrem desolaten körperlichen Zustand erstaunliche psychische Auffälligkeiten präsentierte. Sie war so schwach und ausgezehrt, so todkrank, daß Groddeck gar nicht anders konnte, als ihr warmherzig, freundlich und einfühlsam gegenüberzutreten. Väterlich-autoritative Suggestion war fehl am Platze. So spürte Groddeck bald, daß die Patientin in ihm die Mutter sah, mütterliche Empfindungen in ihm wachrief. »Ihre Einstellung mir gegenüber als Kind ... zwang mir die Rolle der Mutter auf. Bestimmte schlummernde Mutterkräfte meines Es wurden von dieser Kranken geweckt und gaben meinem Verfahren ihre Richtung« (1923a, S. 241). Bewußt nahm Groddeck diese inhaltliche Besonderheit dessen wahr, was er später mit Freud Übertragung nannte. Zugleich bemerkte er die Kraft seiner Gegenübertragung. »Da stand ich nun auf einmal vor der seltsamen Tatsache, daß nicht ich den Kranken, sondern daß der Kranke mich behandelt. ... Schon diese Einsicht zu gewinnen, war schwer; denn Sie begreifen, daß damit mein Verhältnis zum Kranken gänzlich umgekehrt wurde. Es kam nun nicht mehr darauf an, ihm Vorschriften zu geben, ihm das zu verordnen, was ich für richtig hielt, sondern so zu werden, wie der Kranke mich brauchte« (ebd.).

Zu den psychischen Auffälligkeiten bei Fräulein G. gehörte, »daß sie trotz ihrer ansehnlichen Intelligenz über einen lächerlich armseligen Wortschatz verfügte« (ebd., S. 240). So verwandte sie für die meisten Gebrauchsgegenstände und für viele Tätigkeiten umständliche Umschreibungen. Es war ihr unmöglich, die richtigen Bezeichnungen auszusprechen, »so daß sie etwa statt ›Schrank‹, ›das Ding für die Kleider‹ sagte, oder statt ›Ofenrohr‹

›die Einrichtung für den Rauch‹. Gleichzeitig vermochte sie nicht, bestimmte Bewegungen zu ertragen, etwa das Zupfen an der Lippe oder das Spielen mit irgendeiner Stuhlquaste« (ebd.). Je intensiver Groddeck dies wahrnahm, je stärker er sich in ihre umschreibende Ausdrucksweise einfühlte, desto deutlicher wurde ihm der hintergründige Sinn dieser Vermeidungen. »... und siehe da, nach einiger Zeit bemerkte ich zu meiner höchsten Verwunderung, daß ich Dinge sah, die ich früher nicht gesehen hatte. Ich lernte das Symbol kennen. Es muß sehr allmählich gegangen sein, denn ich besinne mich nicht, bei welcher Gelegenheit ich zuerst begriff, daß der Stuhl nicht nur ein Stuhl, sondern eine ganze Welt ist, daß der Daumen der Vater ist, der ... als ausgestreckter Zeigefinger Erektionssymbol wird. ... Was soll ich weiter davon sprechen? Ein Rausch kam über mich, wie ich ihn nie vorher noch nachher erlebt habe. Das Symbol war das erste, was ich von aller analytischen Weisheit lernte, und es hat mich nicht wieder losgelassen« (ebd., S. 243).

Symbol, das hieß, individuelle Zusammenhänge entdecken, in denen Realitäten herrschten, die der äußerlichen Betrachtung zunächst unzugänglich waren. Bei Fräulein G. betrafen diese individuellen Realitäten hauptsächlich Gegenstände des alltäglichen Gebrauchs. Bei weiteren Patienten entdeckte Groddeck bald, daß auch der eigene Körper in seinen Elementen und Funktionen einen bevorzugten Assoziationspunkt für Symbolisierungen darstellte. Die Verbindung zur psychosomatischen Medizin war gegeben. Verwundert es im übrigen, wenn Groddeck (noch unabhängig von Freud!) bei der Betrachtung der Symbole, die seine Patienten ihm boten, bald auf deren vorwiegend sexuellen Charakter und Gehalt stieß?

Auffällig für Groddeck war in diesem Zusammenhang, daß Fräulein G. ihren Symbolisierungen nicht ausweichen konnte, daß sie geradezu unter einem Zwang zu stehen schien, Gegenstände symbolisch zu sehen – unter einem Symbolisierungszwang. So bezeichnete Groddeck später dieses unausweichliche Geschehen. Der Symbolisierungszwang und der ihm zugehörige Assoziationszwang eröffneten ihm die begeisternde Möglichkeit, disparate und unverständliche Elemente, die er bei seinen Patienten entdeckte, in einem sinnvollen Zusammenhang zu sehen, zu verstehen und so dem Assoziationsprozeß der Patienten zu folgen. Freud war bei seinen bahnbrechenden Studien zur Hysterie der 90er Jahre von der gleichen zugrundeliegenden Hypothese ausgegangen wie Groddeck: daß *alle* Symptome, Äußerungen, Einfälle, Empfindungen der Patienten in einem sinnvollen Zusammenhang stünden; daß es nichts Unverständliches an der Krankheit gebe, nur Unverstandenes, das es aufzuklären gelte. Dabei durfte der Arzt nicht, das war Groddecks neue Erfahrung, von außen Interpretationen, etwa der Symbole und der Assoziationen, an den Patienten herantragen. Damit gerade würden neue Einsichten verhindert. Es galt auch in der psychischen Behandlung, den Patienten als Subjekt des psychischen und organischen Geschehens anzuerkennen.

M. Collins, von 1925 an Patientin Groddecks mit Syringomyelie und erste Übersetzerin seiner Werke ins Englische, beschrieb die Veränderungen in Groddecks Einstellung: »In place of the masterful, compelling force he had previously brought to bear upon his patients, he now disciplined himself to the untiring observation of their spontaneous activities, with which he interfered as little as possible. In this way he learned to feel himself into the patient's situation and to look at life through his eyes« (Collins 1951, S. 9).

So etwas wie »Widerstand« erspürte Groddeck gelegentlich bei Fräulein G. und den folgenden Behandlungen, doch bekam er ihn erst bei der Bearbeitung seines eigenen wichtigsten Widerstandes gegen Freud 1917 als Begriff und vor allen Dingen als Angelpunkt der Behandlung zu fassen.

In der Folge machte Groddeck sich mit Begeisterung daran, die Entdeckungen, die er bei Fräulein G. gemacht hatte, bei weiteren Patienten zu vertiefen und für den therapeutischen Prozeß fruchtbar zu machen. Als Überschrift über diese Zeit zwischen 1909 und 1917 könnte man mit Groddeck setzen: »... wie ich aus einem aktiv eingreifenden Arzt ein passives Werkzeug geworden bin« (1923a, S. 242). Von der Einsicht in psychosomatische Zusammenhänge bis zur Ausführung der sich daraus ergebenden Folgen war es auch für Groddeck ein weiter Weg. So traktierte er zunächst seine Patienten mit »Belehrung über die Symbole«, deren Entdekken ihn mit so viel Begeisterung erfüllt hatte; »auch mit Assoziationen beglückte ich sofort meine Klienten, es ist mir ... genug davon in meinen ärztlichen Gewohnheiten haften geblieben, um damit Fehler zu begehen ...« (ebd., S. 244) – es fiel Groddeck nicht leicht, von der ärztlichen Allmachtsvorstellung Abschied zu nehmen und wirklich zu einem passiven, zurückhaltenden Werkzeug des Patienten zu werden.

Groddeck empfand den Übergang von seiner früheren Suggestivtherapie zu der späteren psychoanalytisch orientierten Behandlung nie als einen abrupten Bruch. An den Fallgeschichten zweier weiterer Patienten, die er über Jahrzehnte hin betreute, läßt sich dieser Übergang sehr schön verfolgen: zum einen bei Herrn D., den Groddeck zunächst von ca. 1900 an wegen Sklerodermie behandelte, ab 1914 wegen Syphilidophobie (1923a, S. 117–121), und dann bei Frau A., die seit 1901 wegen rezidivierender Nierensteinbildung in Groddecks Behandlung stand, bei der er seit 1913 seine psychoanalytische Methode anwandte, mit Erfolg, und der er seine Studie ›Über die psychische Behandlung der Nierensteinbildung‹ (1928a) und eine Diskussion in England widmete (1929c).

Georg Groddeck ca. 1915

Immerhin: »Alles in allem ging die Sache über Erwarten gut, und als der Krieg ausbrach, hatte ich mir ein Verfahren zurechtgebaut, das den Anforderungen meiner Praxis allemal entsprach. Ich habe dann während der paar Monate Lazarettätigkeit mein dillettantisches wildes Analysieren ... an Verwundeten erprobt und habe gesehen daß die Wunde oder der Knochenbruch ebenso auf die Analyse des Es reagiert wie die Nierenentzündung oder der Herzfehler oder die Neurose« (Groddeck 1923 a, S. 244).

Nach Kriegsbeginn, 1914, hatte Groddeck als ehemaliger Militärarzt die Leitung eines Lazaretts in Baden-Baden mit etwa 150 Betten übernommen. Doch da er die Patienten nach seinen üblichen ärztlichen Kriterien behandelte und sich nicht den militärischen Forderungen der Kriegsmedizin unterwarf, geriet er innerhalb kürzester Zeit in massive Auseinandersetzung mit seinen militärmedizinischen Vorgesetzten, die eigenmächtig in Groddecks ärztliche Tätigkeit eingriffen.

Sie erklärten Groddecks Patienten ohne sein Einverständnis für diensttauglich, um sie an die Front zurückzubringen, auch wenn sie für seine Begriffe noch längst nicht geheilt waren, oder sie befahlen die Fortführung der Typhusimpfungen bei Kranken, bei denen schon schwere Impfkomplikationen aufgetreten waren. Groddeck protestierte scharf und lautstark bei den zuständigen medizinischen und militärischen Instanzen, schließlich beim Kriegsminister. In seinem Nachlaß sind einige Dokumente dieser Auseinandersetzung erhalten, in denen Groddeck eine ganze Anzahl unglaublicher Vorgänge festgehalten hat, gegen die sein Protest sich richtete. Sie geben einen deutlichen Eindruck davon wieder, wie schnell im Krieg die üblichen Grundprinzipien der ärztlichen Ethik vergessen sind und das medizinische Handeln weitgehend dem militärischen Interesse untergeordnet wird. Nicht nur im Ersten Weltkrieg waren es nur wenige, die sich wie Groddeck gegen diese Entwicklung einer Kriegsmedizin auflehnten.

Obwohl Schwester und Schwager des Kaisers, beide Patienten Groddecks, ein Wort für ihn eingelegt hatten, wurde er nach einem knappen Jahr, Mitte 1915, unfreiwillig aus dem Militärdienst entlassen, was zu Beginn des Ersten Weltkriegs schon etwas hieß, als noch alle Welt in Patriotismus erglühte. Seine Soldaten-Patienten sangen ihm, diese Geschichte erzählte Groddeck später gerne, zum Abschied das Lied: ›Ich hatt' einen Kameraden‹.

Der Krieg brachte noch anderes mit sich. Nicht nur wegen des Erfolges seiner psychischen Behandlung, sondern auch wegen des materiellen Mangels und damit zusammenhängender praktischer Schwierigkeiten relativierten sich die früher für Groddecks Therapie so zentralen physikalischen und diätetischen Maßnahmen. Groddeck bekam etwa während der Kriegszeiten kaum jemals Milch für seine Patienten bewilligt. Ein wichtiges Element seiner Diäten fehlte, seine ganze Einstellung gegenüber Diätmaßnahmen änderte sich: »Ich habe seitdem das Vorurteil für bestimmte Diätvorschriften verloren« (Groddeck 1926e, S. 312). Ebenso wie die anderen Elemente seiner früheren Therapien wandte Groddeck zwar auch weiterhin Diäten an, doch weniger aus essentiell-therapeutischen Gründen, als vielmehr wegen ihrer Brauchbarkeit im Rahmen der psychischen Behandlung.

Noch vor dem Krieg hatte Groddeck irgendwie irgend etwas über die Psychoanalyse erfahren und sah sich bemüßigt, in seinem Buch ›Nasamecu‹ (1913, S. 108–110) einen Angriff auf die Psychoanalyse zu reiten, dessen Oberflächlichkeit er in seinem ersten Brief an Freud damit erklärte, daß er die Psychoanalyse damals nur vom Hörensagen gekannt habe. 1913 dann erwarb Groddeck Freuds ›Traumdeutung‹ und die ›Psychopathologie des Alltagslebens‹, studierte sie und mußte erkennen, daß seine eigenen großartigen Entdeckungen längst schon vor ihm von einem anderen gemacht worden waren. »Die Wirkung der Bücher war so erschütternd, daß ich, trotz des Bewußtseins mich einer außerordentlichen Bereicherung meines Wissens und Lebens zu berauben, keins der beiden Bücher zu Ende las« (Groddeck/Freud 1974a, S. 8). Es ist bezeichnend, daß Groddeck sich primär mit der ›Traumdeutung‹ und der ›Psychopathologie des Alltagslebens‹ auseinandersetzte, zwei Werken, die ihre theoretischen Vorstellungen aus einer Fülle kleiner Beobachtungen, Geschichten und Patientenmaterialien heraus entwickeln, gerade so, wie Groddeck selbst seine psychoanalytischen Erkenntnisse gewann. Erst einige Jahre später, um 1916, nahm er Freuds Schriften wieder zur Hand und ging zum Studium der psychoanalytischen Literatur, soweit sie nicht im Laufe des Krieges verstummt war, über. In dieser Zeit begann er, seine eigenen Erfahrungen und Überlegungen mit den Theorien, Techniken und Terminologien der Psychoanalyse zu konfrontieren. Die Folge davon war die briefliche Kontaktaufnahme mit Freud 1917, die Veröffentlichung der ersten großen Arbeit in der Geschichte der psychoanalytisch orientierten Psychosomatik ›Psychische Bedingtheit und psychoanalytische Behandlung organischer Leiden‹ und die Groddecksche Ausarbeitung dieser psychosomatischen Therapie und Theorie, der er im ›Buch vom Es‹ und anderen klinischen Arbeiten ein Denkmal gesetzt hat.

1917–1919: Die Bekanntschaft mit Freud

»Es liegt ein sonderbarer Quell der Begeisterung für denjenigen, der spricht, in einem menschlichen Antlitz, das ihm gegenübersteht« (Kleist 1805/06, S. 49).

Groddeck neigte in ausgesprochenem Maß dazu, seine Gedanken in dialogischen Situationen zu entwickeln, in Vorträgen, in Briefen, in fiktiven Gesprächen, in der Auseinandersetzung mit seinen Patienten. Jeden Mittwoch zwischen 5 und 6 Uhr abends, später auch noch jeden Samstag, hielt er psychoanalytische Vorträge für seine Patienten – 115 an der Zahl aus den Jahren 1916 bis 1919 sind im Typoskript erhalten. Damit setzte Groddeck die Tradition seines Lehrers Schweninger fort, der zu Groddecks Studienzeiten seine Ärzteschule Mittwoch abends in seiner Berliner Wohnung zu versammeln pflegte. Der französische Psychoanalytiker, Groddeck-Übersetzer und Freud-Herausgeber Roger Lewinter hat sehr differenziert herausgearbeitet, welche Bedeutung diese ›Conférences psychanalytiques‹ für die Übertragungsarbeit mit den Patienten besaßen (Lewinter 1980, S. 15–17). Zudem hatten die Vorträge für Groddeck selbst die Funktion, im Vollzug des Redens seiner eigenen Vorstellungen habhaft zu werden. Lewinter meint, die 115 psychoanalytischen Vorträge (die er 1978–1981 in Frankreich herausgab) hätten für Groddeck eine ähnliche Bedeutung gehabt wie die ›Traumdeutung‹ für Freud. Ohne sie sei Groddeck nicht zu verstehen; in ihnen habe er seine psychoanalytische Theorie entwickelt und zugleich sich angeeignet. Die Tradition der klinischen Diskussionsabende an jedem Mittwoch und später auch noch jeden Samstag behielt Groddeck bis Mitte der 20er Jahre bei. Sie standen den Patienten offen, Besuchern aus Baden-Baden, Freunden von außerhalb, Ärzten, Psychoanalytikern – es war ein buntes Publikum, das sich dort um Groddeck scharte, offen diskutierte und assoziierte.

Jeder, der Groddeck kannte, rühmte seine Rednergabe, meinte, er sei in der persönlichen Begegnung, im Gespräch, nochmals um vieles eindringlicher und überzeugender gewesen als in seinen schriftlichen Äußerungen. Dazu gehört, daß Groddeck eine überwältigende Ausstrahlungskraft besaß, daß er zugleich aber mit seinem Gegenüber in intensive Kommunikation trat, ihm in gesteigerter Form sein Recht werden ließ. Die Patienten waren, zumal seit der psychoanalytischen Wende, keine passiven Opfer seiner Therapie. Neben Groddeck veröffentlichten sie ihre eigenen Einfälle und Gedanken in der 1918 wöchentlich erscheinenden Privatzeitschrift ›Satanarium‹, die maschinenschriftlich vervielfältigt wurde; einige Jahre später, 1925 bis 1927, wurde ›Die Arche‹ Nachfolgerin dieser halböffentlichen Zeitschrift (›Satanarium‹ war eine bei den Patienten bis zu jener Zeit beliebte Bezeichnung für Groddecks Sanatorium gewesen).

In der ersten Nummer des ›Satanarium‹ vom 6. Februar 1918 (S. 1) beschrieb Groddeck das Ziel der Zeitschrift mit Worten, die Ihnen, verehrter Leser, nicht vorenthalten werden sollen:

»Mit der Herausgabe dieser Blätter bezwecke ich dem Menschen Gelegenheit zu geben, seine Qual unbehindert, ohne Scham und Scheu hinauszuschreien. Der einzige Ort, wo man so schreien kann, scheint mir die Hölle zu sein; deshalb nenne ich diese Zeitschrift ›Satanarium‹.

Zwischen dem Schrei der gequälten Kreatur klingt das Lachen der Teufel. Aller Art von Teufelei sei darum hier Platz gewährt.

Jenseits von Gut und Böse zu stehen, scheint mir begehrenswert. Das hat man im Himmel oder in der Hölle. Den Himmel kann ich mir nur als Wohnstätte ganz Zufriedener denken. Damit verbindet sich aber für mich eine Vorstellung von Langeweile; gelegentlich muß ich auch schelten dürfen, also ziehe ich die Hölle vor.

Das Einzige worin Menschen gleich wohnen können, sind Luftschlösser, sagt der Baumeister Solness. Was für Luftschlösser sollte man wohl im Himmel bauen? In der Hölle aber könnte man einem sogar dies moderne Europa in ein wohlgefälliges umbauen.

Das Satanarium ist das Reich der Lüge. Der Herausgeber hat die Ansicht, daß nur Lügen wahr sind. Er öffnet hiermit jeder Phantasie Tür und Tor und bittet die Leser, in diese Zeitung Wahrheiten hinein zu lesen und nicht etwa in ihr Lesenswertes oder gar Belehrendes, Förderndes, Bildendes zu suchen. Denn über der Pforte des Satanariums steht: Laßt alle Logik schwinden.

Dein Selbst lacht über dein Ich und seine losen Sprünge.
Nietzsche.«

Im ›Satanarium‹ hat Groddeck eine Fülle von Kommentaren zum politischen, sozialen, ökonomischen und medizinischen Geschehen der letzten Kriegsjahre veröffentlicht, in denen sein kritischer Geist deutlich zum Ausdruck kommt. Hier einige Sätze, mit denen Groddeck seine reichen Erfahrungen mit der Kriegsmedizin, mit seiner Gutachtertätigkeit bei Simulationsprozessen, mit den im Militär- und Zivilleben allmächtigen ärztlichen Kommissionen kommentierte:

»Die Stellung der Ärzte zum Kriege beweist die Gültigkeit dieser traurigen Worte. Man kann nicht anders sagen, die Ärzteschaft ist dem Staate treu, ihrem innersten Wesen untreu gewesen.... Der Arzt hat kein Recht, patriotisch zu sein....Die deutschen Ärzte, und wohl auch die der fremden Völker, haben Verrat an sich selbst geübt, denn sie haben vergessen, daß sie nur Kranke zu behandeln haben; sie haben sich dazu hergegeben, dem Staat Menschen zurecht zu machen, damit er aus ihnen Mörder macht und damit sie für ihn gemordet werden. Salus aegroti suprema lex« (Satanarium Nr. IV, 27. 2. 1918).

Das Antlitz, das Groddeck, um das Kleist-Zitat von oben wiederaufzunehmen, am intensivsten als Gesprächspartner vor Augen stand, war Sigmund Freud. Am 27. Mai 1917 schrieb Groddeck einen ersten ausführlichen Brief an Freud, in dem er sich als dessen Schüler vorstellte, mit großer persönlicher Offenheit die Geschichte seines Verhältnisses zur Psychoanalyse darlegte und nach einigen theoretischen Erwägungen und klinischen Erläuterungen an Freud die Frage richtete, ob er sich zu den Psychoanalytikern sensu stricto zählen dürfe. Freud antwortete liebevoll auf dieses Werben: »... ich muß Anspruch auf Sie erheben, muß behaupten, daß Sie ein prächtiger Analytiker sind, der das Wesen der Sache unverlierbar erfaßt hat«. Dann folgt der berühmte Satz: »Wer erkennt, daß Übertragung und Widerstand die Drehpunkte der Behandlung sind, der gehört nun einmal rettungslos zum wilden Heer« (Groddeck/Freud 1974a, S. 14).

Groddeck hatte einen neuen Meister gefunden, einen Mentor, dem er für seine Entwicklung einen ebenso hohen Platz einräumte wie Schweninger. Freud war es, an den er alles sandte, was er in Dingen psychoanalytisch-psychosomatischer Therapie verfaßte, Freud war der Adressat seiner »psychoanalytischen Briefe an eine Freundin«, die in einzelnen Sendungen an ihn gingen, lange bevor sie zum ›Buch vom Es‹ kompiliert waren, Freud ebnete ihm den Weg zum Internationalen Psychoanalytischen Verlag, zu den psychoanalytischen Zeitschriften und zur psychoanalytischen Vereinigung, Freud vermittelte ihm schwer behandelbare Patienten mit teilweise psychosomatischem Beschwerdebild, bei denen es darauf ankam, sie »zu einer überwältigenden therapeutisch wirksamen Person in eine Anstalt zu schicken« (Freud/Weiss 1973, S. 41), Freud initiierte (was er später sicher gelegentlich bedauerte) die enge Freundschaft Groddecks mit Sandor Ferenczi, Freud war der Gegenstand höchster Verehrung und liebevollster Zuwendung von Seiten Groddecks.

In der grauen Zeit um 1917 – selbst die geliebten Zigarren gingen immer wieder aus – war Freud seinerseits höchst erfreut über seinen neuen Schüler (der, zehn Jahre jünger als Freud, doch schon das gesetzte Alter von 50 Jahren erreicht hatte). Zu jener Zeit setzte Freud sich in Zusammenarbeit mit Ferenczi intensiv mit Fragen des Verhältnisses psychischer und somatischer Vorgänge auseinander. In seinem Antwortschreiben an Groddeck vom 5. Mai 1917 wies er auf zwei Arbeiten Ferenczis hin: ›Von Krankheits- oder Pathoneurosen‹ (1917) und: ›Versuch einer Genitaltheorie‹ (veröffentlicht 1924), in denen Ferenczi sich »für mich«, so Freud, mit der Behauptung beschäftigte, »daß der Ubw-Akt eine intensive plastische Einwirkung auf die somatischen Vorgänge hat, wie sie dem bewußten Akt niemals zukommt« (Groddeck/Freud 1874 a, S. 14)*. Zu diesen Überlegungen stimmten Groddecks neue Beobachtungen ganz ausgezeichnet.

Gleichzeitig äußerte Freud Bedenken in zwei Hinsichten, die Groddeck selbst schon in seinem Brief angesprochen hatte. Zum einen mahnte er Groddecks »banalen Ehrgeiz« an, »der originell sein will und nach Priorität strebt«, der aber immer die Gefahr in sich trage, einen Eigenbrötler aus ihm zu machen. Sieben Jahre später wiederholte Freud diese Mahnung, doch sollte sie letztendlich wenig fruchten: »Es ist schwer, Psychoanalyse als Vereinzelter zu treiben. Es ist ein exquisit geselliges Unternehmen. ... Sie wissen, wieviel mir Ihre persönliche Zuneigung wert ist, aber nun sollten Sie auch ein Stück davon auf die andern übertragen. Das käme der Sache nur zugute« (Groddeck/Freud 1974 a, S. 15, 74).

Zum zweiten ging es Freud um Groddecks Ausweitung des Es gegenüber dem Unbewußten, die Freud hier noch für überflüssig hielt (1923 übernahm er Groddecks Begriff des Es). Die klinischen Beobachtungen Groddecks gefielen ihm ganz ausgezeichnet und brächten viel Neues.

Doch »warum stürzen Sie sich von Ihrer schönen Basis aus in die Mystik, heben den Unterschied zwischen Seelischem und Körper-

* »Ubw« ist Freuds Abkürzung für das Unbewußte.

lichem auf ...?« (Groddeck/Freud 1974a, S. 15). Genau dieser Punkt, die Frage, wie weit das Es reiche, führte 1923, in dem Jahr, in dem Groddecks ›Buch vom Es‹ und Freuds ›Das Ich und das Es‹ erschienen, zu einer gewissen Entfremdung zwischen Groddeck und Freud.

Groddeck war einer der anfangs raren »arischen« Anhänger der Psychoanalyse. Martin Grotjahn (1977, S. 188f.) hat darauf hingewiesen, daß dies eine für Freud, der immer nach nichtjüdischer Unterstützung suchte, durchaus positive Eigenschaft Groddecks war, daß Freud jedoch wahrscheinlich die schlechten Erfahrungen mit C. G. Jung und dessen »arischem Hang zur Mystik« mit Groddeck assoziierte. So wird verständlich, weshalb Freud – abgesehen einmal von allen inhaltlichen Anlässen – so erstaunlich oft und ausdrücklich gegenüber Groddeck auf die Gefahr von »Mystik« und »Es-Mythologie« abhob.

Der Briefwechsel zwischen Groddeck und Freud, bis 1923 intensiv, wurde spärlicher, zeugte jedoch auch weiterhin (bis 1934) von gegenseitiger Hochachtung und Zuneigung. Die sachliche Differenz blieb seit 1923 ausdrücklich. 1926, zu Groddecks 60. Geburtstag, gratulierte Freud ihm telegraphisch mit der spitzen Bemerkung: »Mein Ich und mein Es beglückwünschen Ihr Es zur vollendeten Tat, und hoffen, daß es seinem unerforschlichen Ratschluß gefallen wird, sich eine lange heitere Lebensfrist zu gönnen« (Groddeck/Freud 1974a, S. 81). 1927 kam es zum Krach über die »Es-Mythologie«, eine dreijährige Briefpause war die Folge. Doch auch in den späten Jahren des Briefwechsels 1930 bis 1934 galten Freuds Worte, die für sein Verhältnis zu Groddeck insgesamt charakteristisch sind: »Sie wissen, ich schätze die Originalität, auch wenn sie mit etwas Widerspenstigkeit verbunden ist«. Und: »Alles, was von Ihnen kommt, ist für mich interessant, auch wenn ich im Detail nicht dabei bin« (Groddeck/Freud 1974a, S. 78) – »halb bezaubert und halb mit wohlwollender Skepsis« (Pietzcker 1980, S. 663) wandte er sich dem muntersten unter seinen Adepten zu.

François Roustang hat sich (1976, S. 145–174) ausführlich mit dem Verhältnis zwischen Groddeck und Freud auseinandergesetzt. Er meinte, es hätten dabei nicht nur herzensinnige, sondern durchaus auch sachlich-taktische Erwägungen eine Rolle gespielt. Groddeck habe Freud persönlich seinen Dank abtragen wollen, um nicht des Plagiats geziehen zu werden; er habe von Freud Anerkennung und Absolution erlangen wollen, um – dadurch geschützt – auch öffentlich seine eigene Originalität pflegen zu können. Freud seinerseits habe Groddeck vollkommen vereinnahmen, ihm an Originellem nur seine Mystik und einige außergewöhnliche Krankenbeobachtungen zugestehen wollen. Ihm sei es vorwiegend darum gegangen, nicht wieder mit einem psychoanalytischen Abweichler in oder neben den eigenen Reihen konfrontiert zu werden.

Im Oktober 1917 übersandte Groddeck Freud eine gerade erschienene Broschüre, die Geschichte machen sollte. »Im wesentlichen ist es ja eine Wiederholung dessen, was ich Ihnen schon brieflich mitteilte. Vielleicht macht es Ihnen aber doch etwas Spaß, sich die Frucht Ihrer Anregungen anzusehen« (Groddeck/Freud 1974a, S. 20). Die Frucht Freudscher Anregungen hieß ›Psychische Bedingtheit und psychoanalytische Behandlung organischer Leiden‹ und erschien 1917 bei dem Verlag S. Hirzel in Leipzig, der schon andere Werke Groddecks veröffentlicht hatte – Hirzel selbst war langjähriger Patient Groddecks in Baden-Baden gewesen. Diese Broschüre kann als programmatischer Anfang dessen gelten, was seit den 30er Jahren unseres Jahrhunderts psychosomatische Medizin heißt.

»Den Auftakt«, schrieb Felix Deutsch, neben Groddeck einer der wenigen psychoanalytischen Psychosomatiker der 20er Jahre, in einem kurzen Rückblick auf die Entwicklung der psychosomatischen Medizin, »hatten die damals so revolutionär klingenden Aufsätze und Vorträge von Groddeck gegeben« (Deutsch 1933, S. 130f.). Natürlich beschrieb Groddeck keine völlig neuartigen Beobachtungen, natürlich wird gerade im Rückblick deutlich, daß eine Anwendung der Psychoanalyse auf die Behandlung organischer Leiden an der Zeit war. Doch revolutionär kann man an der ›Psychischen Bedingtheit ...‹ Folgendes nennen:

Zum ersten Mal in der Geschichte der psychosomatischen Medizin wurden im Rahmen einer mit großer Offenheit dargestellten Selbstanalyse – Groddeck selbst ist Haupt»fall« der Arbeit – psychosomatische Zusammenhänge klinisch beschrieben und analysiert. Zum ersten Mal wurden breite klinische Erfahrungen mit der Psychoanalyse aller möglichen organischen – nicht nur hysterischer – Erkrankungen diskutiert und in einen (spezifisch Groddeckschen) theoretischen Zusammenhang gebracht. Zum ersten Mal wurde öffentlich die Forderung erhoben, die Möglichkeiten der Psychoanalyse bei der Behandlung *aller* organischer Krankheiten zu erproben. In diesem Sinne beschloß Groddeck seine Arbeit: »Mir kam es hier nur darauf an, so deutlich wie möglich auszusprechen, daß die Beschränkung psychoanalytischer Behandlung auf das Gebiet der Neurose den Kenntnissen über die Wirkung der Analyse nicht entspricht. Diese Grenze ist zu eng. Die Psychoanalyse darf und wird vor organischen Leiden nicht haltmachen. Wie weit ihr Machtbereich geht, wird sich zeigen« (Groddeck 1917a, S. 32).

Den Anfang hatte ein Stück Selbstanalyse Groddecks gemacht. »Am 5. Juni zwischen 12 und 1 Uhr befiel mich mitten in der Arbeit eine große Müdigkeit, die nach einiger Zeit wieder verschwand. Am Nachmittag zwischen 4 und

Psychische Bedingtheit und psychoanalytische Behandlung organischer Leiden

von

Dr. med. Georg Groddeck
Baden-Baden

Verlag von S. Hirzel in Leipzig
1917

5 Uhr erkrankte ich mit Schluckbeschwerden. Der hintere Teil des Gaumens, die Gaumensegel und das Zäpfchen waren stark gerötet. In der Nacht vom 5. zum 6. Juni habe ich einen lebhaften Traum gehabt, was bei mir selten vorkommt. Am 6. Juni, einem arbeitsreichen Tage, steigerten sich die Schmerzen, die Rötung breitete sich weiter aus, und die Mandeln schwollen beiderseitig erheblich an. Der 7. Juni war ein Feiertag. Ich begann morgens meinen Traum und das Symptom der Schluckbeschwerden zu analysieren ...« (ebd., S. 3).

Groddeck beschrieb den weiteren Verlauf der Erkrankung und der Analyse und stellte sie in den Zusammenhang zweier zunächst unbewußter assoziativer Komplexe: einmal den oberflächlicheren »Eitelkeits- und Unvermögenskomplex Dora-Freud«, der mit der Abwehr der unbequemen Erkenntnis zu tun hatte, daß Freud vor ihm schon die Tätigkeit des Unbewußten beschrieben hatte – Groddecks Unbewußtes wollte, dafür sprach die Halsentzündung, diese Einsicht nicht schlucken –; zum anderen den tieferen Komplex »Charlotte-Scharlach«, der mit sexuellen Vorgängen in seiner Pubertät und deren Genese zusammenhing.

Bemerkenswert an dieser Beschreibung Groddecks ist, daß es ihm gelang, mit Hilfe der Psychoanalyse (Traumanalyse und assoziative Arbeit) die zunächst unverständlichen körperlichen Symptome in einen sinnvollen Zusammenhang zu bringen. Im Verlauf dieser Analyse verschwand die körperliche Symptomatik. Schließlich konnte Groddeck zwischen Analyse und körperlicher Besserung einen Zusammenhang herstellen, indem er das körperliche Symptom als Abwehr einer unverträglichen psychischen Vorstellung, als gewissermaßen materialisierten Widerstand interpretierte, der sich durch jene Bewegung auflöste, in die das unbewußte Material durch die Analyse geriet.

Groddeck behauptete also keinen Kausalzusammenhang zwischen der Analyse bestimmter »psychischer Gifte« und dem Verschwinden dazugehöriger körperlicher Symptome. Dagegen sprachen schon die vielfältigen Bedingungen einer jeden Krankheit: »Daß andere Faktoren bei der Entzündung mitgewirkt haben, versteht sich von selbst. Die Kette der Ursachen läßt sich bei keinem Ereignis übersehen. Man kann immer nur die Glieder angeben, die am meisten in die Augen fallen« (Groddeck 1917a, S. 5f.).

So lag Groddeck weniger daran, psychische Faktoren einwandfrei als Ursachen bestimmter körperlicher Symptome nachzuweisen, obwohl er zu diesen Zusammenhängen eine große Anzahl klinischer Erfahrungen und Vorstellungen anführte. Vielmehr waren all seine Überlegungen praktisch-therapeutisch orientiert. Auf ihren Wert für die Behandlung kam es an, ihre Wahrheit war eine konkrete.

»Man muß sich bewußt bleiben, daß jede Betrachtung einseitig ist«, so leitete Groddeck etwa eine Anmerkung zu seiner Halsentzündung ein. »Trotzdem bitte ich, den Gedanken anzunehmen, daß das Es den Hals als Eingang zum Innern betrachtet. Der Gedanke ist fruchtbar und praktisch verwendbar, mag er auch noch so falsch und roh sein« (ebd., S. 25).

Unter diesem Vorbehalt diskutierte Groddeck ausführlich und mit vielen Beispielen gewürzt jene Frage, die er schon 1890 im Zusammenhang der Psoriasis-Behandlung aufgeworfen hatte: »... das rätselhafte Ding, das wir ... Prädisposition nennen, das müssen wir angreifen« (1890a, S. 172). Groddeck differenzierte diese Frage nach der Erkrankungsfähigkeit durch die Begriffe der individuellen, der örtlichen und der zeitlichen Disposition (1917a, S. 7–27). Sie haben sich zu einer der klinischen Grundlagen der psychosomatischen Medizin entwickelt: Warum erkranke gerade ich (individuelle Disposition), warum gerade hier, an diesem Organ usw. (örtliche Disposition), warum gerade jetzt (zeitliche Disposition)?

Ebenso klinisch-praktisch wie Groddecks Vorstellungen von der psychischen Bedingtheit organischer Leiden entstanden waren, ebenso praktisch-therapeutisch wollte er sie verwendet sehen: »Unsere Aufgabe ist weniger, richtige Theorien zu erdenken als Arbeitshypothesen zu finden, die in der Behandlung etwas leisten. ... Die Frage ist also nicht die, ob wir bestimmt sagen können: durch diese oder jene Gedankengänge des Ubw ist die Erkrankung entstanden, sondern ob wir behaupten dürfen, daß nach Aufdekkung dieser oder jener Zusammenhänge die Erkrankung verschwindet, mit anderen Worten, ob Aussicht vorhanden ist, mit Hilfe der Psychoanalyse wohltätig auf organische Erkrankungen einzuwirken« (ebd., S. 28f.). Und daß dies möglich sei, das behauptete Groddeck in der Tat mit »Anspruch auf Geltung«, indem er sich auf seine langjährige Erfahrung mit dieser Art psychoanalytischer Behandlung berief.

Nicht gerade begeistert nahm die medizinische und psychologische Fachwelt diese Beobachtungen und Thesen Groddecks auf. »Die Arbeit wurde, soweit man überhaupt davon Kenntnis nahm, vom bittersten Hohn zerpflückt, was nicht gehindert hat, daß sie die Grundlage unseres heutigen ärztlichen Denkens bildet« (Groddeck 1926e, S. 309). In der Tat: Von den damals erschienenen Rezensionen, die eingesehen werden konnten, fand kaum eine ein lobendes Wort für Groddeck; sie schlugen ihn entweder mit dem allgemeinen Vorurteil gegenüber Freuds Psychoanalyse oder hielten es mit der reinlichen Anwendung psychoanalytischer Erkenntnisse auf Fragen der Neurosentheorie und -behandlung. Einige Beispiele sollen folgen:

Kurt Mendel, Herausgeber des Neurologischen Centralblattes, kommentierte ein aus dem Zusammenhang gerissenes Groddeck-Zitat mit den Worten: »Sapienti sat. So geht es weiter, 32 Seiten lang! Und dies im Zeitalter der Papierknappheit! Ich warne Neugierige« (Mendel 1917, S. 991). Hans Henning meinte in der Zeitschrift für Psychologie schlicht: »Der Verf. will Gicht, Ischias, Fieber, Halsentzündung, Nasenröte, Sklerodermie psychoanalytisch geheilt haben. Solche Behauptungen zeigen, wie es mit den übrigen psychoanalytischen ›Heilungen‹ und ›Tatsachen‹ bestellt ist« (Henning 1920, S. 363). Wilhelm Stekel, der ehemalige Freud-Schüler, schrieb in der Zeitschrift für Sexualwissenschaft: »Wir müssen dem erfahrenen, geistreichen Arzte diese Wunder glauben. Aber es sei uns der Zweifel gestattet, ob diese Wunder durch die Psychoanalyse zustande gekommen sind. Ein jeder Glaube kann Berge versetzen! Jede Hoffnung steigert den Stoffwechsel, und Groddeck hat sich vielleicht sein Privat-Lourdes geschaffen, wo ein wundertätiger Götze (Freud) das Unmögliche möglich macht« (Stekel 1919, S. 44).

E. Raimann meinte in der Wiener Klinischen Wochenschrift: »Man darf im allgemeinen wohl nicht eine Theorie dafür verantwortlich machen, wenn sie von einem Unberufenen ad absurdum geführt wird. Doch hier wandelt ein begeisterter Freudschüler auf Wegen, die zu betreten er sich durch eine Autorität ermächtigt hält, er arbeitet mit Technizismen, die er dem Meister abgeguckt, schaltet brav jede Kritik aus und phantasiert darauf los« (Raimann 1918, S. 1043). Und der damals bekannte Psychotherapeut Robert Sommer, Herausgeber der Klinik für psychische und nervöse Krankheiten, schloß kurz und bündig: »Es ist bedauerlich, daß die Psychoanalyse, die ihren Ausgangspunkt in der methodischen Zergliederung geistiger Vorgänge hat, auf derartige Irrwege gerät« (Sommer 1919, S. 257).

Allein Freud und einige seiner Mitstreiter zeigten sich offen gegenüber Groddecks Anregungen. »Sie wissen«, schrieb Freud, »mein Interesse für Ihre Aufstellungen ist sehr groß, und ich bin mir nur über den Umfang, in dem sie zu erweisen sind, unsicher« (Groddeck/Freud 1974a, S. 22). Freud sandte ein zweites Exemplar der ›Psychischen Bedingtheit ...‹ an Ferenczi, der dazu ausersehen war, ein Referat des Buches für die Internationale Zeitschrift für ärztliche Psychoanalyse zu verfassen, und ließ ein drittes Exemplar im »Verein«, unter den Freudanhängern, herumgehen. Und nochmals bot Freud Groddeck die ›Internationale Zeitschrift für ärztliche Psychoanalyse‹ als Forum für dessen Beiträge an.

Eine Episode mag Freuds sehr persönliche Reaktion auf Groddecks Anregungen beleuchten, von der Freud in einem Brief an Ferenczi vom 6. November 1917 berichtet. Der Mangel der Kriegszeit war für Freud in vielen Dingen spürbar. »Gestern hatte ich die letzte Zigarre verraucht, war seither böswillig und müde, bekam Herzklopfen und eine Steigerung der seit den schmalen Tagen bemerkbaren schmerzhaften Gaumenschwellung (Carcinom? etc.). Da brachte mir ein Patient 50 Zigarren, ich zündete eine an, wurde heiter, und die Gaumenaffektion ging rapid zurück! Ich hätte es nicht geglaubt, wenn es nicht so auffällig wäre. Ganz Groddeck« (Jones II 1978, S. 231).

Max Schur, Freuds späterer Arzt, wies in diesem Zusammenhang auf Freuds vielfältige Rationalisierungen bezüglich des Rauchens hin (Schur 1973, S. 371). Freud hat auch hier eine psychosomatische Beobachtung beschrieben, jedoch nicht (zumindest soweit es aus dem Brief hervorgeht) die Groddecksche These verfolgt, daß das organische Symptom nicht nur in einem psychophysischen Zusammenhang steht, sondern auch *Abwehr*charakter tragen, d.h. mit verdrängtem Material verbunden sein kann.

Ferenczis Besprechung war die einzige, die Groddecks Vorstellungen adäquat erfaßte. Zunächst wies Ferenczi auf die vielfältigen Anspielungen hin, die es in der psychoanalytischen Literatur in Sachen seelisch bedingter Körperveränderungen gäbe. Doch ausführlicher beschäftigt habe sich damit – abgesehen von gewissen Phänomenen bei hysterischen Erkrankungen – noch niemand. »Dr. Groddeck macht nun in dieser Broschüre als erster den mutigen Versuch, die Ergebnisse der Freudschen Lehre auf die organische Medizin anzuwenden. Und schon dieser erste Schritt verhilft ihm zu solch überraschenden Ergebnissen, neuen Ansichten und weiten Perspektiven, daß dessen zumindest heuristischer Wert über jeden Zweifel erhaben scheint« (Ferenczi 1917, S. 258).

Ferenczi betonte, daß weder Gründe klinischer Erfahrung noch theoretische Vorbehalte gegen Groddecks Vorstellungen sprächen. Zwar gebe es Differenzen »zwischen uns und ihm sowohl in der Auffassung als besonders in der Benennung einiger der in Rede stehenden Vorgänge und Mechanismen«. Die Gemeinsamkeiten seien aber weit überwiegend. »Schon meldet man auch von rein psychoanalytischer Seite Beobachtungen und Betrachtungsweisen, die den Groddeckschen Aufstellungen merkwürdig nahekommen« (ebd., S. 259). Es käme nun darauf an, die Erfahrungen Groddecks auf breiter klinischer Ebene zu überprüfen und zu vertiefen.

Groddeck sah sich in seiner Arbeit angenommen und bestätigt. Freud ermutigte ihn, schickte ihm im November 1917 eine erste Patientin (mit multipler Sklerose) und äußerte sich seinen Freunden gegenüber mit großer Begeisterung über ihn (Schur 1973, S. 372). Abraham empfahl er Groddecks Schrift im Zusammenhang der »Lamarck-Idee«, die er zusammen mit Ferenczi ausheckte (Freud/Abraham 1965, S. 247). Davon wußte Groddeck damals noch nichts. Er stürzte sich in seine klinische Arbeit und machte sich im nächsten Jahr daran, ein neues Manuskript zu verfassen, einen psychoanalytischen Roman.

Im Oktober 1919 sandte er das Manuskript an Freud. Er hatte es einer Reihe von Verlegern angeboten, doch hatte keiner es veröffentlichen wollen. »Vielleicht macht es auch Ferenczi Spaß, es durchzublättern«, meinte Groddeck zu Freud, »es würde mich freuen, wenn ich ihm durch ein paar heitere Stunden meinen Dank für seine gütige Kritik meiner Broschüre abstatten könnte« (Groddeck/Freud 1974a, S. 24). Sowohl Freud wie Ferenczi lasen den Roman mit großem Vergnügen.

1920–1923: Der wilde Analytiker

1920

In diesem Jahr erschienen zwei erste psychoanalytische Arbeiten Groddecks in der Internationalen Zeitschrift für ärztliche Psychoanalyse. Freud hatte sie zunächst begutachtet und für würdig befunden. »Jeder Beitrag von Ihnen ist willkommen. Machen Sie sich mit der Tatsache vertraut, daß die Redaktion der psy. Zeitschriften hier Ihre Bedeutung zu schätzen weiß« (Groddeck/Freud 1974a, S. 27). Auch weiterhin sandte Groddeck alle Manuskripte, die er der psychoanalytischen Bewegung zugedacht hatte, zunächst an Freud, dessen Urteil und Annahme ihm das einzige Wichtige war.

›Wunscherfüllungen der irdischen und göttlichen Strafen‹ – anhand der Assoziationsreihen von acht Patientinnen und einem Patienten, also anhand von neun Analyse-Bruchstücken und einigen kulturgeschichtlichen Anmerkungen zeigte Groddeck, inwiefern in den Phantasien von irdischen und göttlichen Strafen (wie Hölle, Teufel, Feuer, Jenseits) eine Wunscherfüllung insbesondere erotischer Art stattfindet. Inwiefern also »diese charakteristische Eigentümlichkeit des Traums« (Groddeck 1920a, S. 227), Wunscherfüllungen zu ermöglichen, auch in anderen Lebensvorgängen zu entdecken ist. Groddeck verwandte gern Elemente der Traumanalyse und -theorie dazu, seine Erfahrungen bei der Behandlung organisch Kranker analytisch zu interpretieren, am ausführlichsten in ›Traumarbeit und Arbeit des organischen Symptoms‹ (Groddeck 1926b). Was Groddeck an psychoanalytischen Begriffen und Theorieelementen übernahm, entstammte zum größten Teil Freuds ›Traumdeutung‹ und dem damaligen Stand der Theoriebildung. Deren Lektüre hatte ihn 1913 so tief beeindruckt.

An einem jungen Patienten mit schwerer rezidivierender Neuritis (Entzündung beider Schienbeinnerven) zeigte Groddeck besonders schön, wie ein körperliches Symptom zugleich Wunscherfüllung und Abwehr einer unbewußten Vorstellung sein kann. Der Patient assoziierte zu der Neuritis: »in der Hölle auf glühenden Steinen tanzen« (S. 226). Es stellte sich heraus, daß seine Konzentration auf Schienbeine und Füße mehrfach determiniert war. Frühkindlich: die von starker Emotion begleitete Erinnerung, die mütterlichen Beine bei einem Dampfbad nackt gesehen zu haben. Dann war der Vater Schuster gewesen: »Mutter hat die schönsten Füße«. Des weiteren tauchte die Vorstellung auf, die Mutter sei nicht die eigentliche Mutter, sondern »Stiefmutter«, die nach Märchenart in glühenden Schuhen tanzen mußte. Groddeck führte noch einige weitere Einfälle des Patienten zu diesem Komplex an. Es wurde deutlich: In der Fixierung auf Beine und Füße und mit der Neuritis war indirekt der verdrängte Inzestwunsch ausgedrückt; zugleich war der Inzestwunsch im Wiederholungszwang dieses Lustmomentes (der auf die Beine verschobenen psychischen Energie) mit der Höllenstrafe verkoppelt. Abwehr und Wunscherfüllung vereinigten sich im Symptom. Die Neuritis erschien als »Abschlagszahlung auf die drohende Strafe der Ewigkeit« (S. 226). Im Laufe der Analyse verschwanden die zuvor untherapierbaren Beschwerden.

In ›Eine Symptomanalyse‹ (1920b) beschrieb Groddeck die Analyse eines jungen Patienten mit hartnäckigen, anfallsweise auftretenden Schmerzen in den Beinen. Der Patient – das stellte sich in der Diskussion mit Freud über diesen Fall heraus – war Groddecks Stiefsohn. Groddeck reflektierte die zusätzlichen Schwierigkeiten der Analyse, die dadurch entstanden, daß der Patient die Vorstellungen Groddecks zu dem Kernthema seiner Assoziationen, dem »Kreuz«, kannte und in der Analyse verwandte. Seine Einfälle erschienen so durch Groddecks Ideen verschmutzt. Und Groddeck hatte sehr ausgeprägte und eigentümliche psychosomatische Vorstellungen zu dem Kreuz, dem »Os sacrum« und den damit zusammenhängenden Inzestwünschen zwischen Christus-Sohn und Mutter-Kreuz – mit der Doppeldeutigkeit des Begriffes »Kreuz« spielte Groddeck gerne: dem Kreuz am unteren Ende der Lendenwirbelsäule (Os sacrum) und dem Kreuz Christi.

Interessant ist Groddecks technischer Umgang mit diesem Problem. Er erkannte bei einigen Einfällen und Berichten des Patienten, die Groddecks Vorstellungen zu diesem Thema aufnahmen, deren Funktion als Widerstand ähnlich wie bei dem körperlichen Symptom des Schmerzes, das Abwehrcharakter trug. Immer wieder führte Groddeck den Patienten auf den Assoziationskern »Kreuz« zurück, um den der Widerstand kreiste, schließlich nahm er den körperlichen Schmerz als Ausgangspunkt, bat den Patienten, »sich auf die Schmerzen einzustellen und mir irgendetwas zu sagen, was ihm dazu einfiele« (S. 322). Die Beinschmerzen hingen, das stellte sich heraus, mit dem Onanie- und Kastrationskomplex zusammen, verbunden wurde beides durch die Assoziation des Kreuzes, der Kreuzschmerzen, der Rückenmarkserkrankung (Tabes dorsalis, Spätform der Syphilis), die der Vater des Patienten hatte.

Anstelle einer verbalen Deutung dieser Zusammenhänge folgte Groddeck einem plötzlichen Einfall. »Ich stand auf, und mit den Worten ›lustige Beine‹ – es ist ein Berliner Ausdruck für die Schritte der Tabiker – ahmte ich den ataktischen Gang nach. Im selben Augenblick fing der Kranke an zu lachen« (S. 322), er verstand die Anspielung, die Energie des Widerstandes löste sich, die Beinschmerzen verschwanden. Wie weit dieser Erfolg einer kurzen Symptomanalyse von Dauer war, ob die Behandlung noch ergänzt und vertieft werden mußte, schrieb Groddeck nicht. Bemerkenswert ist das Ergebnis dieser analytischen Kurztherapie einer organischen Störung allemal (nicht für Groddeck, der den Erfolg »zu den gewöhnlichen Ereignissen der Freudschen Behandlung« zählte, S. 323); vor allem durch die Technik des Fokussierens auf eine Kernassoziation und auf das körperliche Symptom.

Ein weiteres größeres Manuskript Groddecks aus dem Jahr 1920 ist überliefert, es wurde damals nicht veröffentlicht. G. Clauser gab es 1966 mit dem Titel ›Über das ES‹ in seinem Sammelband Groddeckscher Schriften zur Psychosomatik heraus (Groddeck 1920d). ›Über das ES‹ ist eine eher theoretische, kaum klinische Abhandlung. Groddeck erörtert zunächst seinen Begriff des Es und entfaltet dann auf ca. 25 Seiten das, was er die »allgemein gültigen Voraussetzungen des kindlichen Lebens« (ebd., S. 52) nannte: eine allgemeine Theorie des pränatalen Lebens bis hin zum Geburtsvorgang. Für Groddeck war das kindliche Denken der vornehmste Gegenstand der Analyse, das kindliche Denken und Assoziieren, das er auch im Erwachsenen hintergründig am Spiel sah. Hier ging es ihm darum, die vorgeburtliche Basis des kindlichen In-der-Welt-Seins aufzuklären. Viele Elemente dieser Arbeit kehrten in späteren Werken Groddecks wieder, vor allem im ›Buch vom Es‹.

Im Mai 1920 bewarb Groddeck sich um die Mitgliedschaft in der Berliner Gruppe der Internationalen Psychoanalytischen Vereinigung. Zuvor hatte er Freud um Rat gefragt. Freud hatte ihm die Berliner Vereinigung vorgeschlagen.

Im Juli des Jahres erhielt Groddeck die Aufnahmebestätigung. Er blieb bis zu seinem Lebensende ordentliches Mitglied der Berliner Vereinigung und der Deutschen Psychoanalytischen Gesellschaft.

Damit war ihm der Weg gebahnt für die Teilnahme an dem VI. Internationalen Psychoanalytischen Kongreß im Haag, der im September 1920 stattfinden sollte. Groddeck hatte darauf gebrannt, Freud endlich auch persönlich kennenzulernen. »Im übrigen bin ich während der Kongreßtage«, schrieb er im Oktober rückblickend an Freud, »in halbem Dämmerzustande hinter Ihnen hergelaufen, recht wie ein Verliebter. Und wenn ich daran zurückdenke, freue ich mich, daß ich noch jung genug bin, stark zu empfinden, wenn es sich lohnt« (Groddeck/Freud 1974a, S. 33). Groddeck war damals 54 Jahre alt.

Wahrscheinlich auf Freuds Anregung hin sollte Groddeck am Ende des zweiten Kongreßtages einige Worte zum Thema seiner Broschüre von 1917 sprechen. Als Referat war angekündigt: ›Dr. Groddeck: Über die psychoanalytische Behandlung organischer Krankheiten‹. Doch Groddeck trat ohne Manuskript ans Rednerpult. ›Ich bin ein wilder Analytiker.‹ Mit diesen Worten soll er einen spontan gehaltenen freien Vortrag begonnen haben, zunächst sein Bettnässen analysiert haben und dann zu freien Assoziationen übergegangen sein (Grotjahn 1977, S. 190). In seinem Autoreferat dieses Vortrages wies Groddeck auf die Zensurfaktoren hin, die auch im Wachzustand (»Wachzensur«) am Werke seien, und »die, um Verdrängtes dem Bewußtsein fernzuhalten, organische Leiden entstehen lassen«, sobald das Verdrängte nur mächtig genug sei (1920c, S. 399). Groddeck führte einige Beispiele an, etwa das eines Patienten mit Netzhautblutungen. »Wird das Verdrängte zum Vorschein gebracht oder seines affektiven Gehalts entledigt, so werden die Netzhautblutungen unnötig und können aufgegeben werden. Sie können, sie müssen nicht. Dasselbe gilt für alle Lebensgebiete des Organismus. Referent gibt dafür Beispiele« (ebd.).

Der freie assoziative Stil Groddecks und sein provozierendes »Ich bin ein wilder Analytiker« genierte oder erzürnte die meisten der Anwesenden. Freud zeigte sich eher amüsiert und ließ bei Groddeck nachfragen, ob seine Mitteilungen ernst gemeint seien, oder ob er sich über das ehrenwerte Analytikerpublikum habe lustig machen wollen. Groddeck hatte es ernst gemeint. Noch auf dem Kongreß übersandte er Freud wiederum eine Note, in der er sein Anliegen nochmals erläuterte. Einige der Analytiker immerhin hatten Groddecks Auftritt mit Interesse und Sympathie verfolgt. Zu ihnen gehörten Sandor Ferenczi, Otto Rank, Ernst Simmel und Karen Horney. Sie sollten später mit Groddeck in nähere Verbindung treten.

1921

In dem nächsten Jahrgang der psychoanalytischen ›Zeitschrift‹ wurden einige der Referate des Haager Kongresses abgedruckt. Groddeck nahm die Gelegenheit wahr, seinem Haager Vortrag eine wohlanständige Ausarbeitung nachzuschicken: ›Über die Psychoanalyse des Organischen im Menschen‹ (1921b). »Für

N. V. Vegetarisch Hotel-Restaurant
„POMONA"
Molenstraat 53 - Den Haag
Telefoon Int. 2433.
Postrekening 6456.

DEN HAAG, 11. 9. 1920

Hochverehrter Herr Professor,

Ihre Frage, ob ich meine Mitteilungen auf dem Kongreß noch meine, ist mir nachgegangen. Ich will versuchen, mich verständlich zu machen.

Wenn man sogenannte gesunde Menschen auffordert, sich die Gegenstände ihres Wohnzimmers anzusehen, die Augen dann zu schließen und die Objekte zu nennen, so lassen sie regelmäßig dieses oder jenes aus.

Analysiert man, warum diese bestimmten Gegenstände nicht in das Bew. kommen, so stellt sich heraus, daß sie zu verdrängten Komplexen gehören, es besteht also eine Wegzensur.

Wird die verdrängte Komplexe für visuell stark beanlagte Menschen zu viel, so wird die Zensur verschärft und das Auge kurzsichtig gemacht. Reicht das nicht aus, so zerstört das Ubw durch Blutung die Netzhaut.

Es ist derselbe Vorgang auf einem anderen Gebiet wie die Bildung der Antitoxine zur Überwindung der Toxine, wie Fieber und Eiterung zur Überwindung der Infektion.

Werden die Verdrängungen gelöst, so kann die Zensur gemildert und die Netzhautblutungen

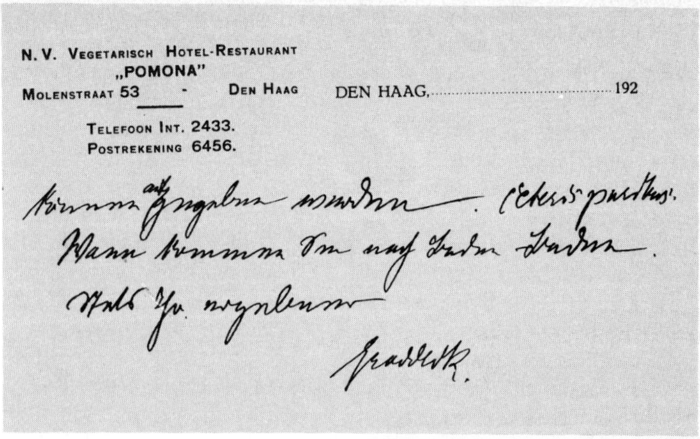

N. V. Vegetarisch Hotel-Restaurant
„POMONA"
Molenstraat 53 - Den Haag DEN HAAG, ... 192
Telefoon Int. 2433.
Postrekening 6456.

Wann kommen Sie nach Baden Baden.
Stets Ihr ergebener
Groddeck.

Brief Groddecks an Sigmund Freud während des VI. Internationalen Psychoanalytischen Kongresses im Haag (September 1920)

mich«, schrieb er an Freud, dem er den Aufsatz zunächst übersandte, »ist dieser Versuch, mich mit der Nomenklatur auseinanderzusetzen, eine Notwendigkeit, weil ich sonst immer Mißverständnissen ausgesetzt bin. Nach dieser Probe hoffe ich des Diploms als Psychoanalytiker wert zu sein« (Groddeck/Freud 1974 a, S. 33). Freud zeigte sich durchaus angetan von den Qualitäten dieses »schönen, originellen und von einer freien Skepsis durchwehten Aufsatzes« (ebd., S. 34).

Groddeck berichtete von drei Patienten, zunächst von einer Dame, die er einer schweren Neurose wegen behandelt hatte. »Die Analyse ging ihren Weg ohne wesentliche Widerstände; alles schien sich glatt dem Ödipuskomplex einzufügen. Da brach plötzlich mitten in die Besserung hinein eine heftige Lungenblutung, und nun wiederholten sich in dem kurzen Zeitraum von 4 Wochen 23 Blutstürze schwerster Art« (S. 252). Die weitere Analyse entdeckte die vielfache Determinierung der Lungenblutungen zunächst durch den unbewußten Wunsch der Kranken, sich für den gewünschten und auch eingetretenen Tod der lungenkranken Schwester zu bestrafen, dann durch verschiedene Elemente des Ödipuskomplexes, schließlich aber durch tiefst verdrängte präödipale Fixierungen. »Damit geriet die ganze Grundlage der bisherigen Behandlung, die auf dem Ödipuskomplex ruhte, ins Schwanken. Es stellte sich heraus, daß die Liebe zur Mutter bei weitem stärker war als die zum Vater, daß sie aber in frühester Kindheit mit aller Kraft verdrängt worden war« (S. 253). Mehr als einmal wies Groddeck auf ähnliche Erfahrungen hin, die einen Zusammenhang präödipaler Komplexe mit organischen Erkrankungen nahelegten. Groddeck schloß kurze Überlegungen zur frühen Entwicklung der weiblichen Sexualität an und betonte den Unterschied zum männlichen Weg des Ödipuskomplexes, Vorstellungen, die er später vor allem im ›Buch vom Es‹ weiter ausführte, und die für die weitere Theoriebildung in Sachen weiblicher Sexualität, etwa bei Karen Horney, von großer Bedeutung waren.

Anhand einiger Momente der Symptomarbeit diskutierte Groddeck dann Begriffe der psychoanalytischen Theorie wie Wunscherfüllung, Verdrängung, Zensur, Verdichtung, Verschiebung, Ambivalenz, Regression, Fixation, die alle in der Arbeit des organischen Symptoms ihre Macht entfalteten. Zwei weitere Fälle folgten, ein Arbeiter mit Netzhautblutungen und eine Dame mit einer Geschwulst in der linken Brust. Schließlich ging Groddeck noch auf Widerstand und Übertragung ein, auf »die beiden die psychoanalytische Behandlung leitenden und über ihre Handhabung entscheidenden Faktoren«, die für die Behandlung organisch Erkrankter ebenso wichtig seien wie für die Behandlung neurotischer Patienten (S. 261 f.).

»Im Interesse der entsprechend hohen Einschätzung der wertvollen Arbeit Groddecks« wandte Felix Deutsch (1922, S. 303) gegen Groddecks Falldarstellungen in dieser Arbeit ein, daß die exakte Beschreibung der medizinischen Phänomene sehr zu wünschen übrig ließe. Man kann ihm nur zustimmen. Es ist schade, daß Groddeck mit diesem Aufsatz den Gipfel an Zugeständnissen erreicht sah, die er begrifflichem Denken und wissenschaftlichem Zeitgeist einräumen wollte. Nun, er hatte seine Gründe und meinte zu Freud, er könne jetzt, nach dieser Arbeit, »in meinem Gewissen beruhigt, zu meinem Kauderwelsch zurückkehren, das ich bequemer handhabe und das mir Freiheit läßt zu denken, was ich denken muß« (Groddeck/Freud 1974a, S. 33). Immerhin sprach Deutsch ihm, abgesehen von dieser Frage, ein einhelliges Lob aus: »Im übrigen muß man sich den meisten Anführungen Groddecks anschließen und ihm zustimmen, daß alle organischen Krankheitssymptome ihre psychische Determinierung und zum großen Teil auch psychische Entstehungsursachen haben« (ebd., S. 303).

Freud war es zufrieden, daß er einem amerikanischen Gast von seinem Baden-Badener Schüler und dessen Entdeckungen berichten konnte. Smith Ely Jelliffe, Pionier der psychosomatischen Medizin in Amerika, berichtete von sei-

Der Seelensucher

nem Besuch bei Freud im August 1921: »He was very interested in our organic work and told me of one of his pupils in Baden-Baden who was carrying on quite a similar type of analyses and with the same ideas we have been working on« (Lewis 1965, S. 226).

Das Manuskript seines psychoanalytischen Romans hatte Groddeck auch weiterhin vergebens bei den Verlegern herumgereicht. Freud hatte die Lektüre sehr genossen. Schließlich war er mit Groddeck übereingekommen, daß der Roman im 1919 gegründeten Internationalen Psychoanalytischen Verlag erscheinen sollte, wenn Groddeck die Kosten für das Papier – die wirtschaftlichen Schwierigkeiten des Verlages entsprachen denen der Nachkriegszeit – aufbringen könnte. Mit Hilfe vor allem holländischer Freunde brachte Groddeck tatsächlich das benötigte Geld auf, die Direktion des Verlages, neben Freud Ferenczi, Rank und Jones, war einverstanden, der Band wurde vorbereitet. Nur für den Titel des Romans hatte Groddeck noch keinen überzeugenden Einfall gehabt. Otto Rank war es, der ihn bei einer Unterhaltung mit Groddeck auf dem Kongreß in Den Haag ans Licht brachte: ›Der Seelensucher‹.

Denn ach mich trennt das Meer von den Geliebten,
Und an dem Ufer steh' ich lange Tage,
Das Land der Griechen mit der Seele suchend

Wahrscheinlich hatte Rank dieses geflügelte Goethewort aus der ›Iphigenie auf Tauris‹ vor Augen, als ihm der ›Seelensucher‹ einfiel. Groddeck war einverstanden. Er war in der Goetheverehrung großgezogen worden, hatte von Goethe den früher für ihn so zentralen Begriff Gottnatur entliehen, und schob nun noch in das erste Kapitel des Romans die Erzählung von einem Scherenschnitt Goethes ein, der dem Romanhelden Thomas Weltlein überkommen war, den dieser sehr liebte und den er den Seelensucher getauft hatte. Er stellt einen auf einer Erdkugel sitzenden Mann dar, auf dessen einer ausgestreckten Hand eine nackte Frauenfigur steht, und dessen andere Hand ein Vergrößerungsglas hält, durch das der Mann interessiert die intimste Region der kleinen Figur betrachtet. In einem Nachwort zu dem Roman erläuterte Groddeck die Ironie dieses Bildes, die er in dem ganzen Roman durchgeführt hat. Er wollte »den Menschen des neunzehnten Jahrhunderts entlarven, sein albernes Beginnen dem Gelächter kommender Generationen überliefern. ... Nicht Freud hat den Menschen mit dem Hinterteil auf die Welt gesetzt, er saß schon darauf, ehe Freud geboren ward; nicht Freud gab dem Menschen Figürchen und Vergrößerungsglas in die Hand, er nimmt ihm beides als gütiger Lehrer fort und dreht ihn mit sanfter Hand der Welt zu: Sieh, wie groß die Erde ist und wie klein das Dingchen, das dir so wichtig vorkommt; schau dich um, das bißchen Freude, das die Sexualität macht, kannst du überall finden. Die Welt ist durchtränkt davon« (Groddeck 1926f, S. 22f.).

Anfang des Jahres 1921 erschien ›Der Seelensucher. Ein psychoanalytischer Roman‹ (Groddeck 1921a). »Eine etwas starke Kost mit einigen unzüchtigen Stellen«, urteilte Ernest Jones (III 1978, S. 100). Nun, Thomas Weltlein, der Held, der so viel Ähnlichkeit mit Groddeck hat, entdeckt zu Anfang des Romans in einer Art Schlüsselerlebnis Wanzen in seinem Bett. Die Wanze, Inkarnation der Ansteckung, wird für ihn zum befreienden Trauma. Mit ihr entdeckt er die psychische Ansteckung, den allumfassenden Assoziations- und Symbolisierungszwang und deren Gegenstand, die Sexualität, um die sich alles dreht. Thomas, befreit von allen Zwängen und Engen bürgerlicher Konvention, zieht aus, um als Missionar seiner Erkenntnisse alle Welt zu dem zu bekehren, was sie sowieso schon immer denkt und tut (und verdrängt). So geht Thomas, mit einer ungeheuren Rede- und Assoziationskraft begabt, durch die Welt und wirft ihr die psychoanalytische Wahrheit an den Kopf, im kleinbürgerlichen Kegelklub, im Museum, im Eisenbahnabteil IV. Klasse, beim Feministenkongreß, beim Saufgelage eines preußischen Prinzen, auf der Genossenschaftsversammlung, im Zoo, im Krankenhaus und bei vielen anderen Gelegenheiten.

Ein Buch, so urteilte Alfred Polgar, der mit seiner begeisterten Rezension des ›Seelensuchers‹ im Berliner Tageblatt Groddeck viele Leser gewann, ein Buch, »das kaum seinesgleichen hat unter deutschen Büchern« (Polgar 1921), das zwar kein literarisches Jahrhundertwerk sei, doch durch seine anderen Qualitäten unmittelbar überzeuge. Ähnlich begeistert zeigte sich Ferenczi in seiner ausführlichen Besprechung für die psychoanalytische Zeitschrift ›Imago‹ (Ferenczi 1921).

Doch einige Psychoanalytiker, vor allem Oskar Pfister, der Schweizer Pfarrer und Freudschüler, hielten es für einen Skandal, daß der Psychoanalytische Verlag einen – und dann auch noch so einen – Roman veröffentlicht hatte. Die schweizerischen Analytiker hielten eigens eine Protestsitzung ab (Jones III 1978, S. 100). Zunächst mußte Otto Rank als Schriftführer des Verlages Pfisters Zorn erdulden, dann wandte der sich auch an Freud. Freud antwortete: »Groddeck verteidige ich energisch gegen Ihre Respektabilität. Was hätten Sie als Zeitgenosse von Rabelais gesagt?«.* Pfister dagegen: »Ich verstehe sehr gut, daß Sie unmöglich anders urteilen können. Der Geist, der Sie zur Förderung Groddecks führt, ist genau derselbe, der Sie zum Entdecker und Vorkämpfer der Psychoanalyse macht. Und doch kann ich Ihr Urteil beim besten Willen nicht zu dem meinigen machen.... Groddeck... schillert zwischen Wissenschaft und Belletristik. Sie selbst sagen, die Tendenz sei eine entschieden wissenschaftliche, dann aber ist mir die Verwurstelung mit Witzeleien unangenehm.« Und wieder Freud: »Auch ich gebe meine Ansicht über Groddeck nicht auf, es kommt sonst nicht leicht vor, daß ich an jemandem ›einen Narren‹ fresse« (Freud/Pfister 1963, S. 83–85). Ähnliches schrieb Freud an Max Eitingon: »... sonst kann ich vom Urteil nicht abgehen, daß es ein Leckerbissen ist, freilich Caviar für's Volk, das Werk eines Rabelais ebenbürtigen Kopfes« (Schur 1973, S. 651).

Groddeck hielt (wie Freud) den ›Seelensucher‹ zeit seines Lebens für sein bestes Werk. »Das einzige Buch«, meinte er, »in dem ich mich ganz frei gegeben habe, das ich liebe und für meine beste Leistung halte, der Seelensucher, eine bewußte Nachahmung des Romans von Cervantes...« (1926e, S. 384) – Thomas Weltlein, die Verkörperung Groddecks und der Don Quijote Sigmund Freud-

* Freuds Einfall, Groddeck mit Rabelais zu vergleichen, hat eine Vorgeschichte. In der ›Traumdeutung‹ assoziierte Freud zu Rabelais den Übermenschen Gargantua, der ihm – in einer Illustration von Garnier (abgebildet in: Ernst Freud u.a. 1976, S. 162) – zu einem Traum verholfen hatte. Das Bild, das Freud vor dem Schlafengehen angeschaut hatte: »Gargantua, der Übermensch bei Meister Rabelais, nimmt so seine Rache an den Parisern, indem er auf Notre-Dame reitend seinen Harnstrahl auf die Stadt richtet« (Freud 1900, S. 472). So fernliegend ist die Assoziation zu Groddeck nicht.

scher Weltanschauung (wie ihn Alfred Polgar nannte). Der Seelensucher verkaufte sich sehr gut; schon im nächsten Jahr, Anfang 1922, konnte eine zweite Auflage (2. bis 5. Tausend) herausgegeben werden.

Im September 1921 besuchte Sandor Ferenczi zum ersten Mal Groddeck und sein Sanatorium in Baden-Baden. Er wolle, so meldete er sich bei Groddeck an, das Nützliche mit dem Angenehmen verbinden, sich von Groddeck behandeln lassen und zugleich dessen für ihn hochinteressante Anwendung der Psychoanalyse auf die Behandlung organischer Erkrankungen studieren. Ferenczis Wunsch erfüllte sich. Zum Abschied trug er sich in Groddecks Gästebuch ein:

> Kam zu lehren und wurde belehrt;
> schied ganz begeistert, halb bekehrt.
> 16. 9. 1921 S. Ferenczi.

Groddeck und Ferenczi schlossen enge Freundschaft, auch ihre beiden Frauen befreundeten sich miteinander. Ferenczi verbrachte in den Jahren 1921, 1922, 1925, 1926, 1927, 1929, 1930 und 1932 jeweils mehrere Wochen seine »analytischen Ferien« bei Groddeck, Groddeck behandelte ihn und Ferenczi analysierte Groddeck gelegentlich. Natürlich setzten sich beide auch intensiv über analytische Theorie, Therapie und Technik auseinander. Ferenczi entfaltete gerade zu jener Zeit seine Vorstellungen und Versuche zur »aktiven Technik«.

Erich Fromm, ein genauer Beobachter der psychoanalytischen Bewegung der 20er Jahre, der viel mit Groddeck zu tun hatte, meinte zu dessen Freundschaft mit Ferenczi: »Die Entwicklung von Ferenczi ... ist nur durch den starken Einfluß, den Groddeck auf ihn ausgeübt hat, zu verstehen« (Fromm 1935, S. 386).

Zu Groddecks Nachlaß gehören mehr als 40 zum Teil hochinteressante Briefe aus dem Briefwechsel zwischen Groddeck und Ferenczi; es sind fast ausschließlich die Briefe Ferenczis an Groddeck erhalten. Michael Balint, der große Ferenczi-Schüler, hatte eine Edition dieser Briefe geplant, sein Tod verhinderte dieses Vorhaben. Inzwischen ist der Briefwechsel auch auf deutsch erschienen (Groddeck/Ferenczi 1986).

Erst wenn Genaueres über den Ferenczi der 20er und 30er Jahre bekannt ist, über sein Verhältnis zur psychoanalytischen Bewegung und vor allem zu Freud, das heißt vor allem, erst wenn der weiterhin zurückgehaltene Briefwechsel Freud-Ferenczi veröffentlicht sein wird, erst dann wird man die Freundschaft zwischen Ferenczi und Groddeck adäquat einschätzen können.

Und damit wird man auch ein Licht werfen können auf eine Tradition der psychosomatischen Medizin, die von Groddeck/Ferenczi über Michael Balint beträchtlich wirksam geworden ist. Schon 1926 begann Balint mit seinen erfolgreichen Versuchen, psychoanalytisches Denken unter dem medizinischen Publikum zu verbreiten: mit dem damals mehrfach veröffentlichten Vortrag ›Psychoanalyse und klinische Medizin‹. Balint berief sich darin auf Ferenczi und Groddeck, mit denen die eigentliche Forschung in Sachen psychoanalytischer Behandlung organischer Krankheiten begonnen habe, mit Ferenczis Theorien und mit Groddecks praktischer Arbeit (Balint 1926, S. 639–642).

Balint, der Anfang der 20er Jahre seine Lehranalyse bei Ferenczi machte, schätzte Groddeck sehr. Er nannte Groddecks ›Buch vom Es‹ in einer Rezension von 1951 einen seiner alten und lieben Freunde und meinte, es sei »one of my favourite books« (Balint 1951, S. 250). Groddecks Vorstellungen und Anregungen bilden eine der Grundlagen von Balints psychosomatischer Medizin.

1922

Schon 1920 hatte Groddeck Freud eine Arbeit über die Bedeutung der Symbole angekündigt: »Ich bin dabei, einen Aufsatz über Symbolik zu schreiben, der für die Imago berechnet ist; er geht aber arg in die Breite und wird nur für wenige genießbar sein« (Groddeck/Freud 1974a, S. 27). 1922 erschien der Aufsatz in der ›Imago‹: ›Der Symbolisierungszwang‹ (1922a). Ausgehend von literarischen Beispielen (die biblische Geschichte vom Sündenfall, Goethes Fischer, das Märchen von Schneewittchen, der Struwwelpeter) und Beispielen aus bildender Kunst und Musik, führte Groddeck seine Vorstellungen vom Assoziations- und Symbolisierungszwang aus:

Der Umgang des Menschen mit der Welt ist untergründig durch das Unbewußte bestimmt. Die Äußerungen des Unbewußten aber sind »stets symbolisch« (S. 81). Es sind Symbolisierungen und Symbolinterpretationen, in denen sich das Unbewußte inhaltlich mitteilt, unausweichlich, nur verdrängbar, im – wie Groddeck es nannte – Symbolisierungszwang (wobei Zwang hier natürlich nicht, darauf hat Grotjahn [1945, S. 11] hingewiesen, einem verdrängten Konflikt entspringt, nicht »compulsion« ist, sondern »drive«, »urge«). Die Symbole werden vom Unbewußten assoziativ aneinandergereiht; der Assoziationszwang gibt dem Symbolisierungszwang erst seinen Zusammenhalt. Um diese Symbolarbeit des Unbewußten nachzuvollziehen, ist die analytische Tätigkeit des Assoziierens, des Phantasierens die einzig angemessene. Sie wird ergänzt durch ein Verstehen der Symbole und ihrer Inhalte, ein Verstehen, das wiederum auf assoziativem Wege erreicht wird.

»Dem Kinde«, dieser Topos kehrt bei Groddeck immer wieder, »ist dieses Verständnis ohne weiteres gegeben. ... Diese Feinfühligkeit der ersten Lebensjahre geht rasch verloren und weicht dem, was man gesunden Menschenverstand nennt, was aber in Wahrheit durch Verdrängungen erworbene Dummheit ist« (ebd., S. 72). So ist es das höchste Ziel des erwachsenen Lebens (und erst recht des psychoanalytischen Therapeuten), wieder ein Kind zu werden, die verschütteten Fähigkeiten wiederzuentdecken. »Wo ihr nicht umkehret und werdet wie die Kinder, werdet ihr das Himmelreich nicht erlangen« (Matthäus 18,3), gehörte zu den liebsten Zitaten Groddecks.

Auf dem VII. Internationalen Psychoanalytischen Kongreß, der Ende September 1922 in Berlin stattfand, hielt Groddeck einen Vortrag über ›Die Flucht in die Philosophie‹, von dem ein Autoreferat Groddecks erhalten ist (1922b). Groddeck trug eine programmatische Einführung in seinen Begriff des Es vor und betonte die Bedeutung der Psychoanalyse für die Behandlung organischer Erkrankungen, die ebensosehr Lebensäußerungen des Es seien wie die psychischen und deshalb auch ebensogut durch eine analytische Therapie angegangen werden könnten.

Dieser Vortrag, moderat und gut ausgearbeitet, wurde besser aufgenommen als Groddecks psychoanalytische Jungfernrede in Den Haag. Groddecks Anerkennung innerhalb der psychoanalytischen Bewegung hatte ihren Höhepunkt erreicht. Er war einer der heimlichen Könige des Berliner Kongresses, ein heftiger Streit mit Hattingberg (worum, läßt sich nicht mehr rekonstruieren) trug noch dazu bei. Anläßlich eines Essens bei Eitingon, an dem auch Freud teilnahm, wurde eine intensivere Mitarbeit Groddecks in den psychoanalytischen Institutionen erwogen. Groddeck selbst stand dieser Entwicklung höchst ambivalent gegenüber. 1923 meinte er gegenüber Freud zu dem Berliner Kongreß: »Ich bin im Anschluß daran heftig erkrankt und die ganze Zeit ist für mich eine unerquickliche Erinnerung« (Groddeck/Freud 1974a, S. 66).

Vorher schon hatte er in einem Brief an Freud die Hintergründe dieser unerquicklichen Erinnerung erläutert. »Die Situation des Vortragstages – daß ich ohne darauf gefaßt zu sein, ein öffentliches Lob bekam – hat sich schon früher einmal ergeben, bei meiner Promotion, bei der meine Mutter zugegen war und bei der der damalige Dekan die Hoffnung aussprach, er werde mich später noch öfter von dem Katheder der Universität sprechen hören. Ich bin der Universitätskarriere, die mir unter den günstigsten Verhältnissen offenstand, ebenso ausgewichen wie der psychoanalytischen Karriere, die sich mir während des Kongresses darbot. Es liegen in mir starke Impotenzkomplexe, die ich auf Ödipusneigungen zurückführe ...« (Brief vom 23. 11. 1922, zit. nach Maurer 1969, S. 55f.).

Viele der anwesenden Psychoanalytiker lernten Groddeck auch persönlich kennen und schätzen; unter ihnen Karen Horney. Nach dem Kongreß begann sie eine Korrespondenz und Freundschaft mit Groddeck, die bis zu seinem Tode dauerte (vgl. Rubins 1980, S. 80–84). Wahrscheinlich wurden auch Heinrich Meng und

Frieda Fromm-Reichmann in Berlin mit Groddeck bekannt. Jedenfalls berichtete Meng von dem Beginn seiner Zusammenarbeit mit Groddeck in diesem Jahr.

Heinrich Meng und Frieda Fromm-Reichmann bildeten zusammen mit Erich Fromm den Kern der Südwestdeutschen Psychoanalytischen Arbeitsgemeinschaft, die ihr Zentrum bei Fromm-Reichmann in Heidelberg hatte, die enge Verbindungen zu den Schweizerischen Psychoanalytikern pflegte und aus der 1926 die Frankfurter Psychoanalytische Arbeitsgemeinschaft und 1929 das Frankfurter Institut für Psychoanalyse hervorging. Groddeck wurde von diesem Kreis von Psychoanalytikern hochgeschätzt, er war oft in Heidelberg, später auch in Frankfurt, empfing aber oft auch die Arbeitsgruppe bei sich in Baden-Baden. Neben Fromm-Reichmann, Meng und Erich Fromm gehörten u. a. Karl Landauer, Forels Schwiegersohn Brauns und zumindest in den Anfangsjahren der Psychiater Hans Prinzhorn zu diesem Kreis.

»Groddeck und ich«, berichtete Heinrich Meng, »trafen uns bis zu seinem Tod ... zu persönlichen Aussprachen und zu Konsilien über organisch Kranke. In seinem Baden-Badener Sanatorium fanden Sitzungen mit süddeutschen Analytikern statt. Groddeck hielt dabei meist einen Vortrag über seine Patienten und über sich selbst, auf den ein Kolloquium folgte« (Meng 1971, S. 70). Auch außerhalb Baden-Badens war die Zusammenarbeit mit Groddeck eng. »Sehr aktiv und anregend beteiligte er sich an den meisten Zusammenkünften der südwestdeutschen Psychoanalytiker, deren Tagungsort wechselte ...« (Meng 1934, S. 409). Vor allem Frieda Fromm-Reichmann, bei der in Heidelberg in der Mönchhofstraße 15 die meisten dieser Treffen stattfanden und die sich immer rührend besorgt um ihren besonderen Gast Georg Groddeck kümmerte, zeigte sich intensiv angeregt durch dessen Ideen. Seine Vorstellungen von den präödipalen Entwicklungen und Störungen, von der Mutter-Übertragung in der Therapie, und seine dazugehörigen technischen Anregungen wurden wichtig für ihren späteren Umgang mit psychotischen Patienten.

Nach ihrer Emigration in die USA schrieb Frieda Fromm-Reichmann in einem Brief vom 23. 8. 1933 an Groddeck: » ... denn ich möchte Ihnen gern sagen, daß zu den allerschmerzlichsten Verzichten, welche die veränderte Situation mir auferlegt hat, die Unterbrechung des persönlichen Kontakts mit Ihnen, *des* großen Aktivpostens meiner Heidelberger Existenz in den letzten Jahren, gehörte und gehört!« (Brief im Nachlaß Groddeck). Ihr großes Werk ›Principles of Intensive Psychotherapie‹ (Chicago 1950) widmete sie neben Sigmund Freud, Kurt Goldstein und Harry Stuck Sullivan auch Georg Groddeck, ihrem Lehrer.

Im Herbst 1922 hatte Sandor Ferenczi wieder seine »therapeutischen Ferien« bei Groddeck verbracht. Von nun an kamen oftmals auch seine Analysanden mit nach Baden-Baden, wohnten im Ort und setzten ihre Lehranalysen bei Ferenczi fort. Daneben beherbergte Groddeck im Lauf der Jahre bis 1934 eine Vielzahl von Analytikern, die sich von ihm behandeln ließen oder die seine psychoanalytische Behandlung organischer Leiden studieren wollten. Ich erwähne nur einige: Poul Bjerre, den schwedischen Analytiker (1926), Lou Andreas-Salomé, die Ferenczi 1926 nach Baden-Baden begleitete, Hans Liebermann (1926/27), Ernst Simmel, der mit Groddeck eng befreundet war (1926, 1928, 1932), und Ernest Jones (11. 9. bis 4. 10. 1933).

Auch die katholische Kirche setzte sich mit Groddeck auseinander: »So hat sie in letzter Zeit erst zwei Mitglieder der Gesellschaft Jesu zu ihm entsandt mit dem Zwecke, sich längere Zeit in seine Behandlung zu begeben und seine Art der Psychoanalyse, die über die Freud'sche Methode hinausgeht, zu studieren, um diese psychoanalytischen Studien zu verarbeiten und im Dienste der katholischen Kirche zu verwenden.« Dies berichtete der Protestant Hans Lehmann und bemerkte dazu, wie bedauerlich es sei, »daß es wieder einmal die katholische Kirche zu sein scheint, die auch auf diesem Gebiete der evangelischen den Rang erfolgreich abläuft« (Lehmann 1926, S. 221).

1923

Dieses Jahr wollen wir mit Groddecks Heirat beginnen. 1914 hatte er sich nach Jahren immer stärkerer Entfremdung endgültig von seiner Frau Else getrennt. Ein Jahr später kam eine junge schwedische Witwe, Emmy von Voigt, geb. Larsson, in seine Behandlung. Sie war selbst Masseuse und war von Groddecks Massage- und Therapiekünsten so begeistert, daß sie beschloß, zunächst in Baden-Baden zu bleiben und bei ihm zu lernen. Es blieb nicht nur bei der fachlichen Zusammenarbeit; 1917 zog Emmy endgültig als Groddecks Lebensgefährtin und Mitarbeiterin zu ihm. Wegen des Krieges und anderer Komplikationen verzögerte sich die Scheidung Groddecks von Else, so daß er noch 1920 mit seiner Emmy – horribile dictu – unverheiratet auf dem Kongreß im Haag erschien, was den Skandal Groddeck noch um einen weiteren Aspekt bereicherte (ähnliches widerfuhr Wilhelm Reich 1934 auf dem Kongreß in Luzern). Im Herbst 1923 konnten beide endlich heiraten. Freud gratulierte: »... im Grunde bin ich doch für Solidität. Nun bin ich natürlich auch daran beteiligt zu wissen, ob Sie Ihrer Frau die volle Freiheit lassen werden, meine Übersetzungen zu fördern« (Groddeck/Freud 1974a, S. 69). Groddeck ließ Emmy die Freiheit. Sie übersetzte Freud ins Schwedische: die ›Psychopathologie des Alltagslebens‹ und die ›Vorlesungen zur Einführung in die Psychoanalyse‹.

Im November 1920 hatte Groddeck Freud geschrieben: »Seit einigen Jahren brüte ich über einem Buche, das verständlich und ruhig auseinandersetzen soll, was ich denke. Ich denke, mich im Winter für einige Monate einzuschließen und diese Arbeit zu erledigen« (Groddeck/Freud 1974a, S. 35). Anfang Januar 1921 war es tatsächlich so weit gewesen. »Am Montag gehe ich«, schrieb Groddeck an Freud, »seit sechs Jahren zum erstenmal, in die Ferien, in den Schwarzwald, in ein Häuschen abseits von allen Menschen, nur begleitet von meiner Assistentin, ohne dienstbaren Geist und ohne die Gefahr, irgend jemand zu sehen. Sie wird kochen und ich werde Holz hacken und Zimmer kehren, wir werden im Walde umherstreifen, Vögel und Rehe füttern und viel dösen. Und wenn es der Himmel will, werde ich das Buch über das Ubw anfangen. Etwas Populäres ...« (ebd., S. 37). In dieser Ferienatmosphäre entstanden die ersten fünf »Briefe an eine Freundin«.

Groddeck sandte sie sofort an Freud, der sich sehr angetan zeigte und den Psychoanalytischen Verlag als einzig angemessenen Veröffentlichungsrahmen vorschlug. Dann ging Freud auf Groddecks Erweiterung des Ubw durch seinen Begriff des Es ein, meinte, daß er (was er 1917 noch abgelehnt hatte) diese Erweiterung durchaus nachvollziehen könne, und ließ sich zu einer Zeichnung inspirieren, in der er sein durch Groddeck angeregtes Verständnis von dem Verhältnis des Ichs zu Groddecks Es darstellte (ebd., S. 39): Die Grundidee zu Freuds neuer Strukturtheorie, die er 1923 in ›Das Ich und das Es‹ veröffentlichte, war geboren. Die Zeichnung nahm Freud später in modifizierter Form in ›Das Ich und das Es‹ auf (Freud 1923, S. 252).

Im Laufe des Jahres schickte Groddeck noch mehrere Male die jeweils frischen »Briefe an eine Freundin« an Freud. Der hatte dies und jenes einzuwenden, Groddeck korrigierte und überarbeitete die Briefe und konnte Freud am 30. Dezember 1921 das druckfertige Manuskript zusenden. Otto Rank, der Schriftführer des Verlages, regte nochmals kräftige Kürzungen und Abänderungen an, auf die Groddeck bereitwillig einging. Die wirtschaftlichen Schwierigkeiten des Verlages verzögerten die Herausgabe der Briefe zusätzlich, bis es im März 1923 endlich so weit war: ›Das Buch vom Es. Psychoanalytische Briefe an eine Freundin‹ erschien.

Der Titel ist möglicherweise gar nicht von Groddeck, sondern von Rank gewählt worden (Grossman 1965, S. 125), der gemein-

DAS BUCH VOM ES

PSYCHOANALYTISCHE BRIEFE
AN EINE FREUNDIN

VON

GEORG GRODDECK

INTERNATIONALER
PSYCHOANALYTISCHER VERLAG
LEIPZIG / WIEN / ZÜRICH
1923

sam mit Freud auf den Werdegang des Buches einen so großen (und mäßigenden) Einfluß genommen hatte. Auf der einen Seite sah Groddeck wohl die Notwendigkeit, aus Gründen der Allgemeinverständlichkeit und Nachvollziehbarkeit der »Briefe« einiges allzu Subjektive zu opfern, auf der anderen Seite entfernte ihn das von seinem Werk. So schrieb er rückblickend: »Als ich 1915 meine spätere Frau kennenlernte, trieb es mich rascher vorwärts. Das fand, nachdem in der Zeit des Hochgefühls der Seelensucher entstanden war, seinen Abschluß in dem Buch vom Es; ich habe dieser Arbeit immer fremd gegenübergestanden, so bestimmt ich auch weiß, wie groß der bleibende Wert dieses Buches ist« (1926e, S. 326).

Das ›Buch vom Es‹ stellt eine assoziative, geist- und witzreiche und zugleich liebevolle Einführung in Groddecks Denken dar. Die einzige Struktur ist durch die Form der Briefe gegeben. Im übrigen ist es eine wilde Mischung aus Einfällen, Erzählungen, Bruchstükken von Falldarstellungen, Elementen Groddeckscher Selbstanalyse, kurzen theoretischen Erörterungen, kurz: »Das Buch ist wie das Leben selbst, interessant, auch dort, wo es sich zu wiederholen scheint, vieldeutig schillernd, schwer im Einzelnen zu fassen und noch schwerer zu übersehen« (Sachs 1925, S. 478).*

Es fällt auf, daß in den Organen der psychoanalytischen Bewegung zunächst keine Besprechung des ›Buch vom Es‹ erschien. Ferenczi hatte Groddeck in einem Brief vom 9. 6. 1923 eine Rezension des Buches angekündigt, zu der er auserwählt worden sei, die jedoch niemals veröffentlicht wurde (Groddeck/Ferenczi 1982, S. 88). Freud und viele andere Psychoanalytiker blieben reserviert gegenüber Groddecks Verachtung der Wissenschaft und jenes wohlanständigen Denkens, das er an der psychoanalytischen Bewegung der 20er Jahre kritisierte. Freud schrieb Groddeck noch 1927 zum ›Buch vom Es‹: »Ich mache kein Geheimnis daraus, daß mir P. T., obwohl ich bei ihm eine Anleihe gemacht, lange nicht so sympathisch war wie T. W.«.**

* Die Briefform des ›Buch vom Es‹ nimmt, darauf hat H. Siefert (1979, S. 8) hingewiesen, die vor allem im 18. Jahrhundert beliebte Literaturgattung des Briefromans (z. B. Goethes Werther, Hölderlins Hyperion) wieder auf. Groddeck gab pragmatische Gründe für die Wahl der Briefform an – so sei er in seiner assoziativen Arbeit am wenigsten eingeschränkt. Möglicherweise war er auch durch Jakob von Uexkülls, des berühmten Biologen (der den Begriff der Umwelt geprägt hat), Buch ›Biologische Briefe an eine Dame‹ angeregt, das 1920 in Berlin erschienen war und das v. Uexkülls biologische Weltanschauung allgemeinverständlich darstellte. Groddeck berichtete von einem Buch v. Uexkülls, dessen Lektüre ihn »ergriffen« habe, »wohl weil es Dinge in andrer Redeweise aussprach, die für mich Lebensbedingungen geworden sind« (1926e, S. 313).

** Groddeck/Freud 1974a, S. 83 – mit P. T. meinte Freud Patrik Troll, den fiktiven Schreiber der Briefe vom Es; mit T. W. Thomas Weltlein, den Seelensucher.

Als Kliniker und psychosomatischer Innovator wurde Groddeck auch weiterhin von vielen geschätzt. Oskar Pfister, der Groddeck wegen des Seelensuchers so sehr bekämpft hatte, berichtete später, daß Freud ihm bald nach Erscheinen des ›Buches vom Es‹ im Gespräch gesagt habe: »Groddeck hat ganz sicher zu vier Fünfteln recht mit seiner Zurückführung organischer Leiden auf das Es, und vielleicht trifft er mit dem Rest auch das Richtige« (Pfister 1950, S. 153). Doch mit Freuds ›Das Ich und das Es‹, das kurz nach Groddecks ›Buch vom Es‹ erschien, schlug die psychoanalytische Theoriebildung eine Richtung ein, die dem Denken Groddecks diametral entgegengesetzt war.

Freuds und Groddecks Theorien vom Es vertrugen sich nicht miteinander. Groddeck reagierte auf Freuds Arbeit Freud gegenüber mit vorsichtigem Widerspruch und dem Bedauern darüber, daß Freud sich auch weiterhin in Theoriebildung und Praxis auf das steinige Gebiet des Psychischen beschränke, das Organische ausklammere, und damit auch theoretisch zu stark »auf das Gebiet des Ich« gerate, »auf dem ... die Scheidung zwischen psychisch und physisch zu sehr betont« sei (Groddeck/Freud 1974 a, S. 64). Für Groddeck schlossen Ich-Psychologie und psychosomatische Forschung einander aus. In einem Brief an seine Frau Emmy vom Mai 1923 meinte er unverblümt: »›Das Ich und das Es‹ ist hübsch, aber für mich gänzlich belanglos. Im Grunde eine Schrift, um sich der Anleihen bei Stekel und mir heimlich bemächtigen zu können. Dabei hat sein Es nur bedingten Wert für die Neurosen. Er macht den Schritt in das Organische nur heimlich, mit Hilfe eines von Stekel und Spielrein genommenen Todes- und Destruktionstriebes.* Das Aufbauende meines Es läßt er beiseite, vermutlich um es

* Ein Zusammenhang zwischen Freuds Todestrieb-Hypothese und der Theorie organischer Erkrankungen leuchtete vielen Psychosomatikern der damaligen Zeit ein. Ernst Simmel etwa bemerkte 1931, »daß ein Übergang von der psychogenen, hysterieformen, funktionellen‹ Erkrankung zur wirklichen psychogenen *Organkrankheit* mir erst verständlich wurde durch Freuds letzte Arbeit, die einen *Todestrieb* und als sein aktives Gegenspiel einen destruktiven Aggressionstrieb im Menschen aufzeigt« (Simmel 1931, S. 57). Simmel wies in seinen psychosomatischen Arbeiten häufiger auf diese Zusammenhänge hin.

Franz Alexander publizierte 1929 Beobachtungen und Überlegungen, »die außer den *sekundär* nach innen gewandten Destruktionstendenzen für die Existenz des *primären* Todestriebes sprechen« (Alexander 1929, S. 232).

Und Smith Ely Jelliffe bezeichnete den Widerstreit von Lebens- und Todestrieb im erkrankten Organ geradezu als eine der Grundthesen seiner psychosomatischen Forschungen: »I then began to study certain chronic maladies ... with the object in view of *trying* to separate out the conflict of the Life and Death instinctual processes that finally became encysted or segregated in an organ or organs where the fight was carried out« (Jelliffe 1933, S. 123).

Groddeck stand Freuds Theorie vom Todestrieb reserviert gegenüber; doch kam er mit seinen grundsätzlichen Überlegungen zur Ambivalenz des Es und dem Gegensatz das nächstemal einzuschmuggeln« (Groddeck/Freud 1974a, S. 103). Groddecks Es umfaßt Organisches und Psychisches gleichermaßen schöpferisch; Groddecks Versuch im ›Buch vom Es‹ war es, diese schöpferische Tätigkeit des Es nachzuvollziehen: eine »Selbstdarstellung des Unbewußten« nannte Hanns Sachs das Buch nicht ganz zu Unrecht (Sachs 1925, S. 478).

1924–1934: Jahre der Weisheit

1924

Das Jahr 1924 brachte der psychoanalytischen Bewegung eine intensivierte Auseinandersetzung um Ferenczi und Rank und zog damit wohl auch die allgemeine Einschätzung Groddecks zusätzlich in Mitleidenschaft (dessen persönliche und inhaltliche Nähe zu Ferenczi sicherlich zur Kenntnis genommen wurde). Dieses Jahr sah Groddeck zusammen mit Emmy auf einer längeren Reise durch Holland, Dänemark und Schweden, die mit einigen Vorträgen verbunden war. Im Oktober folgte eine Reise nach Berlin, wo Groddeck an der Lessing-Hochschule, einer Art Volkshochschule, eine Vortragsreihe über ›Das Es (Einführung in die PsA.)‹ hielt (diese Vorträge sind weder im Manuskript noch im Druck erhalten).

Für den Psychoanalytischen Kongreß 1924 in Salzburg hatte Groddeck einen Vortrag ›Über die zukünftige Entwicklung der Psychoanalyse‹ angemeldet. »Doch als ich hörte«, schrieb er an Freud, »daß Sie nicht nach Salzburg kommen würden, habe ich das Interesse an diesem Kongreß verloren und den Vortrag, den ich halten wollte, ungeschrieben ad acta gelegt, ein Zeichen, daß ich mich auf Sie als Hörer eingestellt hatte; wie ich denn immer mehr dahinterkomme, daß ich wohl Sie liebe, aber nicht die seltsame Atmosphäre von vielen auseinanderstrebenden Kongreßlöwen. Befreundet bin ich nur mit Ferenczi,* und der ist so nett, mich hier

von Krankheits- und Genesungswillen zu analogen Schlußfolgerungen (vgl. Groddeck 1925b, S. 344).

In ganz ähnlicher Weise wie Groddeck argumentierte Viktor von Weizsäcker 1924: »... daß in jedem Kranken eine unbewußte Tendenz zum Kranksein mit dem Wunsche, gesund zu sein, konkurriere. Eine solche, dem Lustprinzip entgegengesetzte Tendenz, von Freud prägnanter und offener als Todestrieb bezeichnet, war mir in der Beobachtung Kranker und in der Selbstbeobachtung nicht fraglich« (von Weizsäcker 1954, S. 103).

* Die anderen Psychoanalytiker, die mit Groddeck freundschaftlichen Kontakt hielten, von den Deutschen vor allem Frieda Fromm-Reichmann, Ernst Simmel, Karen Horney, Heinrich Meng, Erich Fromm, Karl Landauer, waren eine Generation jünger als Groddeck selbst, der (wie der amerikanische Pionier der Psychosomatik Smith Ely Jelliffe) 1866 geboren war.

„DIE ARCHE"

Nummer 1 16. Mai 1925

Die Arche!

Aus der Tiefe des Waldes klingt das unermüdliche Gurren der Taube zu mir herüber. Das, sollte man denken, müßte mir Stimmung geben, um die einleitenden Worte für die Arche zu finden Aber dazwischen tönt das Krächzen einiger aufgeregter Krähen, Raben, wie sie der Volksmund nennt. Und statt der Andacht für einen Leitartikel steigt in mir die Erinnerung an meine Kinderzeit empor. Da steht hinter einem braun lackierten Tisch, dessen beide Enden auf- und abgeklappt werden können, ein schwarzes Ledersofa, und auf dem Tisch sitzt eine emsig strickende Frau. Vor ihr liegt ein Bilderbuch, die Arche Noah genannt, und ich selber sitze auf ihrem Schoß und betrachte das Bild, dessen Begleitverse Mama hersagte. Das Bild stellt inmitten einer Wasserpfütze einen toten Kerl dar mit einer riesigen Nase, und auf seiner Brust hockt ein Rabe, der frech die große Nase mit dem Schnabel gepackt hatte. Noah hat ihn auf Kundschaft ausgesandt, ob die Wasser sich verlaufen haben. Der Rabe aber kehrt nicht zurück, er vergißt ob des Leichenschmauses, den ihm ertrunkenes Menschenvieh und Viehzeug gibt, den Auftrag, und Vater Noah muß nach langem vergeblichen Warten die unschuldige Taube ausschicken, die dann auch artig das Oelblatt im Schnabel bringt. Dies Bild mit der Taube ist meinem Gedächtnis entfallen, den Raben sehe ich deutlich vor mir.

Aehnlich geht es mir mit einem anderen Bilderbuch, mit Spelters Fabeln. Ich weiß, daß darin ein Gedicht über Tauben ist, sehe auch noch den Taubenschlag auf dem Bilde. Aber die Tauben sehe ich nicht, und von dem Gedicht weiß ich nichts mehr. Den Raben aber, den Bettelmann im kohlschwarzen Röcklein mitten in der Schneelandschaft, der ungehalten vorwurfsvoll ruft: „Raab, raab, gib mir doch auch einen Knochen ab!", den werde ich nie vergessen.

Was man vergißt, mag man nicht leiden. Aber ich weiß nicht, was ich gegen die Taube einzuwenden hatte. Daß sie mir unangenehm war und ist, weiß ich; und wer länger von mir

1

Georg Groddeck als Herausgeber der »Arche«

aufzusuchen. Im übrigen gehe ich meinen stillen Weg der Praxis weiter und verehre Freud aus der Ferne« (Groddeck/Freud 1974a, S. 74). Tatsächlich sind die weiteren Jahre Groddecks bis zu seinem Tod eher durch den »stillen Weg der Praxis« und durch ein abgeklärteres Verhältnis zur (auch psychoanalytischen) Öffentlichkeit bestimmt als durch programmatische Expositionen wie 1917 die ›Psychische Bedingtheit . . .‹, 1920 das Haager »Ich bin ein wilder Analytiker«, 1921 den ›Seelensucher‹ und 1923 den nur noch halb gewollten Nachkömmling, das ›Buch vom Es‹.

1925

Von 1925 bis 1927 gab Groddeck im Selbstverlag eine hochinteressante Halbmonatsschrift heraus, die ›Arche‹, eine Zeitschrift, in der Groddeck und seine Patienten und Freunde alles veröffentlichen konnten, was ihnen wert erschien. Die meisten der Beiträge bestritt Groddeck; in seinen Kommentaren und kleinen Arbeiten findet sich eine Fülle von Krankengeschichten, Hinweisen auf Therapie und Technik und auf Groddecks Umgang mit seinen Patienten und mit sich selbst. Die ›Arche‹ zählte zu ihren besten Zeiten etwa 250 Abonnenten. Für sie galt, was Groddeck auch von seinen Mittwochs- und Samstagszusammenkünften schrieb: »Es sind fast nur Laien, nur ab und zu verirrt sich ein Arzt her. Es wird von Tod und Teufel geschwatzt, und die Menschen lernen es, nach und nach aus sich herauszugehen« (Groddeck/Freud 1974a, S. 79). Sie und Groddeck gingen so sehr aus sich heraus, daß die ›Arche‹ Ende 1927 ihr Erscheinen einstellen mußte, weil die Drucker die Freizügigkeiten ihres Inhalts nicht mehr weiter tolerieren mochten (Meng 1971, S. 70). Schon seit 1925 hatte es Versuche gegeben, das Erscheinen der ›Arche‹ mit Hilfe der Polizei zu verhindern. Die Stimmung Groddecks zu jener Zeit und sein Verhältnis zur psychoanalytischen Bewegung drückt sich in seiner Anmerkung zur ›Arche‹ aus, sie habe sich »ohne mein Wollen und Handeln immer mehr zum Fahrzeug eines Einsamen umgewandelt« (1926e, S. 267).

Im Februar 1925 hielt Groddeck wieder eine Reihe von Vorträgen in Berlin. Ihre Themen lauteten: ›Symbole und Gesundheit‹, ›Symbole und Krankheit‹, ›Der Arzt und die Symbole in der Behandlung‹ und ›Selbstbetrachtung, Selbsterkenntnis, Selbstheilung‹.

Der IX. Internationale Psychoanalytische Kongreß fand Anfang September 1925 in Bad Homburg statt. Groddeck sprach über ›Die Psychoanalyse und das Es‹, wobei er neben seinen schon bekannten Vorstellungen nicht viel Neues und Aufregendes anführte. »Unter den sonstigen Vorträgen«, schrieb Karl Abraham in seinem Bericht über den Kongreß an Freud, »war nur ein einziger wirklich schlecht, nämlich Groddeck, der bei seinem ersten Auftreten so sprühend gedankenreich erschien und dieses Mal von einer unsäglichen Plattheit und Eintönigkeit war« (Freud/Abraham 1965, S. 365). Groddeck hatte, wie immer, frei gesprochen und »in ungemütlicher Stimmung allerlei gesagt..., was ich gar nicht sagen wollte« (Groddeck 1925n, S. 4). »Die Mienen am Präsidialtisch«, wurde ihm später zugetragen, »waren sehr ernst« (ebd., S. 5). Der fehlende Rapport zwischen Groddeck und seinem Publikum hing sicher mit der Distanz zusammen, in die Groddeck im Verhältnis zur psychoanalytischen Theorieentwicklung zunehmend geriet. Sein Vortragsmanuskript, das, »was ich sagen wollte, freilich wohl nicht gesagt habe« (ebd.), zeigt jedenfalls nicht das geringste Eingehen auf die neuen Entwicklungen der Ich-Psychologie.

Auch von dem Vortrag eines anderen psychoanalytischen Psychosomatikers zeigte sich Abraham in seinem Bericht an Freud nicht sonderlich beeindruckt. Smith Ely Jelliffe, der Amerikaner, der im Rahmen einer Europareise nach Bad Homburg gekommen war, referierte über ›Organic Disease als Symbolic Castration (Myopia as Illustration)‹. Er brachte einige interessante Fallgeschichten; sein Vortrag wirkt jedoch eher elegant als von tieferer Durchdringung des Stoffes (sei es in theoretischer, sei es in therapeutischer Hinsicht) bestimmt (Jelliffe 1926). Groddecks und Jelliffes Wege kreuzten sich auf diesem Kongreß, doch offensichtlich konnten sie wenig miteinander anfangen. Groddeck berichtete seinen Freunden amüsiert von dem Amerikaner, der ihn nach seinem Vortrag angesprochen habe und »mir in aller Kürze auseinandersetzte, wie sehr er sich freue, seine Ideen nun auch in Europa verbreitet zu finden« (Groddeck 1925n, S. 4).

Für Groddeck war es zu wenig, wenn ein Psychiater und Neurologe wie Jelliffe von sich sagte: »... nur als Anhang zu meiner therapeutischen Tätigkeit bin ich zu gelegentlichen Ausflügen in Regionen der somatischen Pathologie verleitet worden« (Jelliffe 1926, S. 520). Wenn er also seine psychosomatischen Überlegungen nicht wie Groddeck zum Zentrum seines ärztlichen Handelns und Denkens machte. Auch ein vorsichtiges und reflektiertes Herantasten an psychosomatische Zusammenhänge, wie es der Wiener Psychoanalytiker und Internist Felix Deutsch pflegte, war für Groddeck nicht ausreichend; gerade weil Deutsch (für Groddeck »nur«) das Konversionsmodell der Hysterie, einer primär psychoneurotischen Störung, auf andere psychosomatische Phänomene übertrug. »Deutsch und der Amerikaner, wie er heißt, weiß ich nicht mehr, zählen ernsthaft nicht mit«, schrieb er 1927 an Freud, in einem Brief, in dem er sich darüber beklagte, daß er auch heute noch mit seinen Fragestellungen von der psychoanalytischen Bewegung alleingelassen werde (Groddeck/Freud 1974a, S. 85).

Während des Kongresses tagte der Unterrichtsausschuß, in dem es um die internationale Regulierung der psychoanalytischen Ausbildung ging. Groddeck war Mitglied dieses Ausschusses und trat als vehementer Verfechter der Laienanalyse in Erscheinung. Auf dem abendlichen Bankett des Kongresses hielt er die Dessertrede (1925 g), einen boshaften Kommentar zum Kongreßwesen und zur zunehmenden Institutionalisierung der psychoanalytischen Bewegung. Neben der sich schon vollziehenden Vereinheitlichung der Ausbildung und des Denkens forderte Groddeck die Kollektivierung auch der literarischen Produktion der Psychoanalytiker. Sein Ruf nach dem kompendienartigen Mehr-Autoren-Buch gipfelte in dem Vorschlag eines von Freud und Groddeck gemeinsam verfaßten Werkes: ›Das Buch vom Ich und Es. Briefe an eine gemeinsame Freundin‹, geschmackvoll ausgestattet und wohlfeil den Kandidaten der Psychoanalyse angeboten.

Auf seiner Schwedenreise 1924 hatte Groddeck in Stockholm den Grafen Keyserling kennengelernt, den Weltmann und Philosophen und Gründer der Darmstädter »Schule der Weisheit«. Beide, Keyserling und Groddeck, schätzten einander sehr, sie hielten bis zu Groddecks Tod brieflichen Kontakt, Keyserling wurde Groddecks Patient, Groddeck nahm mehrmals an den Tagungen der Keyserlingschen Gesellschaft für freie Philosophie in Darmstadt teil. Von ihrem ersten Zusammentreffen berichtete Keyserling:

»... da faszinierte mich augenblicklich sein wahrhaft diabolisches, wie aus dem Höllenofen hervorlugendes Gesicht, aus dem zugleich so tiefe Gütigkeit sprach. My heart went out to him, beinahe auf mütterliche Art, denn ich fühlte die grenzenlose Verletzbarkeit dieser Seele, die sich darum so gern stachlig und giftig äußerte.... Unser näheres Bekanntwerden leitete Groddecks Versprechen ein, mich von einer rückfälligen Phlebitis mit Geschwüren, deren volle Heilbarkeit andere Ärzte bezweifelten, binnen einer Woche für immer zu heilen. Ich fuhr natürlich zu Groddeck nach Baden-Baden, und wirklich: die Wunden schlossen sich, das Bein schwoll ab, und bis zur Zeit, da ich dieses schreibe, gab es keinen Rückfall mehr« (Keyserling 1958, S. 300).

In Keyserlings Jahrbuch ›Der Leuchter‹ findet sich 1925 ein erster Aufsatz Groddecks: ›Der Sinn der Krankheit‹ (1925 e). Groddeck leitete den Aufsatz mit Thesen ein, die er schon seit Jahrzehnten in der Nachfolge Schweningers vertrat: Krankheit und Gesundheit sind keine Gegensätze; die Krankheit ist kein von außen kommender Feind des Organismus, sie ist vielmehr eine seiner Ausdrucksformen, seine Schöpfung. »Das Kranksein muß einen Sinn haben.« Doch gleich relativierte Groddeck diese teleologische Aussage: »Es ist unmöglich, diesen Sinn allgemeingültig festzustellen ..., ja Müllers Sinngebung ist verschieden von der Schulzes.« Groddeck lehnte es hier wie auch sonst immer ab, ontologische Aussagen irgendwelcher Art über den Sinn von Krankheiten, über bestimmte Krankheitstypen, Persönlichkeitstypen, Organspezifitäten u.ä. zu formulieren. Die Grundaussage der psychosomatischen Medizin: »Das Kranksein muß einen Sinn haben«, wurde von Groddeck konsequent verflüssigt, individualisiert, auf die Behandlung des einen konkreten Kranken gerichtet. So »hat die Frage nach dem Sinn der Krankheit einen Wert, einen praktischen Wert, einen Wert für den Arzt« (S. 340f.). Sie ist nur im konkreten Fall sinnvoll zu stellen und zu beantworten.

Einige allgemeine Aussagen über den Sinn der Krankheit führte Groddeck gleichwohl an. Vor allem »ist der Sinn der Erkrankung die Mahnung:... Bis hierher und nicht weiter!« (S. 342). Groddeck beschrieb die Krankheit als Lösungsversuch des Es, das keine andere Möglichkeit sieht, den Konflikt einander widerstreitender Triebrichtungen zu befrieden. Am Anfang steht ein Konflikt, ein Streit unverträglicher Triebrichtungen. Das Es begreift die Übermacht des Konflikts und transformiert den Kampf in das Medium der körperlichen Erkrankung, die zugleich Abwehr und Ausdruck des Konflikts ist. Krankheit ist Eindeutigkeit: Bis hierher und nicht weiter. »In die vielen streitenden Triebrichtungen des Organismus greift das Es ein, beschränkt die Übermacht, beendet so den Kampf durch Krankheit und Genesung, oder läßt ihn in engeren Grenzen als chronisches Leiden weiter bestehen, oder vernichtet den Streit der Parteien durch den Tod« (S. 342). Die Aufgabe des Arztes beschränkt sich darauf, den Prozeß der Gesundung anzuregen. Nicht der Behandelnde, nur der Patient und sein Es sind die Akteure, die den Sinn der Erkrankung konkret erfassen können: »Der Deutende darf nun nicht mehr der Arzt sein; vielmehr kann ... nur ... der Kranke Auskunft über sein Es und dessen Absichten und Handeln geben. Denn jedes Es hat seine eigenen Gedankengänge und Symbolauffassungen« (S. 346).

Auf der Herbsttagung der Schule der Weisheit im September 1925 hielt Groddeck einen Vortrag über ›Schicksal und Zwang‹, der im Jahr darauf in Keyserlings Jahrbuch erschien (1926a). Groddeck folgte mit seinem Vortrag unmittelbar auf Hans Driesch, den Philosophen des Organischen und des Leib-Seele-Problems, den Groddeck hoch verehrte (wobei Groddeck philosophische Gedankengänge, wenn überhaupt, nur aphoristisch-assoziativ zur Kenntnis nahm – mit Keyserlings Büchern etwa hat er sich erst spät auseinandergesetzt; an Freud schrieb er dazu: »Von seiner Philosophie weiß ich gar nichts. Es hat mir aber gefallen, daß er mir diese Unkenntnis nicht übelgenommen hat; selbst dann nicht, als er mir eine Reihe seiner Schriften geschenkt hatte und bemerkte, daß ich sie nicht las« [Groddeck/Freud 1974a, S. 74f.]). Hans Driesch jedenfalls sprach vor Groddeck über ›Logik und Metaphysik des Freiheitsproblems‹, Groddeck dann über ›Schicksal und Zwang‹. Dieser Vortrag ist eine komplexe, für das Verständnis Groddecks wichtige Verflechtung seiner Vorstellungen und Begriffe aus der voranalytischen Zeit mit Begriffen und Gedankengängen der Psychoanalyse. Es ist Groddecks »philosophischste« Arbeit.

Groddeck beschreibt »die Schicksalsidee« als »ein Hinausstellen und Gestalten eines inneren Problems, fast möchte man sagen eines inneren unlösbaren Gegensatzes, den jeder Mensch von Natur in sich hat« (1926a, S. 48f.). Dieser Gegensatz, Groddeck spricht auch von Ambivalenz, besteht darin, daß der Mensch sich einerseits als Ich, als freies, sich selbst bestimmendes Individuum erlebt, andererseits aber vom Es gelebt wird, unfrei, bedingt, in größere überindividuelle Zusammenhänge und Ordnungen gestellt. Groddeck verweist dabei auf einfache medizinische Tatsachen: Bei der Atmung strömt die Luft in den Körper, im Stoffwechsel wird Nahrung aufgenommen und ausgeschieden. Zu welchem Zeitpunkt nun der Sauerstoff aus dem allgemeinen Medium Luft in den individuellen Organismus übergegangen ist, läßt sich nur willkürlich bestimmen; die Grenzen zwischen Außen und Innen sind fließend. »Es stellt sich ... schon bei kurzer Überlegung ... heraus, daß das Individuum Mensch eine willkürliche, der Notwendigkeit unsres Denkens entsprungene Erfindung« ist (S. 54), daß zugleich »das Einzelne ein unlösbares, notwendiges, geordnetes Glied des Ganzen« (S. 52) darstellt.

Das Ichbewußtsein des Menschen, sein Ichgefühl, erscheint geradezu als das Lebensorgan des Individuums in seiner Abgrenzung gegenüber dem Allgemeinen. Und weil der Mensch angewiesen ist auf »unser Ichbewußtsein, unsre Überzeugung von der unabhängigen Selbstbestimmung unsers Denkens und unsrer Handlungen, unsre Verantwortlichkeit und unser Schuldgefühl« (S. 46), deshalb neigt er dazu, das gleichzeitig bestehende Gefühl der Abhängigkeit zu verdrängen. Dies wiederum hat zur Folge, daß er blind wird gegenüber der Tätigkeit des Es, von dem der Mensch gelebt wird.

Doch das Verdrängte kehrt wieder: »... so müssen wir, sobald die Not der Menschennichtigkeit uns bewußt zu werden droht, notwendig den einen Teil der Ambivalenz, eben das Bewußtsein der Bedingtheit, aus uns herausdrängen und als Schicksal – man könnte auch Gott sagen oder Natur oder Ordnung oder All – als etwas Fremdes unschädlich machen« (S. 59). Die Schicksalsidee ist geboren, erscheint als die Projektion eines inneren Konflikts nach außen.

So erklärt sich Groddecks Kampf gegen eine Überbewertung des Ichs: Das Ichbewußtsein steht sowieso schon im Vordergrund, verdrängt das Wissen um die Tätigkeit des Es, macht blind gegenüber den Vorgängen, denen auch das Ich selbst unterworfen ist. Die Aufgabe des Arztes besteht darin, die vermeintliche Macht des Ichs und damit die Macht der Verdrängung aufzulockern. Denn gerade im Umgang mit der Krankheit hat es sich bewährt, der unbewußten Tätigkeit des Es nachzuspüren und sie anzuregen, sie, die selbst noch das vermeintlich freie Ich umfaßt.

Im Spätherbst des Jahres 1925 reisten die Groddecks nach Rom. Georg zog es – bezeichnend auch für die Theorieunterschiede zwischen ihm und Freud – eher zu Michelangelos Pietà im Petersdom als zu dem Moses, der Freud so beeindruckte. In der Pietà sah Groddeck jene Mutter-Kind-Einheit in ihrer ganzen Größe und Problematik dargestellt (Groddeck 1978a, S. 116), die für seine Theorie und Behandlungstechnik (mit ihrer Konzentration auf die Mutterübertragung) so zentral war. Von Rom aus fuhren die Groddecks nach Budapest, wo sie Ferenczis besuchten, dann weiter nach Wien, wo Freud sie empfing.

1926

Im April 1926 fand der I. Allgemeine ärztliche Kongreß für Psychotherapie in Baden-Baden statt (dazu Groddeck 1926o). Die psychotherapeutische Bewegung der 20er Jahre war in Anzahl und Vielfalt so ansehnlich geworden, daß es sinnvoll erschien, die verschiedenen Schulen und Einzelinitiativen in einer Allgemeinen ärztlichen Gesellschaft für Psychotherapie zu organisieren. Die Psychoanalytiker Freudscher Prägung erhofften sich von ihrer Mitarbeit eine verstärkte öffentliche Anerkennung ihres Denkens, doch wurde diese Hoffnung nur zu einem kleinen Teil realisiert. Georg Groddeck wurde Mitglied der Gesellschaft, mit ihm und neben vielen anderen auch Felix Deutsch, Ernst Simmel, Eduard Hitschmann, Harald Schultz-Hencke, Josef Friedjung, Paul Schilder, Viktor von Weizsäcker.

Von Weizsäcker beschrieb die Aufbruchsstimmung dieses Kongresses mit über 500 Teilnehmern der verschiedensten medizinischen Fächer aus dem universitären und außeruniversitären Bereich: »Es herrschte eine auf Kongressen sonst seltene, innerlich bewegte Stimmung. ... Es war etwas früher und später kaum Wiederholtes, daß Professoren und Praktiker, Kliniker und Psychotherapeuten sich zu so gemeinsamem Beginnen vereinigten. Konnte nicht hier eine Einheit der ach schon so zersplitterten Medizin geboren werden?« (v. Weizsäcker 1954, S. 104f.). Auch Groddeck hatte von dieser Einheit geträumt. In der Diskussion seines Vortrages auf dem dritten Kongreß der Gesellschaft zwei Jahre später meinte er noch hoffnungsvoll: »Soweit ich die Sache verstehe, sind wir hier versammelt, um neue Fundamente für eine kommende Wissenschaft zu legen« (1929b, S. 140). Doch schon damals, 1928, hatte sich gezeigt, daß die meisten Teilnehmer an schöngeistigen Spekulationen mehr Gefallen fanden als an der praktisch und theoretisch überzeugenden Durchsetzung einer patientenorientierten Medizin, wie sie v. Weizsäcker und Groddeck vor Augen hatten. 1933 nahm die von Groddeck apostrophierte kommende Wissenschaft dann Formen an (im Rahmen der Neuen Deutschen Seelenheilkunde), die weder Viktor von Weizsäckers noch Georg Groddecks Vorstellungen so ganz entsprachen (dazu Cocks 1975).

Am 13. Oktober 1926 wurde Groddeck 60 Jahre alt. Seine Freunde gaben ein Sonderheft der ›Arche‹, ›Georg Groddeck zum 60. Geburtstag gewidmet‹ heraus. Freud schickte ein Telegramm; auch die Wiener Psychoanalytische Vereinigung gratulierte. Groddeck dankte für den ehrenvollen Glückwunsch mit bitter-ironischen Worten: »Die Teilnahme, die meine Auffassungen seitens der Vereinigung und weiterhin seitens der Gesamtheit der Internationalen Psychoanalytischen Bewegung gefunden haben, sind mir eine wirksame Anregung, weiter in die Gebiete vorzudringen, die vor mir liegen, und sie, die vorläufig noch kaum erforschbar sind, so weit zugänglich zu machen, daß sie mit Nutzen von der methodischen Wissenschaft untersucht werden können« (Groddeck/Freud 1974a, S. 82).

Ein Jahr später beklagte Groddeck sich bei Freud unverblümt über seine Isolation innerhalb der psychoanalytischen Bewegung: »Die Tatsache, daß nicht einer unter den Mitgliedern der Vereinigung gewagt hat, meiner Anregung zu folgen ... beruht nicht darauf, daß mein Weg falsch ist, es gibt außerhalb der Vereinigung Menschen genug, die sich mühsam am corpus vile des Kranken klarzumachen suchen, was Freud gemeint hat und die sich nicht mehr im Bannkreis der Neurosen fesseln lassen. Ich kann mich des Gedankens nicht erwehren, daß dieses auffallende Verhalten der Vereinigung in der Angst vor Ihrer Mißbilligung wurzelt ...« (Groddeck/Freud 1974a, S. 85). Freud widersprach nicht. Er hemmte tatsächlich in den 20er Jahren eher die psychosomatische Arbeit seiner Schüler, als daß er sie förderte.

Ernst Simmel, einer der schöpferischen Psychoanalytiker der zweiten Generation, von dem Freud große Stücke hielt, gehörte zu den Freunden Groddecks aus dem psychoanalytischen Lager. In der ›Internationalen Zeitschrift‹ veröffentlichte er eine große Eloge auf Groddeck ›Georg Groddeck zum 60. Geburtstag‹, in der er

Groddecks Bedeutung für die psychoanalytische Bewegung beschrieb. Wie Freud betonte er, daß Groddeck vergebens beteuere, mit der hohen Wissenschaft nichts zu tun zu haben. Die Fülle seiner Beobachtungen, sein intuitives Wissen, sein Reichtum an therapeutischen Gesichtspunkten werde »von uns noch sicher nicht genügend eingeschätzt.... An uns, als einer ›Schule‹, muß es sein, dieses Wissen systematisch zu erarbeiten und damit jene ärztliche Generation vorbereiten zu helfen, die Groddeck von einer neuen, mittels der Psychoanalyse geschaffenen Gesamtheilkunde erwartet.

Er selbst hat sich sicher einen Platz unter den Großen in der Medizin erobert durch seine revolutionäre Tat. Er hat Freuds Psychoanalyse, zur Zeit, als sie auf ihrem Ursprungsboden, dem Psychischen, noch arg mißachtet und verfemt war, Heimatrecht in der Physiotherapie gegeben« (Simmel 1926, S. 593).

Simmel gehörte zu den wenigen Psychoanalytikern der 20er Jahre, die sich ausdrücklich auch psychosomatisch betätigten. In seinem psychoanalytischen Sanatorium in Berlin-Tegel, das 1927 bis 1931 bestand, behandelte er neben schweren Neurotikern und Süchtigen aller Art auch Patienten mit langwierigen organischen Erkrankungen. 1931 mußte Simmel seine Klinik schließen, Anfang 1933 emigrierte er in die USA.

Edith Weigert, die 1929 bis 1931 als Assistentin an Simmels Klinik arbeitete, berichtete darüber: »The experiment of treating these deeply troubled patients psychoanalytically without restraints was more successful than we had expected. But the hospital went into bankrupty and was closed due to lack of public funds. The German public and the medical profession closed their eyes to the creative, healing potentialities of psychoanalysis« (Weigert 1970, S. X).

Gerade unter diesen Umständen, unter denen nicht nur Simmel zu leiden hatte, ist es um so bemerkenswerter, daß Groddeck sein psychoanalytisches Sanatorium über drei Jahrzehnte hinweg auch wirtschaftlich ausreichend erfolgreich führen konnte.

Kurz vor Groddecks 60. feierte Freud seinen 70. Geburtstag. In dem Sonderheft der ›Internationalen Zeitschrift für Psychoanalyse‹, das zu Ehren Freuds erschien, war auch Groddeck mit einer Arbeit vertreten. ›Traumarbeit und Arbeit des organischen Symptoms‹ (1926b). Eingangs setzte Groddeck sich mit der bemerkenswerten Zurückhaltung der Psychoanalytiker gegenüber der psychosomatischen Medizin auseinander. Diese Zurückhaltung bedeute einen bedauerlichen Verzicht für die gesamte Medizin. »Denn nur die psychoanalytische Forschungsmethode ist imstande, das Auseinanderstreben der Kräfte aufzuhalten und alles zu sammeln ..., weil nur die Psychoanalyse das Wort ›psychisch‹ in einem neuen Sinne, ohne Betonung eines nicht bestehenden Gegensatzes zu ›organisch‹ gebrauchen kann« (S. 505). Die Zersplitterung der gesamten Medizin – vor allem das Auseinandertreten von Psychotherapie und organischer Medizin – könne nur durch die Verbreitung psychoanalytischen Denkens auf alle Bereiche der Medizin aufgehalten werden.

Um organische Erkrankungen mit Hilfe psychoanalytischer Vorstellungen besser begreifen zu lernen, lag es für Groddeck nahe, die psychoanalytische Theorie der Traumarbeit auf die Arbeit des organischen Symptoms zu beziehen. »Man kann – und man wird es nicht ohne Nutzen für das Wohlergehen des Kranken und die Verständniserweiterung des Arztes tun – den Symptomverlauf der organischen Erkrankung genau so deuten wie einen Traum und verwendet dazu zweckmäßig genau dieselbe Methode der Assoziation und dieselben theoretischen Vorstellungen, die Freud in der Traumdeutung angegeben hat« (S. 507).

Groddecks produktivste Idee war es zweifellos, die Assoziationsmethode der Traumdeutung auf die psychosomatische Arbeit zu übertragen. Auf theoretischer Ebene sprach er von manifesten Symptomen der Krankheit und von latenten Vorgängen, von Abwehr, Zensur, Wunscherfüllung, Verdichtung, Verschiebung, Anspielung, Verbildlichung, Umkehrung, Spaltung usw., die er in der Symptomarbeit am Werk sah und für die er Beispiele brachte. Es ging ihm nicht darum, eine Theorie des organischen Symptoms zu entwickeln, die etwa derjenigen von Freuds Traumdeutung korrespondierte. Er verglich die Traumarbeit mit der Symptomarbeit aus heuristischen Gründen, um aus neuer, ungewohnter Perspektive Entdeckungen im Bereich organischer Krankheiten und im Umgang mit organisch Kranken zu gewinnen. Und zum unkonventionellen Denken und Beobachten regten Freuds Traumtheorie und vor allem seine Assoziationsmethode allemal an, wenn Groddeck mit ihrer Hilfe organische Symptombildungen betrachtete.

Im Herbst 1926 hielt Groddeck an der Lessinghochschule in Berlin wieder eine Reihe von Vorträgen, die auf größtes Publikumsinteresse stießen. Im gleichen Jahr wurden sie in der ›Arche‹ veröffentlicht: ›Das Es und die Psychoanalyse‹, ›Der Alltag‹, ›Krankheit‹, ›Behandlung‹, ›Industrie, Wissenschaft und Kunst‹ und ›Das Es und die Evangelien‹.

In der Kölnischen Zeitung vom 4. Dezember 1926 wandte Groddeck sich mit dem Artikel ›Psychoanalyse und organische Krankheiten‹ (1926 d) an die Leserschaft. Da dieser Artikel seitdem nicht wieder veröffentlicht wurde und Groddeck in betont moderater Diktion (man kann auch von Altersweisheit sprechen) eine Zusammenfassung seines medizinisch-psychologischen Denkens gab, seien die ersten Absätze hier (S. 86–87) wiedergegeben.

Psychoanalyse und organische Krankheiten.

Von Dr. Groddeck (Baden-Baden).

Die nachstehenden Ausführungen, die an eine in der Kölnischen Zeitung erschienene Besprechung von Dr. Groddecks „Buch vom Es" anknüpfen, geben wir wieder, obwohl wir uns nicht im unklaren sind, daß nur eine Minderzahl von Ärzten seinen Darlegungen zustimmen wird.

In einer vor längerer Zeit erschienenen Bücherbesprechung der Kölnischen Zeitung über Psychoanalyse findet sich eine Bemerkung, die den Anschein erwecken könnte, als ob ich mir anmaßte, die Lehre Freuds ergänzen oder gar vervollkommnen zu können. Das ist nicht der Fall. Ich habe lediglich die psychoanalytischen Untersuchungs- und Behandlungsmethoden auf dem Gebiet sogenannter organischer Erkrankungen verwandt. Das Ergebnis, das ich nach siebzehnjähriger aufmerksamer und skeptischer Beobachtung ziehe, ist folgendes:

Die psychoanalytische Untersuchung des Kranken ist bei schwer heilenden organischen Leiden, mögen sie nun in das Bereich der innern oder chirurgischen Medizin oder irgendeines der vielen spezialisierten Fächer der Heilkunde gehören, nützlich und vielfach unentbehrlich. Im Verlauf der psychoanalytischen Untersuchung und der sich daran anschließenden psychoanalytischen Behandlung werden bei schwer heilenden und langwierigen organischen Leiden der obengenannten Gebiete Heiltendenzen im lebendigen Organismus des Kranken wach und wirksam, die ohne Verwendung dieser Methoden mitunter nicht zur Entfaltung kommen; bei dem jetzigen Stand der Wissenschaft ist die Psychoanalyse organisch Kranker nicht selten das einzige Verfahren, das Möglichkeit zu einer erfolgreichen Behandlung bietet.

Die psychoanalytische Behandlung organischer Leiden schließt die Verwendung andrer Verfahren, wie sie dem Arzt durch Wissenschaft, Erfahrung, Kunst und Leben geläufig sind, nicht aus, sie kann in geeigneten Fällen mit jeder andern Behandlungsart zusammen verwandt werden; meist ist eine solche Kombination nützlich, selbst wenn sie entbehrlich ist; vielfach ist die Kombination notwendig, um ein günstiges Ergebnis zu erreichen.

In der Behandlung akuter organischer Erkrankungen hat sich die Psychoanalyse so bewährt, daß ich nicht anstehe, sie eines der wertvollen Mittel auf dem Gebiet der Psychotherapie zu nennen; da die Wissenschaft sich immer mehr davon überzeugt — der Kongreß für Psychotherapie des letzten Frühjahrs beweist es —, daß erst durch bewußte und unbewußte psychische Wechselbeziehungen zwischen Kranken und Arzt die sachgemäßen Vorschriften und Maßnahmen der Behandlung im ganzen Umfang wirksam werden, kann man voraussagen, daß in kurzer Zeit auch bei akuten Erkrankungsformen die psychoanalytische Behandlungsmethode von allen Ärzten angewandt werden wird.

Soweit ich vorläufig darüber urteilen kann, hat es den Anschein, daß die psychoanalytische Behandlung organischer chronischer Leiden raschere und größere Erfolge erzielt als die der Neurosen; damit soll nicht gesagt sein, daß nicht auch bei organischen Leiden Fälle vorkommen, bei denen erst nach langer, mitunter jahrelanger Analyse die Erfolge zum Vorschein kommen.

Das ist in kurzen Worten das Wesentliche, was ich über meine psychoanalytische Tätigkeit, soweit sie sich auf medizinischem Gebiet bewegt, zu sagen habe. Freud hat seine ersten Entdeckungen bei der Erkrankungsform der Hysterie gemacht. Da die Hysterie begrifflich mitten zwischen den sogenannten organischen und den sogenannten psychischen Leiden steht, standen für weitere Forschungen beide Gebiete offen. Freud hat das psychische Gebiet gewählt, mit vollem Recht: Es ist nicht wahrscheinlich, daß sich auf dem Gebiet des Organischen so viel Neues offenbart hätte, wie es auf dem Gebiet der Neurosen geschah. Freud ist sich aber, wie er mir selbst bei unsrer ersten Besprechung mitteilte, stets bewußt gewesen, daß sich die Forschungsergebnisse der Psychoanalyse auf allen Gebieten der Medizin verwenden lassen. Aus diesem Grunde ist es nicht richtig, anzunehmen, daß ich den Versuch gemacht hätte, irgend etwas an dem Wesen der Psychoanalyse zu ändern.

Dagegen habe ich aus praktischen Gründen mir selbst und weiterhin auch andern in einer etwas naiven Weise eine Erklärung zu geben versucht, wie es möglich ist, daß organische Veränderungen gesunder und kranker Art durch psychische Behandlung beeinflußt werden können, und habe mir zu diesem Zweck einen Begriff konstruiert, den ich im Anschluß an ein Wort Nietzsches das „Es" des Menschen genannt habe. Mit diesem Teil meiner Gehirnwelt hat Freud nur bedingt zu tun, jedenfalls ist er in keiner Weise dafür verantwortlich zu machen, wenn sich herausstellen sollte, daß dieser Begriff, der zum Zweck praktischer Arbeit geschaffen worden ist, als Arbeitshypothese unbrauchbar ist. Vorläufig habe ich den Eindruck — ich schätze ihn nach den Erfolgen ein, die ich seit siebzehn Jahren damit erzielt zu haben glaube —, daß der Begriff des Es ein nützliches Werkzeug für wissenschaftliche und unwissenschaftliche Forschung und für wissenschaftliche und unwissenschaftliche Betreuung des Nebenmenschen ist.

(Groddeck 1926 d)

1927

In dem Jahrgang 1927 der ›Arche‹ veröffentlichte Groddeck in mehreren Folgen einen zweiten Teil seines ›Seelensuchers‹. Freud hatte diese Passagen gelesen, sich gegenüber Groddeck anerkennend geäußert, zugleich aber seine Reserven gegenüber dem ›Buch vom Es‹ wiederholt. Groddeck meinte zu Freud, der Vorwurf der »Es-Mythologie« helfe ihm auch nicht weiter, und warf Freud seinerseits vor, eine Beschäftigung der Psychoanalyse mit organischen Krankheiten, d.h. ein Arbeiten auf den Spuren Groddecks, durch seine unausdrückliche und unbegründete Zurückhaltung gegenüber der psychosomatischen Forschung zu behindern. Eine dreijährige Pause im Briefwechsel zwischen Freud und Groddeck schloß sich an. Doch verehrte Groddeck Freud wie eh und je. Im gleichen Jahr 1927 ergriff er – seine Beziehungen nach Schweden einsetzend – die Initiative, Freud für den Nobelpreis vorzuschlagen (vgl. Jones III 1978, S. 166 und 169), letzten Endes aber ohne Erfolg, obwohl Heinrich Meng und Stefan Zweig, später Thomas Mann und Marie Bonaparte ihren Einfluß für diese Idee geltend machten.

Mit viel Vergnügen und gutem Erfolg hielt Groddeck auch in diesem Jahr wieder wie schon in den vergangenen Jahren einen Vortragszyklus an der Lessinghochschule in Berlin: ›Vier Lehrbücher der Psychoanalyse‹. Diesmal analysierte er mit seiner assoziativen Methode den ›Ring des Nibelungen‹, ›Peer Gynt‹, ›Faust‹ und den ›Struwwelpeter‹. Vor einem wie an der Lessinghochschule unvoreingenommenen und aufnahmebereiten Laienpublikum fühlte Groddeck sich am wohlsten. Die Themen seiner Vorträge zeigen, daß die medizinische Anwendung der Psychoanalyse für ihn nur einen Ausschnitt aus den mit ihr eröffneten Möglichkeiten bedeutete. Alle Schöpfungen des Menschen und seines Es ließen sich aus psychoanalytischer Perspektive betrachten.

1928

1928 erschienen die ersten Hefte einer neuen Zeitschrift, eines Forums der 1926 gegründeten Allgemeinen ärztlichen Gesellschaft für Psychotherapie. Groddeck wurde als Autor gewonnen. Sein erster Artikel handelte ›Über die psychische Behandlung der Nierensteinbildung‹ (1928a). Karl Hansen, Mitherausgeber der ebenfalls in diesem Jahr erstmals erschienenen Zeitschrift ›Der Nervenarzt‹, die sich in ihrem Untertitel die »besondere Berücksichtigung der psychosomatischen Beziehungen« zu ihrer Aufgabe gemacht hatte, widmete Groddecks Aufsatz eine kleine Besprechung.

»Groddeck beschreibt einen Fall von schwerer chronischer Nephrolithiasis, bei dem die Steinbildung nach einer analytischen Behandlung die folgenden 13 Jahre bis zum Tode der 84jährigen Patientin unterblieb. Die Arbeit ist ausgezeichnet durch eine überlegene und prätentionslose Behandlung des Gegenstandes; sie verzichtet auf vorzeitige Setzung von Kausalbeziehungen und beschreibt nur das, was in der organischen und seelischen Situation des Patienten gegeben war und – von Groddeck nicht übersehen wurde« (Hansen 1928, S. 512). Diese große und äußerst komprimierte Falldarstellung empfiehlt sich, da sie kaum noch zusammenzufassen ist, der eigenen Lektüre.

Im April 1928 fand in Baden-Baden der III. Allgemeine ärztliche Kongreß für Psychotherapie statt. Die Aufbruchsstimmung des ersten Kongresses von 1926 hatte sich gelegt. Es zeigte sich bei der überwiegenden Mehrzahl der Referenten und in den Diskussionen ein großes Desinteresse an klinischen Fragen der Psychotherapie und daraus sich entwickelnden theoretischen Ansätzen. Entweder begeisterte man sich für experimentell-akademische Arbeiten (etwa für Kurt Lewins Forschungen) oder, noch viel ausgiebiger, für allgemeine, eher spekulative Ausführungen zu Fragen der Psychotherapie. Heyer sprach von einem »Kongreß der Weltanschauungen und Bekenntnisse« (1928, S. 569). Einzig Groddeck bildete eine Ausnahme. »Groddeck sprach über seine Erfahrungen aus einer zwanzigjährigen psychotherapeutischen Praxis. Bei ihm fühlte man, was in den meisten Vorträgen fehlte: lebendige Erfahrung, sicheres Wissen um die Grundtatsachen der erkrankten Seele und die Kraft einer großen ärztlichen Persönlichkeit« (Gerö 1928, S. 281).

Groddeck hatte schon vor dem Kongreß Leitsätze zu seinem Referat ›Klinische Mitteilungen aus einer zwanzigjährigen psychotherapeutischen Tätigkeit‹ veröffentlicht (1928b). Sie waren programmatischer Natur und handelten von den umfassenden Möglichkeiten psychotherapeutischer Behandlung organischer Erkrankungen. In dem Vortrag selbst (1928c) berichtete Groddeck ohne große Umschweife von Fällen aus seiner Praxis: einer Dame mit chronischer Gelenkentzündung, einer Engländerin mit Gebärmuttersenkung, Wandernieren und Gastroptose, einer Holländerin mit Sterilität und einem Arbeiter mit Netzhautblutungen. Der Vortragstitel, den Groddeck gewählt hatte – ›Klinische Mitteilungen aus einer zwanzigjährigen psychotherapeutischen Praxis‹ – entspricht in seiner Formulierung der ›Erfahrungsheillehre‹ des großen Aufklärungsmediziners und Empirikers Gottfried Rademacher mit ihrem Untertitel »treue Mittheilung des Ergebnisses einer 25-jährigen Erprobung dieser Lehre am Krankenbette« (Rademacher 1843). Diese Analogie lag wohl in Groddecks Absicht. Der Empiriker Rademacher hatte mit seiner Erfahrungsheillehre – daran sei erinnert – große Bedeutung für den jungen Groddeck gehabt.

Gustav Richard Heyer, der in München selbst psychosomatische Forschung vor allem experimenteller Art betrieb, kritisierte in der Diskussion die »pseudoexakten Mitteilungen« Groddecks und »die Ungenauigkeiten seiner klinischen Angaben« (Heyer 1928, S. 569). Groddeck antwortete:

»Den Mitteilungen, die ich gemacht habe, könnte ich manches hinzufügen, was das Verlangen des Herrn Diskussionsredners nach Vorsicht und Genauigkeit, wenigstens soweit er dieses Verlangen formuliert hat, befriedigen würde, so zum Beispiel das, daß das, was man immer noch klinische Diagnose nennt, bei allen Krankheiten, deren Geschichte ich mitteilte, von Fachärzten stammt, und daß sowohl die Netzhauterkrankung wie die Tubarschwangerschaft dauernd von Fachärzten kontrolliert worden sind. Daß ich in den Erzählungen mich der von Sachverständigen ersten Ranges gewählten Ausdrücke nicht bedient habe, geschah, weil ich in klinischen Fragen vorsichtig geworden bin.... Ich halte es für vorsichtiger und für einen Beweis des Strebens nach Exaktheit, wenn man sich möglichst allgemeiner und dehnbarer Ausdrücke befleißigt. Ich stimme mit Heyer überein, wenn er von einer Erweiterung und Erschütterung unseres medizinischen Wissens spricht, verstehe aber nicht, warum er die Diagnostik von dieser Erschütterung ausschließt und so sichere Worte über diesen gerade durch die Psychotherapie so brüchig gewordenen Wissenszweig braucht.

Zu meinen ›kühnen‹ Hypothesen gehört auch die, daß die bisher übliche klinische Diagnostik erweitert werden muß, ja, daß die Art des Diagnostizierens sich innerhalb absehbarer Zeit gänzlich ändern wird. Da ich diese kommende Art der Diagnostik, die sich nicht mit dem oder den Krankheitsnamen begnügen wird, auch nicht mit dem Untersuchungsbefund, sondern die den Kranken mitsamt seiner Umwelt zu verstehen suchen wird, ... da ich diese kommende Menschendiagnostik schon vor vierzig Jahren von meinem Lehrer Schweninger übernommen und soweit es mir durch meine etwas eigenartige Praxis aufgegebener ›Fälle‹ geboten schien, ausgebaut habe, halte ich mich gerade in der Diagnostik für leidlich sachverständig.

Da ich der erste gewesen bin, der unter dem höhnenden Lachen der medizinischen Welt die Möglichkeit eines solchen Erweiterungsbaus der Wissenschaft öffentlich behauptete, verfüge ich über ein Quantum persönlicher Erfahrung, das Beachtung verdient« (Groddeck 1929a, S. 139f.).

Ernst Simmel bekräftigte in der Diskussion diese Aussage Groddecks, indem er auf seine eigenen Erfahrungen in der psychoanalytischen Behandlung körperlich Erkrankter hinwies und versicherte (er kannte Groddeck ja persönlich, war mehrmals in seinem Sanatorium gewesen), »daß den so eindrucksvollen Krankheitsberichten des Herrn Groddeck vollste Glaubwürdigkeit beizumessen ist. Die Leistung Groddecks, der seit 20 Jahren konsequent einen Weg verfolgt, den die allgemeine Psychotherapie heute erst zögernd betritt, ist erstaunlich und bewundernswert« (Simmel 1928, S. 289).

In seinem mehrteiligen Bericht über den Baden-Badener Kongreß in der ›Vossischen Zeitung‹ widmete Robert Fließ, ein der Psychoanalyse Freuds aufgeschlossener Arzt, Georg Groddeck einen eigenen Artikel. »Als man sich schließlich den Schaden besah«, so Fließ zum Ende des Kongresses, »war tatsächlich ... nur *einer* aufgetreten, der wirklich rein klinisch berichtet hatte: Georg *Groddeck*.« Fließ äußerte sich recht positiv zu Groddecks Ansichten und Arbeiten und würdigte ihn wiederum als Pionier der psychosomatischen Medizin. »Sein Ingenium läßt ihn den Anfang machen zu einer Zeit, wo noch fast alles mangelt: die Erfahrung, die Mitarbeit anderer, die allgemeine Billigung und vor allem die besondere Technik« (Fließ 1928).

Dieser Artikel von Robert Fließ erregte in gewissen Kreisen der medizinischen Fachwelt erheblichen Unwillen. Die Schriftleitung der ›Medizinischen Welt‹ bat zwei angesehene Mitglieder der psychotherapeutischen Bewegung, zu Groddeck und seiner Arbeit kritisch Stellung zu nehmen: den Freiburger Hofrat und Professor A. A. Friedländer und den Heidelberger Psychiater Hans Prinzhorn, der ehemals Mitglied der Südwestdeutschen Psychoanalytischen Arbeitsgemeinschaft gewesen war.

Friedländer, für den auch 1928 noch Suggestion und Hypnose den Inbegriff psychotherapeutischer Techniken darstellten, meinte, das, was Groddeck an Erfolgen vorzuweisen habe, ließe sich durch deren Wirkung erklären. Alle darüber hinausgehenden Vorstellungen Groddecks zeugten von Selbstanmaßung und Verführung des Publikums. »Die Widerstände gegen die Psychoanalyse sind vielfach abgeflaut. Sie würden zum Segen der ruhigen Weiterentwicklung der ganzen Psychotherapie weiter abgebaut werden, wenn manche Psychoanalytiker weniger verallgemeinern, weniger dogmatisieren, sich mehr in den Rahmen der allgemeinen Therapie und Klinik einfügen wollten. ... Groddeck rät, jede Therapie mit Psychoanalyse zu verbinden. Setzen wir an Stelle ›Psychoanalyse‹ das Wort Psycho-Therapie, so wird ihm jeder beipflichten« (Friedländer 1928, S. 987). Diesen Vorschlag zur Güte hatte Friedländer zuvor schon erläutert. »Wir können vielleicht statt psychotherapeutisch geschult auch sagen: Gut erzogen, taktvoll, menschenfreundlich und menschenkundlich« (ebd., S. 986). Spätestens 1933 hat sich diese wohlerzogene menschenkundliche Richtung der Psychotherapie weitgehend durchgesetzt. Ob zum allgemeinen Nutzen, sei dahingestellt.

Hans Prinzhorn meinte zunächst, in Groddecks Mitteilungen seien, »wie das bei einem erfahrenen und in mehreren Richtungen ungewöhnlich gescheiten Praktiker natürlich ist, wichtige Probleme und ernsthafte Lösungsversuche enthalten« (Prinzhorn 1928, S. 1020), doch übertreibe Groddeck maßlos, in jeder Hinsicht. »Nach Art eines paranoiden Zwanges« (Prinzhorn war Psychiater) könne er von der psychoanalytischen Methode nicht lassen. »Hier wird eine unzulässige Verallgemeinerung gemacht und mit der Suggestibilität, ja der Wundersucht der Menge gespielt! ... Mit Raketen auf den Mars fliegen, mit Verträgen unter macht- und geldgierigen Völkern den Frieden sichern, mit Psychoanalyse eine Pneumonie heilen – das gehört alles zu *einer* modischen Zeiteinstellung: Utopien, als schlichte Tatsachen frisiert, beherrschen das Feld!« (ebd., S. 1021). Das Unverständnis gegenüber Groddecks tatsächlichen Vorstellungen und Zielsetzungen ist erstaunlich, die Vermengung mit Technikfeindlichkeit und politischem Konservatismus eher typisch für die 20er Jahre.

Groddecks nächster Aufsatz ›Grundsätzliches über Psychotherapie‹ (1928e), der ebenfalls in der ›Allgemeinen ärztlichen Zeitschrift für Psychotherapie‹ erschien, gehört zu den eindringlichsten Arbeiten, die Groddeck veröffentlicht hat. Er beschäftigt sich mit den Begriffen der Therapie (des ärztlichen Dienens) und der Psyche (des Verhältnisses von Bewußtem und Unbewußtem bei Arzt und Patient), mit der Ambivalenz des Kranken in Genesungswillen und Krankheitswillen, mit der Übertragung (der Arzt als Instrument des Kranken) und mit der Psychotherapie als Arbeiten am Widerstand. Es ist eine abgeklärte Arbeit Groddecks, mit ruhiger Gelassenheit geschrieben.

Gegen Ende des Jahres 1928 machten die Groddecks sich auf den Weg nach England, eine Reise, die Groddeck Ungewohntes bescherte (vgl. Grossman 1965, S. 175f.). Erstmals in seinem Leben war er eine unumstrittene Berühmtheit. Er wurde von einer Einladung zur nächsten gereicht. Man bat ihn, analog zu den Freudschen und Adlerschen Gesellschaften eine Groddeck-Gesellschaft gründen zu dürfen. Groddeck lehnte ab. Er, der immer für sich beanspruchte, heute dies und morgen das Gegenteil davon zu denken, der sich ganz dem Fluß seiner Einfälle hingab, befürchtete, daß auch seine vereinigten Jünger weit päpstlicher denken würden als er selbst. Die Freudsche Schule war ihm ein abschreckendes Beispiel genug für die unproduktive Enge einer Vereinsbildung. Vor der Medical Section der British Psychological Society hielt er am 28. November einen Vortrag ›Psychical Treatment of Organic Disease« (1929c), in dem er einige seiner Krankengeschichten vorstellte; vor der British Psycho-Analytical Society folgten am 5. Dezember ›Bemerkungen über die Beziehungen zwischen dem Embryonalzustand und dem Leben in der Außenwelt‹. Die medizinische und psychologische Fachwelt hofierte Groddeck, seine Vorträge wurden gut aufgenommen.

1929

Im Februar 1929 wurde das Frankfurter Institut für Psychoanalyse eröffnet. Seine Leitung teilten sich Karl Landauer und Heinrich Meng, beide langjährige Mitglieder der Südwestdeutschen Psychoanalytischen Arbeitsgemeinschaft, Freunde und Bewunderer Groddecks. Das Frankfurter Psychoanalytische Institut entstand in engem Kontakt zu Horkheimer-Adornos Institut für Sozialforschung. Georg Groddeck, so berichtet Martin Jay, war – in Fortsetzung der engen Zusammenarbeit mit dem südwestdeutschen Analytikerkreis – ein häufiger Gast des Frankfurter Instituts (Jay 1981, S. 115). Wahrscheinlich haben ihn auch die Mitarbeiter des Instituts für Sozialforschung in Frankfurt kennengelernt. Theodor W. Adorno jedenfalls führte Groddeck in einer Besprechung der späten Lyrik Hölderlins in einer Weise an, die auf genauere Lektüre oder persönliche Bekanntschaft schließen läßt: »Wer Hölderlins Wahnsinn aus seiner Kunst ableiten wollte, wie Groddeck Beethovens Taubheit aus dessen Musik, mag ätiologisch irren, jedoch mehr vom Gehalt öffnen als die subalterne klinische Richtigkeit« (Adorno 1965, S. 196).

Im Januar und Februar dieses Jahres hatte Groddeck in Berlin wiederum vier öffentliche Vorträge gehalten: ›Analytische Lebenserinnerungen. Rast und Rückblick‹, die teilweise im Manuskript erhalten sind.

1930

Im August 1930 reiste Groddeck wieder nach England und hielt vor dem »Congress for Sex Research« einen Vortrag ›Speziell Organisches Leiden als Ausdrucksform der Sexualität‹ (1930 d). Ende September nahm er an der II. Tagung der Deutschen Psychoanalytischen Gesellschaft in Dresden teil. Er referierte über den ›Struwwelpeter‹, ein Thema, das er liebte.

1923 hatte Freud mit ›Das Ich und das Es‹ die Entwicklung einer psychoanalytischen Ich-Psychologie initiiert, die immer breitere Kreise zog und unter deren Perspektive Groddecks Denken wie ein Fossil aus längst vergangenen Zeiten erscheinen mußte. Symptomatisch dafür ist der Bericht Gustav Ballys, eines jüngeren Psychoanalytikers, über Groddecks Auftreten: »Aus dem Rahmen fiel der öffentliche Vortrag Groddecks (Baden-Baden) ›Struwwel-

Georg Groddeck ca. 1930

peter‹. Die Bilder des alten Kinderbuches wurden einer akrobatischen, wahllos zugreifenden, oft mit erschütternder Intuition in weite menschliche Zusammenhänge treffenden Flut von Deutungen ausgesetzt, die sich über ein teilweise stutzig werdendes, teilweise mit aggressivem Gelächter antwortendes Publikum ergossen. Ich trug den Eindruck davon, daß hier eine tiefsichtige Kunst an der formalen Verantwortungslosigkeit des mit ihr Beschenkten verlorengehe. Auch der geistreichste Tiefendeuter darf es sich heute nicht mehr leisten, unbewußte Inhalte auszulegen, ohne die Form zu beherrschen, die ihnen erst ihren Sinn verleiht: die Ich-Psychologie« (Bally 1930, S. 644).

Nach der Tagung in Dresden kamen Ernst Simmel, Sandor Ferenczi und einige andere Kongreßteilnehmer mit nach Baden-Baden in Groddecks Sanatorium, das alle Jahre zur Sommerzeit ein Treffpunkt mit Groddeck befreundeter Psychoanalytiker geblieben war. Groddeck galt auch jetzt noch als unparteiische Autorität innerhalb der psychoanalytischen Bewegung. In einem Brief vom 21. 12.1930 bat Ferenczi ihn um genauere Aufklärung über die offenbar verwickelten Berliner Verhältnisse und zeigte sich höchst amüsiert darüber, daß die Berliner auf Groddeck als Ratgeber in ihren personellen Querelen zurückgegriffen hatten (Groddeck/Ferenczi 1982, S. 122). Anfang Dezember 1930 war Groddeck nochmals in Berlin gewesen, um vor der Berliner Psychoanalytischen Vereinigung ›Über das Unbewußte in der Kunst‹ zu referieren, ein Thema, das ihn damals intensiv beschäftigte. Dieser Vortrag muß großen Eindruck gemacht haben; die Berliner Psychoanalytiker veranstalteten im Januar 1931 eigens einen Diskussionsabend zu seinem Thema, bei dem sich Radó, Reik und Sachs ausführlich zu Wort meldeten.

1930 jährte sich Ernst Schweningers Geburtstag (er war 1924 gestorben) zum 80. Mal. Groddeck schrieb einen ausführlichen Artikel zu Ehren seines Lehrers: ›Ernst Schweninger‹ (1930a). Er berichtete von seiner Studentenzeit bei Schweninger, von der engen Zusammenarbeit, und beschrieb Schweningers medizinisches Denken. Vieles, was Groddeck über Schweninger schrieb, läßt sich in seinen eigenen Arbeiten der letzten Jahre wiederfinden. Betrachtet man die Veröffentlichungen Schweningers und seiner Schule etwa aus den 90er Jahren, dann zeigt sich, wie weitgehend Groddeck auch als psychoanalytischer Autor noch auf Schweningers Gedankengänge zurückgreifen konnte; zugleich wird aber deutlich, daß Groddecks Bild von Schweningers Denken sich in der Erinnerung doch hier und da vergoldet hat, groddeckähnlich geworden ist.

Von diesem Jahr an wurde Groddeck durch zunehmende gesundheitliche Beschwerden belastet (vgl. Meier 1970, S. 428f. und Pfister 1934). Allem Anschein nach litt er unter schweren arteriosklerotischen Gefäßveränderungen, die sich auf die Herzfunktion, die Durchblutung der Beine und später auch des Gehirns nachteilig auswirkten. Hinzu kam ein mögliches Lungenemphysem und eine 1931 aufgetretene Lungenentzündung, die seine körperliche Leistungsfähigkeit zusätzlich schwächten. Diese Entwicklung hinderte Groddeck nicht daran, auch weiterhin seine geliebten Havannas und amerikanische Zigaretten zu rauchen. Seine gewaltige Vitalität schien sich über alle körperlichen Einschränkungen hinwegzusetzen.

1931

Anfang des Jahres sprach Groddeck bei Frieda Fromm-Reichmann in Heidelberg über englische Literatur, ein Vortrag, den er im späten Frühjahr in England wiederholte.

Im Mai folgte auf dem VI. Kongreß der Allgemeinen ärztlichen Gesellschaft für Psychotherapie in Dresden ein Referat über ›Massage‹ (1931a). Groddeck hatte das Massieren bei Schweninger gelernt und wandte es zeit seines Lebens im Rahmen seiner diagnostischen und therapeutischen Arbeit an. In diesem Vortrag berichtete er in äußerst subtiler Weise über die Möglichkeiten der Massage für die psychoanalytische Diagnostik und Therapie. Die Übertragungssituation werde durch das bei der Massage auch körperliche Zusammentreffen »zweier sich kreuzender Menschenwelten« (S. 51), des Patienten und des Arztes, zugespitzt. Damit ließe sich arbeiten. Die Widerstände des Patienten seien oft ganz gegenständlich mit Händen zu greifen und auch für den Kranken ungemein eindrücklich zu erleben; der Patient begreife, »daß es sich beim Kranksein um Vorgänge handelt, nicht um einen unveränderlichen Zustand« (S. 53). Schließlich diskutierte Groddeck die Beobachtung, daß bei der Lösung körperlicher Verspannungen oft »unglaubliche Massen psychischer Energien« (S. 55) freigesetzt würden, die offensichtlich zuvor zur Vermeidung von Schmerzsensationen gebunden wären. Wilhelm Reich beschäftigte sich zu jener Zeit mit der Erforschung ähnlicher Beobachtungen.

›Das Zwiegeschlecht des Menschen‹ ist eine weitere Arbeit Groddecks, die 1931 erschien (1931 b). Groddeck vertrat die Ansicht, daß die Bisexualität des Menschen nicht ein Durchgangsstadium auf dem Weg zur reifen genitalen Sexualität sei, sondern daß sie das Leben von Mann und Frau durchgehend bestimme. »Auch der männlichste Mann und das weiblichste Weib (ist) ein Mensch, ein männlich-weibliches Wesen, zwiegeschlechtig« (S. 166). Für dieses fundamentale Zwiegeschlecht des Menschen in all seinen organischen Vorgängen und Symbolwelten führte Groddeck Beispiele an, die Beschneidung der Juden etwa, die ein Weibliches am Mann, die Vorhaut, entferne, das Atmen, das zwiegeschlechtig erlebt werde, »ein Empfangen beim Einatmen, ein Geben beim Ausatmen« (S. 172), und andere mehr. Es ist eine Art, zu denken und zu schreiben, die Groddeck in den letzten Jahren seines Lebens liebte: anthropologische Grundaussagen durch die assoziative Analyse von Einfällen zu entfalten, die er aus den Erfahrungen seiner psychosomatischen Lebensarbeit, aus allen Bereichen des organischen und kulturellen Lebens schöpfte.

Karen Horney, die sich zu jener Zeit intensiv mit der Entwicklung der weiblichen Sexualität auseinandersetzte, schrieb im April an Groddeck: »Lieber Dr. Groddeck, es drängt mich spontan, Ihnen für den Aufsatz über das Zwiegeschlecht zu danken. Es trifft sich genau mit Gedankengängen, die mich zur Zeit stark bewegen im Zusammenhang mit einer kritischen Arbeit gegen Freuds Auffassungen von der weiblichen Entwicklung.... Übrigens möchte ich doch furchtbar gern mal mit Ihnen über diese ganzen Probleme sprechen. Eventuell überfalle ich Sie am Beginn meiner Sommerreise.« Groddeck meinte: »Die Aussicht, Sie vielleicht doch hier zu sehen, ist gut. Allerdings werden Sie jemanden finden, der mit weit von der Analyse abliegenden Dingen beschäftigt ist. Es läßt sich aber von der Analyse aus zu jedem Problem eine Brücke bauen« (Rubins 1980, S. 139).

1932

Am 7. Februar 1932 schickte Groddeck Freud einige neue Manuskripte, die sich mit jenen Karen Horney angedeuteten Dingen beschäftigten. Groddeck hatte zwei Projekte vor Augen. Eines, das den Mikrokosmos des menschlichen Organismus in seinem Verhältnis nach außen, zum Makrokosmos der Welt, beschreiben sollte, ein zweites, das den menschlichen Körper in seinen Binnenverhältnissen zum Thema hatte: eine Art medizinischer Anthropologie (vgl. Lewinter 1971, S. 211 f.). Das erste Projekt: »Es handelt sich um ein Buch, in dem Eigentümlichkeiten der Sprache und der bildenden Kunst benutzt werden zu dem Nachweis, wie eng von jeher Symbol und Leben miteinander verbunden sind; der Zusammenhang mit der Medizin wird namentlich im ersten allgemeinen Teil nur locker sein.« Das zweite Projekt: »Gleichzeitig will ich aber – entweder in einem in sich abgeschlossenen Bande oder in einzelnen Broschüren – das Wirken des Symbols im Gesamtorganismus und dessen einzelnen Teilen besprechen« (Groddeck/Freud 1974 a, S. 88).

Anna Freud dankte im Namen ihres Vaters für die Sendung. »Er läßt Ihnen sagen, daß er schon vorher nicht an Ihre ›geistige Altersschwäche‹ geglaubt hat, aber nach der Lektüre erst recht nicht« (ebd., S. 89).

Groddecks erstes Projekt, von dem er eine Probe an Freud geschickt hatte, erschien 1933 mit dem Titel ›Der Mensch als Symbol. Unmaßgebliche Meinungen über Sprache und Kunst‹ im Internationalen Psychoanalytischen Verlag. Das erste Kapitel dieses Buches war schon 1932 in der ›Psychoanalytischen Bewegung‹ unter dem Titel ›Wege zum Es‹ erschienen. A. J. Storfer, der Herausgeber der Zeitschrift, hatte es für nötig befunden, Groddecks Arbeit einige erläuternde Zeilen voranzustellen.

»Es darf nicht verhehlt werden, daß es viele Psychoanalytiker gibt, die meinen, Dr. Groddeck ... eröffne mit seinen kühnen Deutungen und phantasievollen Verknüpfungen zwar immer auch reichlich fruchtbare Möglichkeiten für die Psychoanalyse, aber er überschätze stark die Bedeutung des Unbewußten für das organische Geschehen und gefährde dadurch – unbekümmerten Verhaltens, fast sogar des Provozierens froh – das mühselig errungene wissenschaftliche Ansehen der Psychoanalyse. Solche Bedenken – mögen sie nun am Platze sein oder nicht – können jedenfalls kein Grund sein, einen Autor, der stets so viel Überraschendes zu sagen weiß und manches zum Denken gibt, nicht zu Wort kommen zu lassen. Die psychoanalytische Bewegung stellt keine Sekte dar, in der jeder Einzelne für jeden Andern zu haften hat ...« (Storfer 1932, S. 161).

Groddecks zweites Projekt dieser Jahre, seine medizinische Anthropologie, ist uns in Form mehrerer Manuskripte überliefert, die G. Clauser 1966 veröffentlicht hat: ›Vom Sehen, von der Welt des Auges und vom Sehen ohne Augen‹ (1932b), ›Vom Menschenbauch und dessen Seele‹ (1933d), ›Vom Mund und dessen Seele‹ (1934c), ein Manuskript, das unvollendet geblieben ist wie jene ›Vom Kopf und dessen Seele‹ und ›Von den Gliedmaßen und deren Seele‹.

Schon in seinen klinisch-psychosomatischen Arbeiten war Groddeck davon ausgegangen, daß die Körperregionen, -organe und -funktionen nicht zunächst quasi neutral seien und erst in einer »psychogenen« Erkrankung von psychischen Energien besetzt würden, die dann eine psychosomatische Erkrankung mit sich brächten. Groddeck beobachtete bei seinen Kranken, daß das körperliche Symptom eine primäre symbolische Wirklichkeit ausdrückte, nicht erst im Rahmen einer Bedeutungszusprechung zum Symbol erhoben wurde. In diesem Zusammenhang sprach er von der Seele des Mundes, von der Seele des Bauches oder jener des Kopfes. Jede Körperregion, jedes Organ, jede physiologische Funktion habe ihre eigene Seele, sei Individualität, habe Geschichte, ebenso wie der gesamte Körper ein Individuum darstellte. In seinen Manuskripten zur psychosomatischen Anthropologie vereinigte Groddeck seine vielfältigen Erfahrungen und Beobachtungen der symbolischen Zusammenhänge, in denen der Körper und seine Elemente erschienen. Die einzelnen Kapitel kann man als überwältigend materialreiche Ausführungen zur Spezifität der einzelnen Organe lesen, zur Spezifität auch der psychosomatischen Erkrankungen, die sich in ihnen manifestieren.

Der Exodus deutscher Psychoanalytiker in Richtung Amerika, den die politischen Umwälzungen in Deutschland mit sich brachten, ging auch Groddeck nahe. Im Juli 1932 besuchte ihn Karen Horney, um sich vor ihrer Emigration nach New York von ihm zu verabschieden. Nach dem Kongreß in Wiesbaden im September folgte Ernst Simmel, er war zwei Wochen bei den Groddecks in Baden-Baden, bevor er im März 1933 nach Zürich und 1934 endgültig nach Los Angeles ging.

1933

Am 24. Mai 1933 starb in Budapest Sandor Ferenczi, Groddecks engster Freund unter den Psychoanalytikern. Infolge der politischen Verhältnisse war es Ferenczi nicht möglich gewesen, sich mit seiner sich verschlimmernden perniziösen Anämie, wie er es eigentlich wollte, nochmals zu Groddeck in Behandlung zu begeben. Groddeck war es ebenso unmöglich, nach Budapest zu reisen. Nicht nur Lou Andreas-Salomé, die Groddeck gut kannte und von seinen therapeutischen Fähigkeiten tief beeindruckt war, hatte gehofft, Groddeck könne Ferenczis Zustand noch einmal bessern helfen. So starb Ferenczi in Budapest. Für Groddeck war sein Tod allemal ein sinnvolles Geschehen; er sah darin den Endpunkt einer Selbstdestruktion, die sich in Ferenczis ungezügelter und konsequentester Forschungstätigkeit angekündigt hatte.

Ausführlich äußerte Groddeck sich dazu in einem Brief an Gizella Ferenczi vom 19. Februar 1934. Aus ihm wie aus anderen ebenfalls bei Grossman (1965, S. 188–195) wiedergegebenen Quellen ist deutlich zu ersehen, daß Ferenczis geistiger Zustand bis hin zu seinem Tod wenig mit jenen Kategorien gemein hatte, die Ernest Jones anführte, um Ferenczis zunehmende Differenzen mit Freud zu erklären – »psychotische Tendenzen«, »geistige Störung«, »Wahnvorstellungen«, »paranoide Vorstellungen« (Jones III 1978, S. 212/214).

Groddeck blieb nach Ferenczis Tod der Kreis um Frieda Fromm-Reichmann. Im Dezember 1933 sprach er in Heidelberg über ›Leib und Seele‹. Die Realitäten der Welt um ihn her nahm er immer eigenwilliger wahr.

1934

Die beiden Baden-Badener Genossenschaften, die Konsum- und die Baugenossenschaft, deren Aufsichtsräten Groddeck seit ihrer Gründung 1911 und 1912 vorgestanden hatte, waren 1933 gleichgeschaltet worden. Groddeck war auch nach 1933 Aufsichtsratsvorsitzender geblieben, um von der genossenschaftlichen Bewegung zu retten, was noch zu retten war, »denn er galt auch bei den Nationalsozialisten als Respektsperson« (Pichler 1970, S. 426). Groddecks politische Einstellung gegenüber den neuen deutschen Machthabern entsprach jener weitverbreiteten Realitätsverleugnung, mit der (nicht nur) viele Psychoanalytiker den Entwicklungen nach 1933 gegenüberstanden.

Groddeck meinte damals zu dem mit ihm befreundeten Arbeiterführer Michael Pichler (übrigens dem Patienten mit den Netzhautblutungen, der in Groddecks Falldarstellungen gelegentlich auftaucht), »auch die Nationalsozialisten würden mit ihren politischen Hirngespinsten nicht lange Politik machen können« (Pichler 1970, S. 425). Und zum Jahreswechsel 1933 auf 1934 schrieb er an Pichler: »Politik habe ich immer für Unsinn gehalten, ebenso Sozialismus. Ich glaube an den Menschen an sich, an seinen Mund und an sein Ohr, seine Hände und seinen Bauch ...« (ebd., S. 426).

Natürlich hat Groddeck Politik nie für Unsinn gehalten, er hat sie höchstens als schmutziges Geschäft verachtet, hat sich selbst aber sozialpolitisch höchst intensiv und erfolgreich betätigt. Er verfolgte das Zeitgeschehen mit einem durchaus wachen und kritischen politischen Bewußtsein. Man denke nur an seine vielfältigen wohlinformierten und oft bitterbösen Kommentare zum politischen, ökonomischen, sozialen und kulturellen Zeitgeschehen, die er in seinen Privatzeitschriften, dem ›Satanarium‹ und der ›Arche‹, veröffentlicht hat.

In konkreten Zusammenhängen brachten Groddecks waches soziales Gewissen und seine kompromißlose Eigenwilligkeit eine durchaus fortschrittliche Einstellung mit sich. Nicht umsonst hatten gerade die gesellschaftskritisch eingestellten Analytiker wie Simmel, die Fromms, Meng oder Landauer ein so herzliches Verhältnis zu Groddeck.

Groddecks gesundheitliche Beschwerden, die mit der Insuffizienz seines Herz-Kreislauf-Systems zusammenhingen, wurden durch eine seit März 1934 bestehende äußerst schmerzhafte Nervenentzündung am Bein kompliziert (Pfister 1934). Er geriet zu jener Zeit auch gelegentlich in psychische Ausnahmezustände, war verwirrt und entwickelte die Vorstellung, Hitler verkörpere den guten Führer, den Deutschland an sich brauche, der aber von schlechten Ratgebern auf die antisemitische Spur geführt worden sei. Er, Groddeck, habe die Aufgabe, Hitler darüber zu informieren. Außerdem entwickelte er einen Plan, mit Hilfe Hitlers ganz Deutschland vom Krebs zu befreien. Groddeck verfaßte Briefe an Hitler, die jedoch von seinen Angehörigen und Freunden zurückgehalten wurden.

M. Honegger, Groddecks damalige enge Mitarbeiterin und jetzige Nachlaßverwalterin, kommentierte die phantasievollen Berichte Grossmans (1965, S. 195–197) und Grotjahns (1977, S. 196) zu diesen Vorgängen wie folgt: »Es stimmt nicht, daß Groddeck von Verhaftung bedroht war. Die Briefe, die er in seiner Verwirrtheit an Hitler schrieb, sind nicht abgeschickt worden. Aber bei seinem unberechenbaren Zustand im Mai hätte etwas passieren können, was vielleicht zu einer Einweisung in eine Anstalt hätte führen können. Das wollten wir verhindern« (persönl. Mitteilung).

M. Honegger und Frieda Fromm-Reichmann, die sich damals gerade in Straßburg aufhielt, gelang es, eine kurzfristige Einladung Groddecks durch die Schweizerische Psychoanalytische Gesellschaft zu vermitteln. Groddeck folgte ihr widerwillig. Nach einigen Hotelnächten in Basel und Zürich trafen sie am 30. Mai zu einem Erholungsaufenthalt in Medard Boss' Sanatorium Schloß Knonau bei Zürich ein. Am 2. Juni hielt Groddeck den geplanten Vortrag vor den Züricher Psychoanalytikern, bei dem er sich auf seine Arbeit ›Vom Sehen, von der Welt des Auges und vom Sehen ohne Augen‹ (1932b) stützte. Der Vortrag muß höchst beeindrukkend gewesen sein (Meng 1934, S. 408). Nach seiner Rückkehr in das Knonauer Sanatorium verschlechterte sich Groddecks Gesundheitszustand zusehends. Medard Boss, unter dessen Obhut Groddeck die letzten Tage seines Lebens verbrachte, berichtete, daß er, obwohl todkrank, vor Lebenskraft und neuen Ideen gesprüht habe (Boss 1934, S. 22). Frieda Fromm-Reichmann besuchte ihn ein letztes Mal am Nachmittag des 11. Juni. In der Nacht darauf, am 11. Juni 1934, starb Groddeck an Herzversagen. »His heart gave out while he slept«, berichtete Medard Boss. »On his dead face there rested nothing bud kindliness and a great calm« (Boss 1934, S. 23).

Am 13. Juni wurde Groddeck im Krematorium Zürich beigesetzt, begraben liegt er heute auf dem Friedhof in Baden-Baden. Oskar Pfister, der Schweizer Psychoanalytiker und Pfarrer, der sich über Groddecks ›Seelensucher‹ so empört hatte, vollzog die Beisetzung und hielt die Abdankungsrede, eine große liebevolle Rede, in der er – wie es der Brauch ist – Groddeck als Wissenschaftler, als Arzt und als Menschen würdigte. Philipp Sarasin sprach im Namen der Schweizerischen Gesellschaft für Psycho-Analyse zur Trauergemeinde, Medard Boss dankte im Namen der Angehörigen und Freunde Groddecks.

Die Berliner Vereinigung der Deutschen Psychoanalytischen Gesellschaft gedachte ihres langjährigen Mitglieds Georg Groddeck auf der Sitzung vom 19. Juni 1934. Der Vorsitzende, Felix Böhm, widmete Groddeck »einen warm empfundenen Nachruf und würdigte ausführlich seine literarischen Arbeiten«.* Am 23. Juni folgte die Schweizerische Psychoanalytische Gesellschaft mit einem Nachruf auf Groddeck, den wahrscheinlich Heinrich Meng hielt (Meng ließ sich 1934 in Basel nieder). Meng jedenfalls verfaßte auch die ausführliche Würdigung Groddecks, die in der ›Internationalen Zeitschrift für Psychoanalyse‹ erschien (Meng 1934).

Ernst Simmel kondolierte Emmy Groddeck im Namen der Schüler und Verehrer Groddecks. »Sie trennen sich am Schluß von ihm in einer Trauer, die hell überstrahlt ist von den neuen Perspektiven, die er ihnen für ihr Leben und ihre Arbeit aktiv übergeben hat. Es gibt, glaube ich, wenige Menschen, die so wie er sich nicht nur durch ihr Werk, sondern auch durch ihr Wesen ihre eigene Unsterblichkeit geschaffen haben« (zit. nach Groddeck 1970, S. 413f.).

* Internationale Zeitschrift für Psychoanalyse 20 (1934), 415 und 418 – dieser Nachruf ließ sich nicht mehr auffinden.

Hermann Graf Keyserling schrieb für die ›Deutsche Allgemeine Zeitung‹ einen Nekrolog (Keyserling 1934) von solch einfühlsamer Kraft, daß er ihn selbst immer wieder gern zitierte – »ob des Tones schmerzlichen Gefühls, der ihn durchzittert« (Keyserling 1958, S. 416. Keyserling war berühmt gewesen wegen seiner ungeheuren Eitelkeit; Groddeck hatte nichts dagegen einzuwenden gehabt: »Irgend jemand hat einmal gesagt: Keyserling steht vor sich selber wie ein Kind vorm Weihnachtsbaum. Ein feineres Lob läßt sich kaum ausdenken; denn das Kind hat nicht nur Freude am brennenden Weihnachtsbaum, es hat Ehrfurcht davor, ja das ist die Grundstimmung« [Groddeck 1926e, S. 332]).

William A. White, der enge Mitarbeiter Smith Ely Jelliffes und zusammen mit ihm Herausgeber des amerikanischen ›Psychoanalytic Review‹, verband seinen Nachruf auf Groddeck mit einer Rezension von ›The World of Man‹ – dem neuesten, 1934 auf englisch erschienenen Buch Groddecks, das neben ›Der Mensch als Symbol‹ noch einige andere Werke Groddecks enthält (White 1935). Whites Nachruf steht dafür, daß Groddecks Einfluß sich in den nächsten Jahrzehnten vorwiegend in der englischsprachigen Welt zu entfalten begann. Die Wirkungsgeschichte in Deutschland war nach 1934 jäh abgebrochen. Erst seit den 60er Jahren wurden Groddecks Werke in deutschen Neueditionen wieder zugänglich gemacht.

1951 schon hatte Viktor von Weizsäcker in der ›Psyche‹ ein Vortragsmanuskript Groddecks von 1925 veröffentlicht – unter dem von v. Weizsäcker gewählten Titel ›Psychosomatische Forschung als Erforschung des Es‹. Weizsäcker wollte damit in Erinnerung rufen, daß Groddeck »frühzeitig und selbständig von der Psychoanalyse zu einer psychosomatischen Medizin vorwärtsdrängte, zu einer Zeit, als dieser Schritt nur am Rande getan wurde und in der Mehrzahl fragwürdig erschien« (Weizsäcker 1951, S. 481). Erstmals im deutschen Sprachraum wurde Groddecks Medizin als psychosomatische Medizin bezeichnet, bekam er seinen Platz in der Geschichte der Psychosomatik zugewiesen.

IV. Groddecks psychosomatische Medizin – Systematische Aspekte

Einleitung

> Ins Blaue hinein laufe ich wohl kaum, dazu bin ich zu sehr an die Praxis gebunden, alles in mir verwertet sich letzten Endes in der Krankenbehandlung.
>
> (Groddeck/Freud 1974a, S. 18)

Georg Groddecks psychosomatische Medizin ging aus von der Schule Ernst Schweningers. In seinem Baden-Badener Sanatorium behandelte er seine Patienten nach Schweningers Grundsätzen; in seinem Buch ›Nasamecu‹ (1913), das Schweninger gewidmet ist, setzte er diesem Abschnitt seines Lebens ein Denkmal. Jahre zuvor schon hatte er begonnen – ausgehend von der Patientin Fräulein G., die 1909 in seine Behandlung trat –, die Grundsätze und Methoden seiner Krankenbehandlung grundlegend zu revidieren. Mairet sprach von der »metanoia« Groddecks zu jener Zeit, von der tiefgreifenden Wandlung seiner Einstellung zum Patienten und dessen Welt (Mairet 1935, S. 371).

1913 war Groddeck auf Sigmund Freuds Werke gestoßen, hatte die tiefgreifende Verwandtschaft seiner neuen Erfahrungen und Vorstellungen mit Freuds Denken erkannt und hatte sich angeregt gesehen, Freuds Theorie und Praxis der Neurosenbehandlung mit seiner eigenen Methode des Umgangs mit organisch Erkrankten zu konfrontieren. Das Ergebnis war der erste umfassende Ansatz einer psychosomatischen Theorie und Therapie organischer Leiden in der Geschichte der zeitgenössischen Medizin; Groddeck wurde zum produktivsten klinischen Psychosomatiker der Zeit vor dem Dritten Reich.

Es kann – zumindest auf der Ebene von Groddecks ärztlicher Praxis und psychosomatischer Theorie – keine Rede davon sein, daß er im neuen Gewand der Psychoanalyse unverändert seine alte Medizin weiterverfolgt habe. »Der Lebenspathetiker zieht sich einen neuen Rock an und wird Psychoanalytiker, darunter aber bleibt er der alte« (Pietzcker 1980, S. 662). Ich denke, im folgenden wird das fundamental Neue an Groddecks Medizin nach der psychoanalytischen Wende gegenüber seinem eigenen früheren Ansatz deutlich werden. Zugleich hat Pietzcker recht: Auf der Ebene der Literatur- und Kunstinterpretation blieb Groddeck sehr viel mehr seinem alten Denken verhaftet. Doch erhielt es einen neuen Stellenwert: Groddeck sah nun sein gesamtes theoretisches Tun auf die klinische Praxis bezogen. Es wurde Bestandteil seiner psychosomatischen Praxistheorie. »Ich habe«, schrieb er 1923 an Freud, »die Überzeugung, daß meine Begabung wesentlich Krankenbehandlung ist. Auch von meiner Schriftstellerei, mit Ausnahme des Seelensuchers, halte ich nicht viel« (Groddeck/Freud 1974a, S. 61).

1917 trat Groddeck mit der Broschüre ›Psychische Bedingtheit und psychoanalytische Behandlung organischer Leiden‹ an die Öffentlichkeit, wenige Monate zuvor hatte er brieflichen Kontakt zu Freud aufgenommen. Von der Zeit des Ersten Weltkriegs bis 1934, Groddecks Todesjahr, veränderten sich die Grundsätze seiner psychosomatischen Medizin nicht mehr wesentlich. Von daher scheint es gerechtfertigt, idealtypisch von »der« psychosomatischen Medizin Groddecks zu sprechen, die er während dieser Zeit in seiner Klinik und vor der Öffentlichkeit vertrat. Um sie soll es im folgenden gehen, um einige Aspekte ihrer Theorie und Praxis, die Groddeck selbst immer bewußt unsystematisch und bruchstückhaft beschrieben hat. Damit ist schon gesagt, daß es nicht das Ziel sein kann, aus Groddeck postum einen luziden Theoretiker und Systematiker der psychosomatischen Medizin zu machen. Dafür lehnte er selbst zu vehement jede Systembildung ab.

Doch auf der anderen Seite war Groddecks unsystematische spielerische Art keine individuelle Marotte, keine Eigenart, die man ohne weiteres goutieren oder als unwissenschaftlich ablehnen sollte. Denn sie entspricht dem Ansatz seiner psychosomatischen Medizin. In dieser Hinsicht kann man mit Freud sagen, daß Groddeck vergebens beteuere, mit der hohen Wissenschaft nichts im Sinne zu haben (Freud 1923, S. 251): Sein wissenschaftlicher Ansatz bestand gerade in der Auflösung eines jeden Theoriesystems zugunsten des spielerischen, phantasievollen Umgangs mit seinen Elementen. Groddeck dachte unsystematisch, doch das mit Methode. Seine Theorie entsprach dem Umgang mit seinen Patienten und ihren organischen wie psychischen Erkrankungen. Sie war gemäß der klinischen Praxis konzipiert: ebenso offen, ebenso flexibel, ebenso assoziativ, ebenso voll an Beobachtungen und an Beobachtungsfähigkeit. Ihre Grundlage war die von der Psychoanalyse übernommene Methode der freien Assoziation. Ihr Ideal war die kindliche Naivität, der Groddeck sich immer weiter anzunähern suchte. Natürlich bedurfte er einiger Begriffe, um sein Denken zu strukturieren, des »Es« etwa, des »Symbols«, doch hütete er sich, diese wiederum systematisch auszuarbeiten. Theoretische Überlegungen waren für ihn – abgesehen von ihrem ganz wesentlichen spielerischen Aspekt – nur akzeptabel, solange sie konkret blieben. »Für mich gibt es zwei Arten von Ansichten: solche, die man zum Vergnügen hat, Luxusansichten also, und solche, die man als Instrumente verwendet, Arbeitshypothesen.

Ob sie richtig oder falsch sind, ist für mich nebensächlich« (Groddeck 1923a, S. 147).

Diese Aussage ist für das Verständnis Groddecks äußerst wichtig. Mit ihr markierte er einen wissenschaftstheoretischen Ansatz der Humanwissenschaften, der das im Grunde vorneuzeitliche ontologische Substanzdenken verabschiedet, das in der naturwissenschaftlichen Medizin weithin gepflegt wird und das Groddeck vehement bekämpfte – als ob es in der Medizin »objektive« Fakten gäbe, Krankheiten, Diagnosen, Therapien, die unabhängig vom Subjekt des Patienten und seinem Verhältnis zum Arzt bestünden.

Das soll an Groddecks assoziativ dahingeworfener Unterscheidung von Arbeitshypothesen und Luxusansichten verdeutlicht werden. Groddeck liebte beides. Die Arbeitshypothesen waren praktisch orientiert, sie entwickelten ihre Wahrheit konkret, im Vollzug der praktischen ärztlichen Tätigkeit: Wahr ist, was Wirkung zeigt. Diese Arbeitshypothesen wurden gewonnen mit Hilfe der ärztlichen Erfahrung, der Empathie, der Assoziationskraft des Arztes. Das Wichtigste war, daß sie anregten, aber nicht festlegten, daß sie immer neu auf den Heilungsprozeß und auf die Entwicklung des Arzt-Patient-Verhältnisses bezogen wurden.

Unter Luxusansichten, jenen Ansichten, die man zum Vergnügen hat, verstand Groddeck alle Theoriebildung, die keine direkten praktischen Zwecke verfolgte. Auch diese Ebene liebte Groddeck, pflegte sie in seinen psychoanalytischen Reflexionen zur Kunst, Literatur und Sprache und in jenen zur psychosomatischen Theorie. Groddeck wandte sich immer gegen die Meinung, die Psychoanalyse sei eine primär medizinische Angelegenheit. Die ganze Welt, alle Schöpfungen des Es, waren ihm Gegenstand der psychoanalytischen Betrachtung, kulturelle Schöpfungen ebenso wie Erkrankungen. Doch zeigt sich hier ein wesentlicher Unterschied gegenüber dem Groddeck vor der psychoanalytischen Wende. Noch in ›Nasamecu‹ (1913), vor allem aber in ›Hin zu Gottnatur‹ (1909) erging Groddeck sich in naturphilosophischen Betrachtungen, die in der Nachfolge Goethes standen. Auf sie verzichtete er seit 1917 weitgehend.

Er widerstand, meinte er, nun bewußt der Verführung »zum Schwatzen über Weltseele, Pantheismus, Gottnatur.... Dazu habe ich keine Lust.... Weil ich mich durchaus nur mit dem Menschen, mit dem einzelnen Menschen beschäftige« (Groddeck 1923a, S. 235).

Auch die Luxusansichten, die theoretischen Betrachtungen, waren für ihn praxisbezogen. Denn sie erweiterten den Horizont, die Erkenntnisfähigkeit, die Assoziationskraft des Analytikers. Sie stellten das Korrektiv dar gegenüber der praktischen Ebene der Arbeitshypothesen. Diese neigten wie die Luxusansichten dazu, sich zu verabsolutieren und damit ihren Gegenstand zu verlieren. Luxusansichten und Arbeitshypothesen bedürften einander, um nicht einseitig absolut, »objektiv« zu erscheinen – abstrakt theoretisch oder blind praktisch. Deswegen vertrat Groddeck die Ansicht, theoretisches Denken müßte ein Vergnügen sein, spielerisch, phantasievoll. Theorien seien – das meinte er nicht abwertend, sondern in Anerkenntnis ihres konstruktiven Charakters – »Phantasiegebäude« (ebd., S. 137). Sein eigenes Denken entspricht dieser Beschreibung, Mannoni nannte es mit Recht »une théorie ... à travers le rire« (1979, S. 140). Doch meinte es Groddeck mit diesem spielerischen Denken durchaus ernst. Er hatte im Sinn den Ernst, mit dem die Kinder spielen.*

Nur ein solches vergnügliches Theoretisieren (ernsthaft, doch nur für den Moment sich absolut setzend) schien ihm eine befreiende, anregende, kritische, erweiternde Bedeutung gegenüber der Ebene der praktischen Arbeitshypothesen zu besitzen. So bedingten für Groddeck einerseits das Denken, die Theoriebildung, andererseits ihr Subjekt, etwa Groddeck, und drittens ihr Gegenstand, der Patient und seine Krankheit, einander gegenseitig. Sie bestanden nicht unabhängig voneinander scheinbar objektiv, sondern nur in ihrer gegenseitigen Beziehung: konkret. Dieses gegenseitige Beziehungsgeflecht von Patient/Krankheit, Arzt und Theoriebildung ist fundamental für das Verständnis Groddecks.

Ein Beispiel: Groddeck pflegte seine Kranken nach dem Zweck ihrer Erkrankung zu fragen. Oft löste dies eine Vielzahl von Einfällen bei den Kranken aus, oft ging damit eine Besserung der Krankheitssymptomatik einher. Groddeck hütete sich nun davor, aus diesem Erfolg zu schließen: Diese Krankheit ist bei diesem Kranken aus diesem Zweck heraus entstanden. Solche Aussagen wären ihm zu »objektiv« gewesen. Er stellte nicht wie Adler eine ontologische Theorie des Krankheitszweckes auf. »Ich weiß nicht, ob die Erkrankung einen Zweck hat, es ist mir auch gleichgültig« (Groddeck 1923a, S. 112). Denn die Krankheit hatte für ihn nicht einen immer schon bestehenden Zweck, den es zum Nutzen des Kranken aufzudecken galt. So als ob die Realität der Krankheit und ihre Interpretation unabhängig voneinander bestünden. Im Beziehungsgeflecht von Krankem, Krankheit und Arzt stellte die

* Groddeck wandte sich nicht prinzipiell gegen wissenschaftlich auftretendes Denken. Freuds Theoriebildung etwa anerkannte er als noch weit produktiver als seine eigenen Versuche, zumal auch Freud immer wieder deren hypothetischen Charakter betonte. Die theoretischen Auseinandersetzungen der Freudschen Schule der 20er Jahre aber erschienen ihm großenteils unsäglich monoton und unfruchtbar.

Frage nach dem Zweck der Krankheit das Medium dar, innerhalb dessen Bewegung in dieses Geflecht kam, eine Bewegung, die alle drei betraf: den Kranken, die Krankheit, den Arzt.

So konnte Groddeck sagen, daß nicht der Arzt den Kranken, sondern der Kranke den Arzt behandle. Und daß der Arzt, nehme er seine Aufgabe wahr, »auf irgendeine Weise das Es des Kranken in Bewegung setzt« (ebd. S. 112), was wiederum seine Auswirkungen auf die starren Verhältnisse der Erkrankung haben könne.

Dies sind die zwei Grundlagen zum Verständnis Groddecks: Praxis und Theorie sind bei ihm innigst miteinander verwoben. Das ist das erste. Sie konkretisieren und relativieren einander, vor allen Dingen regen sie einander an, bringen scheinbar Objektives (wie die Krankheit) in Bewegung. Man geht an Groddeck vorbei, wenn man seine oft so pointierten Gedanken, Einfälle, Interpretationen für sich nimmt, sie nicht als Anregung, als phantasievolles Spiel versteht. Groddeck ging es weniger um bestimmte Inhalte, um »richtige« Aussagen und Theorien, die er zu vermitteln suchte. »Sie müssen es mit Nachsicht lesen, beileibe nicht kritisch«, meinte er zu der Freundin des ›Buch vom Es‹. »Im Gegenteil, Sie sollten sich hinsetzen und noch ein Dutzend oder drei Dutzend solcher Phantasiegebäude sich selbst zurechtbauen. Was ich gab, war nur ein Beispiel, ein Erfinden übermütiger Laune. Achten Sie nicht auf die Form, auch nicht auf den Gedanken. Mir kommt es auf die Denkweise an« (Groddeck 1923a, S. 137). Einer Patientin, die Groddeck einige sehr ernsthafte Überlegungen zu ihrem »Frühlingsausschlag« übersandte, schrieb er: »Wohlauf zum fröhlichen Spielen, Fräulein M.! Fort mit dem Ernst!« (Groddeck 1926q, S. 10), bevor er seine eigenen Einfälle und Interpretationen zum besten gab.

Zum zweiten: Weder die Krankheit, noch der Kranke, noch der Arzt waren für Groddeck feste, unverrückbare Größen. Sie standen in Beziehung zueinander und beeinflußten sich gegenseitig. Der Arzt, sein Patient und die Krankheit verhielten sich nicht wie Subjekt und Objekt zueinander, wie Aktives zu Passivem. Diese Einsicht hatte Groddeck durch die Anregung Ernst Schweningers entwickelt. »Eine Wunde kann genäht werden, sie wird aber nicht geheilt, sondern sie heilt. Die Wunde selbst ist der heilende Arzt, die lebendige Wunde. Die tote Wunde kann genäht werden, aber sie heilt nicht. Diese Tatsache, daß nicht der Arzt Krankheiten heilt – denn was von der Wunde gilt, gilt von allen Krankheiten – ..., kann nicht oft genug betont werden« (Groddeck 1925h, S. 8).

Groddecks klinische Erfahrungen und seine Auseinandersetzung mit der Psychoanalyse trieben ihn noch über diese Einsicht hinaus. »Aber selbst wenn man weiß, daß man als Arzt nicht heilt, sondern behandelt, ist noch nicht viel erreicht, man muß noch durch viele Irrtümer hindurch. In der allgemeinen Geschichte der ärztlichen Kunst genau so wie in der Geschichte des einzelnen Arztes geht es denselben unvermeidlichen Gang. Zunächst glaubt ein jeder, der Gegenstand der ärztlichen Behandlung seien die Krankheiten. In dieser Zeit behandelt man Masern, Lungenentzündung, Krebs, Knochenbruch. Dann schreitet man weiter und beginnt Menschen zu behandeln, individuell zu behandeln: Einen kranken Arbeiter, einen kranken Gelehrten, ein Kind, eine Frau, einen Mann, einen Schulze, einen Müller. Das ist eine schöne Zeit. Man glaubt, der Wahrheit nahe zu sein. Eines Tages aber erkennt man: Nein, auch den Kranken behandelst du nicht, sondern etwas Unfaßbares, Unbekanntes, Unerkennbares, ein X., ein Es. Wer so weit ist, den durchströmt neue Jugend, eine neue Welt tut sich vor ihm auf, bis auch diese Idee zusammenbricht. Und dann bleibt nur noch eins übrig: man gibt den Gedanken auf, Behandler zu sein, man erkennt, daß man selbst Gegenstand der Behandlung ist, daß das Es des Kranken und das Es des Arztes sich zu einer gemeinsamen Tätigkeit verbinden.« (ebd., S. 8).

Dies ist der Ausgangspunkt von Groddecks psychosomatischer Medizin. Einige Aspekte sollen im weiteren besprochen werden, einige andere sind in dem biographischen Abschnitt zur Sprache gekommen.

Krankheit und Heilung

Groddecks Patienten litten, dies war ein Erbe Schweningers, vorwiegend an chronischen Krankheiten, bei denen andere Therapieversuche längst versagt hatten, an allen nur möglichen Erkrankungen psychischer wie organischer Art, von schlecht heilenden chirurgischen Erkrankungen über chronische Entzündungen unspezifischer und spezifischer Genese (letztere boten damals, vor den Zeiten der Chemotherapie, große therapeutische Probleme), über Erkrankungen der Haut, der Augen, der Geschlechtsorgane, der ableitenden Harnwege, des Nervensystems usw. bis hin zu chronischen internistischen Problemfällen und schweren neurotischen Störungen. Groddeck verstand sich als Allgemeinarzt, als Praktiker, für den es nichts gab, mit dem er sich nicht auseinandersetzte. Zur Hand hatte er meist die langen Akten der vorbehandelnden Ärzte mit der Beschreibung ihrer diagnostischen und therapeutischen Bemühungen; wenn nötig, arbeitete er selbst auch mit den einschlägigen Fachärzten zusammen.

Bei theoretischen Erwägungen über die Krankheiten seiner Patienten hielt Groddeck sich nicht lange auf. »... über die Entstehung der Krankheiten ... darüber weiß ich nichts. Und über die Heilung ... weiß ich erst recht nichts« (Groddeck 1923a, S. 255f.).* Groddeck verstand sich als Arzt, der es mit der Behandlung von Kranken zu tun hatte, darüber wußte er viel zu sagen. Theorien über Genese und Verlauf der Erkrankungen waren für ihn nur dann produktiv, wenn sie unangemessene Vorstellungen korrigierten, die das Verständnis und die Behandlung der Kranken in seinen Augen behinderten.

So wandte Groddeck sich vehement gegen die Vorstellung, daß Krankheit und Gesundheit wesenhaft verschieden voneinander seien, daß die Krankheit den an sich gesunden Menschen von außen überkomme und deshalb diagnostiziert und therapiert werden müsse, ohne daß Patient und Arzt wesentlich davon berührt würden. »Krankheit ist eine Lebensäußerung des menschlichen Organismus, ... eine Schöpfung des Kranken« (ebd., S. 246). Sie ist nichts Abnormes, sondern etwas, was durch das Wesen dieses einen Menschen, der krank ist und von dem Arzt behandelt werden will, bedingt ist. Krankheit ist nur insofern etwas anderes gegenüber der Gesundheit, als sie für den Schöpfer selbst oder seine Umgebung unbequem wird, so unbequem, so leidvoll, daß der Erkrankte sich an einen Arzt um Hilfe wendet. Krank ist nur, »wer in seiner Leistungsfähigkeit geschädigt ist und sich für krank hält« (Groddeck 1913, S. 27). Objektiv gesehen, ist jeder Mensch immer beides zugleich, gesund und krank. Nur schiebt sich einmal der subjektive Zustand des Gesundseins, ein andermal jener der Krankheit in den Vordergrund.

Krankheit ist dann kein passives Erleiden, sie ist immer und in jedem Fall ein sinnvolles Geschehen, an dem der Erkrankte ursächlich beteiligt ist. Der Sprachgebrauch sagt es: Ich erkälte mich, im Englischen noch deutlicher: He catches a cold, und französisch: Il prend froid. Ich stecke mich an, ich verderbe mir den Magen, ich breche mir den Knochen, ich verrenke mir die Schulter, ich ziehe mir Verletzungen zu (Groddeck 1933c, S. 331f.) – Groddeck sah den Krankheitswillen bei allen Erkrankungen, psychischen wie organischen, am Werk. Er ging in jedem Fall davon aus, daß der Mensch sich selbst, bewußt oder unbewußt, absicht-

* Bei der apodiktischen Art vieler Äußerungen Groddecks sollte man nicht vergessen, daß er oft schon wenige Zeilen später das schiere Gegenteil davon ebenso apodiktisch behaupten konnte. Vollständige und ausgewogene Argumente waren nicht seine Sache.

Georg Groddeck mit Hermann Graf Keyserling und dessen Frau am 26. März 1933

lich krank macht und dabei die pathogenetischen Faktoren als Hilfsmittel zum Krankwerden benutzt.

Dabei ging es ihm nicht darum, neben diesem subjektiven Faktor alle anderen Krankheitsursachen zu leugnen oder zu vernachlässigen; das hatte er schon 1917 klargestellt. Und er wollte sich auch nicht darum streiten, ob diese seine Ansicht richtig sei. Darauf kam es nicht an. Der einzig wichtige Aspekt war ihm, ob sie in der ärztlichen Tätigkeit verwendet werden konnte und sollte. Unter dieser praktischen Perspektive, und nur so, war für Groddeck die Frage nach der Krankheitsdisposition sinnvoll zu stellen. Wenn man davon ausgeht, meinte er, »daß der Mensch ›sich‹ erkältet, ...stellt sich das Rätsel, warum der eine Mensch beim Kaltwerden krank wird, der andre bei gleichen äußern Bedingungen nicht, ... ganz anders dar, als es gewöhnlich aufgefaßt wird. Es wird praktisch leichter lösbar« (ebd., S. 332).

Wie stellte Groddeck sich die Entstehung von Krankheiten vor, zumindest jene Aspekte daran, die ihm für die Behandlung bedeutsam erschienen? Zunächst ist ein Moment wichtig, das daraus folgt, daß Groddeck Krankheit und Gesundheit nicht als grundsätzlich verschieden voneinander ansah. Im Kranken selbst sind Krankheit und Gesundheit repräsentiert, stehen sich als Krankheitswille und Gesundungswille gegenüber, mehr noch, sie stehen im Kampf miteinander. Groddeck sprach von der Ambivalenz, die im Kranken zum Tragen komme, von der Ambivalenz einerseits seiner Tendenz zur Genesung, andererseits seiner Tendenz zum Kranksein.

»Es ist ... ein Irrtum anzunehmen, daß der Kranke zum Arzt kommt, um sich helfen zu lassen. Nur ein Teil seines Es ist willig zur Gesundheit, ein andrer aber will krank bleiben und lauert während der ganzen Zeit auf eine Gelegenheit, um sich vom Arzte schädigen zu lassen« (Groddeck 1923a, S. 259). Zur Aufgabe des Arztes wird es dann, sich mit dem Genesungswillen zu verbünden und dessen Gewicht zu stärken, in den Dienst des Genesungswillens zu treten. Voraussetzung dafür ist wiederum eine große Sensibilität der Arztes für die im wesentlichen unbewußten Vorgänge im Patienten, aufgrund derer Krankheit oder Gesundheit sich in den Vordergrund schieben und die sich in Übertragung und Widerstand manifestieren.

Groddeck ging davon aus, daß fast alle Krankheiten in ihrer Entstehung mit Konflikten assoziiert waren. Gelegentlich sprach er von dem Konflikt zweier widerstreitender Triebrichtungen im Organismus des Patienten; meist, meinte er, sei ein Konflikt zwischen Trieb und Versagung zu erkennen. Die weiblichen Menstruationsbeschwerden etwa, das beobachtete er häufig bei seinen Patientinnen, hingen zusammen mit dem während der Menstruation höchst angeregten Sexualtrieb der Frau und dem zugleich strengsten kulturellen Verbot jeder Sexualbetätigung während dieser Zeit. Symptombedingend wäre dann der Konflikt zwischen Trieb und Moral (Groddeck 1929c, S. 183). Die Sexualtriebe und ihre kulturelle Ausformung waren, das zeigte sich Groddeck bei jeder Behandlung neu, die hauptsächlichen Quellen, aus denen sich die Erkrankungen nährten.

Oft waren es äußere Faktoren, die sich dem Triebleben auferlegten, die »Zeitsittlichkeit« etwa, der »Teufel der Heuchelei«, die den Frauen ein Großteil ihrer Geschlechtlichkeit versagten (Groddeck 1917a, S. 15f.). Oft waren es unbewußt gewordene Zwänge, die sich, der Erziehung entstammend, einengend auf das Spiel des

Es auswirkten. Bei vielen Patienten also beobachtete Groddeck den direkten Konflikt zwischen einer undifferenzierten psychosomatischen Instanz, dem Es, und der Umwelt, bei anderen einen intraindividuellen Konflikt zwischen Triebwunsch und Ich-Abwehr (um eine Terminologie zu verwenden, deren Gebrauch Groddeck vermied), Verdrängungen also, die Ergebnis des Erziehungsprozesses waren. »Sie wissen, Erziehung beseitigt nichts, sie verdrängt nur« (Groddeck 1923 a, S. 231). In solchen Fällen drängten sich oft Schuldbewußtsein und Strafbedürfnis als Wurzeln der Erkrankung in den Vordergrund.

Groddeck betonte wie Freud die Bedeutung der kindlichen Sexualentwicklung, doch stand für ihn nicht die ödipale Problematik im Vordergrund, sondern die präödipale Entwicklung. Das Kind mit seiner polymorph-perversen Sexualität war sein Ideal. Das Kind bis zur Altersgrenze des dritten Lebensjahres; das Kind, dem noch, und das war Groddeck das Wichtigste, »das Wort und wohl auch der Begriff ›Ich‹ fehlt« (1933 a, S. 104), das sich also ganz dem Spiel seines Es hingeben konnte; das Kind, das irrational ist und deshalb jenseits von Gut und Böse, immoral und deshalb keinem Sittengesetz, keinem Schuldgefühl unterworfen, unpersönlich, das heißt frei vom Ich und dessen einschränkenden regulierenden Funktionen (ebd., S. 107). Kind sein heißt: freie Hingabe an das Spiel der polymorph-perversen Weltauffassung, heißt Herrschaft der Phantasie, nicht des Realitätsprinzips.

Mit der ödipalen Situation schiebt sich das Ich in den Vordergrund, die Realitätsbewältigung, der Vater, während vorher die mütterliche Zuwendung vorgeherrscht hatte. Doch war Groddeck nicht der Meinung, mit dem Erwachsen-Werden trete die genitale Sexualität ganz in den Vordergrund. Nicht nur die Bisexualität des Menschen, so Groddeck, begleite sein ganzes Leben, seine gesamte polymorph-perverse Veranlagung sei lebenslang hintergründig am Werk, sei die eigentliche sexuelle Basis seines Lebens, dafür gäbe es überwältigende klinische Hinweise; das Primat der Genitalität sei nichts als eine kulturell geforderte Episode im Leben des Menschen (zu diesen hochinteressanten Beobachtungen Groddecks und ihrer Bedeutung für die Theorie der weiblichen und männlichen Sexualität vgl. Lewinter 1974, S. 38–46).

Konflikte, letztendlich auch Krankheiten, könnten nun sowohl aus ungelösten Problemen der präödipalen Phase, also der Mutterbeziehung, entspringen, als auch, und das sei sehr viel häufiger, aus Konflikten zwischen Trieb und Kultur, zwischen Es und Ich. Beide könnten am besten durch ein Zurückgehen in die präödipale Situation angegangen werden, was für die Therapie heißt: Herstellen einer Mutterübertragung, und für den Patienten: Lockerung der kulturellen Forderungen, Befreiung der Phantasie. »Das Ziel und Ende des Menschen ist für mich ... immer und unter allen Umständen das Wiederkindwerden« (Groddeck 1933 a, S. 104). Dies war für Groddeck auch Weg und Ziel der Therapie.

Krankheit heißt Verdrängen; Verdrängen ist der hauptsächliche Weg, auf dem ein unerträglicher Konflikt zwischen Ich und Es bewältigt wird. Dadurch aber wird gerade das freie Spiel der Assoziationen, die Phantasie, das kindliche Moment am Kranken, eingeschränkt. » ... denn Phantasieren ist ja eben Nicht-Verdrängen.

Verdrängung entsteht erst aus dem elenden Kompromiß, der die Phantasie in die Wirklichkeit umsetzen will und zu diesem Zweck den Herzschlag der Phantasie real regelt. Realitätsprinzip nennt man's« (Groddeck 1927j, S. 16f.).

Für Groddeck war Verdrängen kein von vornherein pathogener Vorgang, es war ein alltägliches Phänomen. So betonte er etwa, daß jede Sinneswahrnehmung nur bestimmtes wahrnimmt, anderes aber nicht wahrnimmt, d.h. (wie sich bei näherer Untersuchung herausstellt) verdrängt. Groddeck liebte ein Experiment, in dem er eine Versuchsperson einen Moment lang ein Bild anschauen und es dann aus der Erinnerung beschreiben ließ, um dann das dabei Übersehene analytisch zu untersuchen. Immer stellte sich heraus, daß die nicht wahrgenommenen (bzw. vergessenen) Bildelemente mit konfliktträchtigen Komplexen zusammenhingen, daß sie also tatsächlich verdrängt worden waren, um die mit ihnen assoziierten Konflikte zu neutralisieren (Groddeck 1932b, S. 265f.). Groddeck war der Meinung, »daß das Verdrängen die hauptsächliche Beschäftigung des Lebens ist.... Es geschieht in jeder Minute des Lebens.... Sie können kein Zimmer betreten, ... keinen Buchstaben lesen, kein Gesicht ansehen, kein Gespräch anhören, ohne fortwährend zu verdrängen, ohne Erinnerungen, Phantasien, Symbole, Affekte, Haß, Liebe, Verachtung, Scham und Rührung fortzuschieben« (1923a, S. 173). Jedes Verdrängen hatte für Groddeck kulturschaffende Kraft; die gesamte Kultur entsprang dem Spiel verdrängter Triebregungen und ihrer schöpferischen, symbolischen Umgestaltung: Die menschliche Welt ist die Reflexion der verdrängten Triebwelt im Leben der Symbole.

Damit entspricht die Erkrankung strukturell der Kulturarbeit: »Das Verbot kann wohl den Wunsch verdrängen, aus seiner Richtung drängen, aber es tötet ihn nicht. Es zwingt nur, anderswie Erfüllung zu suchen« (ebd., S. 110). In vielen Erkrankungen erscheint der verdrängte Wunsch wieder, in psychischen Erkrankungen ebenso wie in organischen; in diesen jedoch nicht im Sinne einer einfachen Konversion psychischen Materials ins Körperliche. Groddecks Beobachtung ist hier von Bedeutung, daß jeder Verdrängungsvorgang von vornherein auch ein körperlicher Akt ist (hier setzte Groddeck mit seiner analytischen Massage an, hier ähnelten seine Ansichten den Erkenntnissen Wilhelm Reichs, gingen aber über dessen Beschränkung auf das muskuläre System weit hinaus). Vor allem die Muskulatur der oberen Bauchpartie sei immer beteiligt (das sah auch Reich), das Herz-Kreislaufsystem, der Sympathikus, damit dann vielfältige mechanische und chemische Prozesse, die wiederum auf allerlei Organe übergriffen... Der gesamte Organismus leiste die Verdrängungsarbeit (ebd., S. 136f.).

So erklärte Groddeck seine Beobachtung, daß verdrängtes Material sowohl in psychischen Symptomen wie auch in allen Bereichen funktioneller und organischer Symptomatik wiederkehren konnte.

Das körperliche Symptom konnte ohne weiteren symbolischen Gehalt die direkte *Abwehr* einer unerträglichen Wahrnehmung oder Vorstellung gewährleisten; als Beispiel führte Groddeck verschiedene Augenerkrankungen an, Fälle von Kurzsichtigkeit oder Erblindung; auch die mannigfache Entstellung des Körpers in der Pubertät, die eine Maßnahme des Es darstelle, das jede sexuelle Annäherung verhindern und alle Versuchungen fernhalten wolle (1917a, S. 9f. und 16). Andererseits konnte ein Symptom auch einfach auf unmittelbare Weise der symbolisch-körperliche *Ausdruck* einer überstarken unbewußten Erregung sein, deren Abfuhr verwehrt war. Hier führte Groddeck das Fieber an, das sich oftmals als Darstellung, als Ausdruck übermäßiger innerer Hitze und Leidenschaft entpuppte (ebd., S. 18). Meist aber stellten die Krankheitssymptome zugleich die Abwehr *und* den Ausdruck des verdrängten Wunsches dar, Wunschverdrängung und zugleich symbolische Wunscherfüllung. Dann habe die Erkrankung einen doppelten »Zweck, sie soll den Konflikt lösen, verdrängen oder das Verdrängte am Bewußtwerden verhindern ... Die Erkrankung ist aber auch ein Symbol, eine Darstellung eines inneren Vorganges, ein Theaterspiel des Es« (1923a, S. 114).

So schützt die Erkrankung vor unerträglichen Vorstellungen und stellt sie zugleich dar. Oft kann sie schon damit ohne weitere Therapie zur Lösung der verdrängten Komplexe, zur Gesundung, führen. Etwa wenn die Regressionstendenz im Vordergrund stand und wenn ihr nachgegeben wurde: klein zu sein, eine Mutter zu haben, schuldlos zu sein, in vorgeburtlicher Bewußtlosigkeit zu leben. Schmerz, fiebrige Bewußtseinstrübungen bis hin zu Ohnmachten erscheinen so als sinnvolle Anästhesierung des Ich, in der Triebkonflikt und Schuldgefühl nicht mehr empfunden werden (1925e, S. 343). Oder wenn der durch die Erkrankung bewirkte Rückzug vor der »kränkenden Außenwelt«, genauer: vor den »wohlbestimmbaren unerträglichen Erscheinungen«, diese tatsächlich um ihre Wirkung brachten (1917a, S. 13).

Oftmals beobachtete Groddeck einen Zusammenhang zwischen dem Gewicht des verdrängten Materials und der Schwere der Erkrankung. »Je schwerer der innere Konflikt der Menschen ist, um so schwerer sind die Erkrankungen, die ja symbolisch den Konflikt darstellen, und umgekehrt, je schwerer die Erkrankungen, um so heftiger ist die Begierde und der Widerstand gegen die Begierde« (1923a, S. 114). Mit der Schwere der Erkrankung, mit der Art der verdrängten Komplexe und ihrer Weitläufigkeit und Vielgestaltigkeit (meist stammten sie aus der Kindheit, waren mit sexuellem Material assoziiert), mit dem Gelingen oder Mißlingen der Verdrängung, damit und mit unzähligen anderen Faktoren, die für Groddeck nur im konkreten Fall einer bestimmten Behandlung wichtig wurden, hing die Möglichkeit der Genesung zusammen, der Selbstheilung, der Heilung mit Hilfe eines Arztes, der Chronifizierung der Krankheit und schließlich des Todes.

Was die Heilung anging, so war sie für Groddeck ein ebenso schöpferisches, vom Es des Kranken ausgehendes Geschehen wie die Erkrankung selbst. Das Unbewußte trug in sich selbst die Kraft der Genesung. Kam es im Rahmen seiner Anstrengung nicht zur Heilung, dann waren irgendwelche Hindernisse da, die die unbewußten Kräfte lähmten. Die immerwährende Bewegung des schöpferischen Es war in dem erkrankten Element erstarrt, in dem verdrängten Komplex zum Stillstand gekommen. Um seine unbewußten Kräfte zu mobilisieren, wurde therapeutische Arbeit an diesen Hindernissen nötig. Es galt, das Es in seiner Tätigkeit anzuregen und die Hindernisse zu verkleinern.

Oft waren diese Hindernisse vorwiegend organischer Art, dann war primär chirurgische, physikalische oder chemische Behandlung angezeigt. Oft bestanden sie (und da nahm Groddeck lerntheoretische Erkenntnisse vorweg) in erlernten unangemessenen Verhaltensmustern; das Es habe sich dann »zu sehr an die vertrauten Verhältnisse gewöhnt« oder sei mit den »ihm eigentümlichen Gaben durch Erziehung zu einer falschen Technik gebracht worden« (1917a, S. 30). Dann seien Suggestion, Überredung, auch bewußte Einsicht am Platze. Das Bewußtsein und das Es des Patienten sollten einsehen lernen, daß das Krankheitssymptom von vornherein unnötig oder inzwischen überflüssig geworden war (1923a, S. 30). Oft aber waren so schwere verdrängte Komplexe, d.h. so schwere Verbote, die auf dem Es lasteten, am Werk, daß sie am besten psychoanalytisch angegangen werden könnten. Dabei war Groddeck immer der Meinung, daß alle Therapieverfahren, auch das psychoanalytische, bei allen Arten von Erkrankungen, organischen wie psychischen, angewandt werden könnten und sollten – so massierte Groddeck den Zwangsneurotiker, um »organische« Komponenten seiner Verdrängungen ans Licht zu bringen, und er analysierte Patienten mit schlecht heilenden Knochenbrüchen, um »psychische« Hemmnisse der Genesung zu bearbeiten. Die psychoanalytische Methode war für ihn ein immer anwendbares Verfahren, das den Vorteil hatte, sich direkt mit dem Es und den unbewußten Widerständen gegen die Heilung zu beschäftigen.

Heilung hing für Groddeck immer mit einer »Bewegung im Unbewußten« (1923a, S. 139) zusammen, mit der Auflockerung erstarrter Verhältnisse, mit der Anregung der schöpferischen phantasievollen Tätigkeit des Es. Diese Bewegung sah Groddeck als einen, wie jede Tätigkeit des Es, ganzheitlichen Vorgang an, der zugleich psychisch und organisch organisiert war.* Oft wurde die »Bewegung im Unbewußten« bewirkt durch das Bewußtwerden verdrängten Materials. Die verdrängten Konflikte lockerten sich, wenn es gelang, die zu ihnen führenden Verurteilungen, starren Vorstellungen, rigiden Einschränkungen der Triebwünsche zu erleichtern, unter denen der Kranke litt. Er sollte lernen, wieder frei und immoral zu werden, wie er es als kleines Kind gewesen war. Denn die Realitäts- und Ich-gerechte Einschränkung der Es-Tätigkeit hatte ja gerade zur Erkrankung geführt. Richtet nicht! Dies war der fundamentale Wahlspruch Groddecks, den er auch seinen Patienten nahezubringen suchte. Richtet nicht, weder über andere noch über Euch selbst!

Dabei wußte Groddeck, daß seine Patienten, so frei sie auch immer werden mochten, allemal wohlanständige Bürger bleiben würden. »Wenn ich den Leuten sage – und ich tue das –: ›Sie müssen so werden, daß Sie sich unbedenklich am hellen Mittage auf einer belebten Straße hinkauern, die Hose abknöpfen und einen Haufen hinsetzen können‹, so liegt der Ton auf dem Worte ›können‹. Daß der Kranke es niemals tun wird, dafür sorgen Polizei und Sitte und seine seit Jahrhunderten ihm anerzogene Angst« (1923a, S. 148).

Auch bei der Diskussion bestimmter Heilfaktoren zeigte sich Groddeck praktisch orientiert. »Meine 20jährige psychoanalytische Tätigkeit hat mich ... gelehrt, daß das Bewußtwerden verdrängten Materials wohl oft Heilwirkungen hat, daß aber ebensooft solche Heilwirkungen trotz des Bewußtwerdens ausbleiben, wie denn andererseits massenhaft Heilungen vorkommen, ohne daß auch nur der geringste Versuch gemacht worden ist, das Unbewußte und Verdrängte zum Gegenstand der Behandlung zu machen« (1928a, S. 137). Wichtiger als die Diskussion des Heilfaktors »Bewußtwerden« war für Groddeck die praktische Frage, ob der

* Eugene T. Gendlin hat in den letzten Jahren mit dem ›Focusing‹ (dt. Salzburg 1981) eine psychotherapeutische Methode entwickelt, welche ihre Bemühungen genau auf diese Bewegung im Unbewußten fokussiert, die den psychosomatischen Kern eines jeden Heilungsvorgangs ausmacht. Im Focusing wird ein psychisch imponierender Komplex (eine konkrete Schwierigkeit, Angst, Hemmung o. ä.) durch freie Körperassoziationen somatisch lokalisiert, er erscheint als psychosomatisches Phänomen, für das dann, ebenfalls auf assoziativem Weg, eine komplexe psychische Symbolisierung gesucht wird, ein Ausdruck, eine bildliche Vorstellung o. ä. Dieses Symbol stellt sich wie ein Aha-Erlebnis ein, begleitet von einer starken körperlichen Erleichterung, einem psychisch-physischen Aufatmen. Der Komplex erscheint gelöst, er steht nun einer weiteren Bearbeitung offen.

Focusing stellt eine psychosomatische Erkrankung und Heilung im Kleinen dar, quasi experimentell erzeugt. Seine Bedeutung für die psychosomatische Theorie ist offensichtlich, für die psychosomatische Praxis noch kaum erprobt.

Patient dieses Element der psychoanalytischen Behandlung tatsächlich für den Heilungsprozeß einsetzte oder ob er es zum Widerstand benützte. Psychoanalytische Behandlung war für Groddeck Widerstandsbehandlung, Beschäftigung mit dem Es des Patienten anhand der immer wieder auftauchenden Widerstände gegen die Heilung, die sich in der Übertragungssituation manifestierten. Diese hingen nicht nur mit psychischen Komplexen zusammen; die Lebensgeschichte des Patienten drückte sich auch in körperlichen Verhärtungen, in organischen Widerständen aus, mit denen Groddeck sich gerade in seiner analytischen Massage intensiv beschäftigte (vgl. dazu auch die voranalytischen Arbeiten Groddecks zwischen 1899 und 1908).

»Das Leben des Menschen bringt im Laufe der Zeit bei jedem Funktionsstörungen und anatomische Veränderungen hervor, die in gesunden Tagen wenig zu bedeuten haben ... Schon das einfache Aufdecken dieser überall vorhandenen Schäden hat eine kaum zu überschätzende Wirkung auf den bewußten und unbewußten Genesungswillen des Kranken und damit auf die Entwicklung der unbekannten Heilkräfte, des ewigen und unlösbaren X der Medizin« (1931 a, S. 53). Erkrankung und Heilung waren für Groddeck Vorgänge, die sich gleichermaßen psychisch wie organisch manifestierten. Womit der Arzt sich vorwiegend auseinandersetzte, war eine Zweckmäßigkeitsfrage für ihn, die sich daran entschied, auf welchem Weg das Es des Kranken am ehesten ansprechbar erschien. Die psychoanalytische Methode, das Arbeiten mit Übertragung und Widerstand, ließ sich auf allen Ebenen anwenden.

Das Es

Der Begriff des Es

Das »Es« ist der Begriff, mit dem Groddeck in die Geschichte der psychoanalytischen Theoriebildung einging; nicht zuletzt, weil Freud ihn 1923 im Rahmen seiner Strukturtheorie übernahm – auf eine Weise, mit der Groddeck ganz und gar nicht einverstanden war, da sein Es viel größer und umfassender, vor allem viel somatischer gedacht war als Freuds Konzept des Es als psychischer Instanz neben denen von Ich und Über-Ich.

Für Groddecks psychosomatische Medizin nach der psychoanalytischen Wende war das Es der oberste Begriff; doch nicht im Rahmen abstrakten Denkens. Bis zu ›Nasamecu‹ (1913) hatte

Groddeck sich gerne in naturphilosophischen Betrachtungen ergangen, die durch Goethe, den Goethe der Spinozazeit, beeinflußt waren (vgl. Roeder von Diersburg 1961). Später aber, nach 1917, sprach er despektierlich von seinem damaligen »Schwatzen über Weltseele, Pantheismus, Gottnatur« (1923a, S. 235). Darauf verzichtete er nun weitgehend, an die Stelle von »Gottnatur« trat der Begriff des Es. Natürlich waren auch mit dem Es noch pantheistische, vitalistische Vorstellungen verbunden. Doch gaben sie nur noch den Hintergrund seines Denkens ab, Groddeck hütete sich davor, sie auszuführen: »Hier möchte ich nur feststellen, daß der Begriff ›Es‹ von mir mit der Absicht eingeführt worden ist, die Lebensverhältnisse des Menschen meinem Verständnisse näher zu bringen, daß ich aber weit davon entfernt bin zu glauben, daß darin eine Weltanschauung enthalten sei. Es handelt sich um ein Instrument des Forschens und Erkennenwollens ...«*

Groddeck betonte es immer wieder: Das Es ist eine Arbeitshypothese, die er zum Zweck ärztlicher Arbeit aufgestellt habe, eine Fiktion von außerordentlichem praktischen Wert. Von dem Es im allgemeinen – und das war Groddecks neuer Ausgangspunkt – ließe sich nicht sprechen, wie er es noch von Gottnatur getan habe (1920d, S. 47). Es sei ein nur in praktischer Absicht sinnvoller und verwendbarer Begriff. Als solchen hat Groddeck ihn eingeführt; er sollte vollkommen offen und unbestimmt sein und in nichts die praktische Arbeit und Beobachtungsfähigkeit einschränken. Das Es ist »das Unbestimmteste, was ich finden konnte« (Groddeck 1926d).

Groddeck wollte mit dem Es die bestimmende und die Wahrnehmung einengende Funktion wissenschaftlicher Terminologien unterlaufen, die er auch an der neurosenorientierten und für organische Erkrankungen kaum passenden psychoanalytischen Terminologie kritisierte – und an Freuds Übernahme des Es im Rahmen seiner Strukturtheorie. Groddeck nahm dem Es jeden substanzhaften ontologischen Status, der Begriff lebte von seiner praktischen Bestimmung: die Einheit des Individuums durchzuführen und alle psychisch-physischen Dualismen von vornherein zu vermeiden. Damit schuf Groddeck tatsächlich den Grundbegriff seiner psychosomatischen Medizin, der aber gerade kein Begriff in dem Sinn sein sollte, daß er etwas Gegebenes fassen, begreifen sollte. Groddeck sah es als größte Gefahr einer psychosomatischen Begriffsbildung an, die praktische Einheit von Leib, Seele und Geist, mit der es die ärztliche Arbeit zu tun hatte, durch unangemessene Begriffe und Theorien künstlich, wie er meinte, auseinan-

* Die Arche 2 (1926–27), Nr. 1, S. 6.

derzureißen. Das Es sollte als Begriff leer sein, um als Arbeitsinstrument die Fülle des psychosomatischen Lebens zu erschließen.

Groddeck ging, wie früher mit Gottnatur, zunächst aus von einem überindividuellen allgemeinen Es, das er gelegentlich (mit Paracelsus) als Makrokosmos dem Mikrokosmos des Individuums gegenüberstellte. Doch bestimmte er es nie positiv. Für den praktischen Gebrauch war nur die Annahme nötig, »daß jeder Mensch ein eigenes Es ist, mit bestimmten Grenzen und mit Anfang und Ende« (1923 a, S. 235). Dieses individuelle Es war Gegenstand der ärztlichen Praxis und Forschung.

»Irgendwo muß man eine Grenze setzen, den einzelnen Menschen beginnen lassen, und diesen Beginn setze ich für meine praktisch-wissenschaftlichen Bedürfnisse an die Stelle, wo Ei und Samenfaden sich vereinigen. Der Beginn des Menschen, meines wissenschaftlichen Objekts, ist die Befruchtung. Und das, was da entsteht, nenne ich das Es des Menschen« (Groddeck 1951, S. 483); der Zeitpunkt, an dem das individuelle Es verging, war für Groddeck der Tod. Von diesem individuellen Es, einem praktischen Begriff, und von nichts anderem, ist in Groddecks Lehre vom Es die Rede. Darauf bezieht sich auch alles Folgende.

Groddeck bestimmte das Es als die Lebenskraft des individuellen Organismus. »Der Satz: ›Ich lebe‹ ist nur bedingt richtig, er drückt ein kleines Teilphänomen von der Grundwahrheit aus: ›Der Mensch wird vom Es gelebt‹« (1923 a, S. 27).* Es waren die Beobachtungen an seinen Patienten und bei sich selbst, die Groddeck von der Ohnmacht des Bewußtseins überzeugten; mächtigere Kräfte waren offensichtlich am Werk, unbewußte Kräfte, organische Zusammenhänge, Kräfte, denen Groddeck sich dadurch nähern und öffnen wollte (hatte er doch ihre Bedeutung für die Therapie erkannt), daß er sie zunächst ganz allgemein und unbestimmt faßte: im Es. Für Groddeck waren »alle Lebensäußerungen des Menschen ... verschiedene Erscheinungsformen, in denen sich das Es darstellt« (1922 b, S. 491). Seele und Leib, Organe, Gewebe und Zellen waren, wie Gesundheit und Krankheit, Schöpfungen des Es. Groddecks Es besaß damit wie Ferenczis Bios die autoplastische Kraft der Formgebung für den gesamten Organismus, es umfaßte darüber hinaus auch die heteroplastische Kraft der Kulturarbeit, des schöpferischen und realitätsbezogenen Umgangs mit der Außenwelt.

Für Groddeck war das Es die allgemeine Lebenskraft des Organismus, Inbegriff der psychisch-somatischen Energie (wobei er

* Die Formel des autogenen Trainings »Es atmet mich«, »Es atmet in mir«, die J. H. Schultz in den 20er Jahren fand, entspricht Groddecks Vorstellung von der Kraft organischer Autoregulationen, von der Kraft des Es, die das Ich fundiert und umgreift.

diese Begriffe – in weiser Selbstbeschränkung spekulativen Aussagen gegenüber – nie in den Mund nahm). »Das Es ist immer in Bewegung, und nicht eine Sekunde tritt Ruhe ein« (1923 a, S. 140). Aus dieser Bestimmung des Es entwickelte Groddeck eine Schlußfolgerung, die für seine praktische Tätigkeit wie für die Art seiner Theoriebildung von entscheidender Bedeutung war: »... letzten Endes ist alles, was man vom Es zu wissen glaubt, nur bedingt richtig, nur richtig in dem Moment, wo das Es in Wort, Gebärde, Symptom sich äußert« (ebd., S. 153). Die ärztliche Praxis und die Theorie konnten nur auf den Spuren des Es bleiben, wenn sie auf statuarische Festlegungen verzichteten und eine Methode entwickelten, die ebenso lebendig und offen war wie die Arbeit des Es selbst. Diese Einsicht Groddecks bildete die Grundlage seiner psychosomatischen Medizin.

Das individuelle Es beschrieb Groddeck nicht einfach als positiv schöpferisch, als unbegrenzt allmächtig. Groddeck beobachtete im Gegenteil seine zugleich bestehende Bedingtheit und Abhängigkeit, die dadurch zustande kam, daß es als individuelles Es, als begrenzter Ausschnitt, als Element größerer Zusammenhänge konstituiert war. Diese nannte Groddeck gelegentlich das »All«, gelegentlich die »Dinge«, gelegentlich auch mit J. v. Uexkülls neuem Begriff die »Umwelt«: »Der Mensch ist in allem und jedem bedingt durch Umwelt und Innenwelt« (Groddeck 1926 a, S. 53). Die Abhängigkeit des Individuums von den Bedingungen seiner Umwelt waren für Groddeck im Rahmen seiner praktischen Arbeit mit den Patienten ganz offensichtlich. Ihr zugrunde lag für Groddeck eine tiefgreifende Ambivalenz des Individuums, die er oft auch das Gesetz vom Gegensatz nannte: Das Individuum verdankte sich einerseits seiner Absonderung, seinem Ich, seiner Selbstbestimmung, andererseits aber seiner Abhängigkeit von größeren Zusammenhängen, seinem Anteil am Allgemeinen (vgl. dazu vor allem Groddeck 1926 a). Diese Ambivalenz war für Groddeck eine durchaus praktische und für die Therapie wichtige Frage, denn sie kam in den Schöpfungen des individuellen Es überall dort zum Vorschein, wo sich Öffnung und Abgrenzung des Individuums einander gegenüberstanden, auf allen Ebenen des psychischen und physischen Lebens.

Die Selbsterhaltung als Individuum war eine der wichtigsten Aufgaben des individuellen Es. Im Dienste des Selbsterhaltungstriebes konnte das Es den Körper zur Hinwendung, aber auch zur Abgrenzung einsetzen – gegenüber der Außenwelt und gegenüber den Reizen der Innenwelt, so daß man, meinte Groddeck, »jeden Teil des Körpers und jede Funktion ebenso gut als Schutzwehr wie als Werkzeug betrachten kann und betrachten muß« (1934 c, S. 386). Auch die Selbsterhaltung des individuellen Es war für Groddeck ein psychisch-physisch einheitlicher Vorgang. »Ich glaube, daß sich noch manches Brauchbare für die Behandlungskunst finden läßt, wenn man diese Alltagswahrheit vom Selbsterhaltungstrieb beim ärztlichen Denken und Handeln benutzt« (ebd.).

Groddeck wird mit seinen Vorstellungen von der umfassenden Bedeutung des Es gerne als Monist bezeichnet. Dabei wird meist übersehen, daß er keine Lehre vom Es aufstellte, sondern das Es als Arbeitshypothese für die praktisch-klinische Arbeit einführte. In der aber erwies sich seine monistisch erscheinende Theorie als durchaus dualistisch-konfliktpsychologisch orientiert. Er selbst meinte zu diesem Thema gegenüber Freud: »Ich halte mich nicht für einen Monisten. Wenn ich ehrlich mit mir bin, merke ich, daß ich Freude am Zusehen des bunten Spiels aller Kräfte habe und mitspiele, ohne es immer selbst zu wissen« (Groddeck/Freud 1974 a, S. 17 f.). Groddeck erscheint also dort als Monist, wo er das Es als einheitlichen schöpferischen Lebenszusammenhang des Individuums beschrieb, der aller Trennung von Leib und Seele, allem psycho-physischen Dualismus vorausging. Auf diesem »Monismus« beruhte die Offenheit und die Produktivität seiner psychosomatischen Medizin. Andererseits spürte Groddeck bei seinen Patienten Konflikte, Widersprüche und Ambivalenzen auf, die mit ihrem Subjektsein zusammenhingen und die sich deshalb nur konkret, nie allgemein auflösen ließen. Auf diese Einsicht in die notwendigen Widersprüche, die sich in der Tätigkeit des Es ausdrückten, bezog sich seine Maxime: Richtet nicht! und die außerordentliche therapeutische Wirkung seiner Persönlichkeit. Groddeck war Monist, wo er die Struktur des individuellen Es betrachtete, und Konfliktpsychologe, wo er sich mit dessen konkreter Lebensgeschichte auseinandersetzte.

Es ist deutlich, daß Groddeck, wie Lawrence Durrell es formulierte, »die Hypothese des Es nicht als Wahrheit, sondern als Methode einführte« (Durrell 1961, S. 25). Auf diese Tatsache sind alle kritischen Äußerungen gegenüber Groddecks Theorie vom Es zu beziehen. In der Regel wird eben dies übersehen, daß Groddeck kein vitalistisches, monistisches, pantheistisches, panpsychologistisches, spiritualistisches, holistisches, spekulatives (dies alles Urteile über Groddecks Denken) System aufgestellt hat, sondern daß die praktische Bedeutung seiner Begriffe sein Denken zumindest im Bereich der Medizin organisierte. Natürlich legen Groddecks pointierte und unsystematische Schriften solche Interpretationen nahe, zumal Elemente jenes ihm zugeschriebenen Denkens durchaus ins Auge fallen. Doch sind sie alle auf seine therapeutische Praxis zu beziehen, will man Groddecks psychosomatische Medizin verstehen; sie erhalten von dort ihre Relativierung. Unter dieser Perspektive kann man mit Ferenczi, Groddecks engstem Freund, »Ansätze einer von allen Fesseln herkömmlicher Mystik und Dogmatik befreiten Weltanschauung« bei Groddeck entdekken (Ferenczi 1921, S. 96).

Bekannt ist Freuds Vorwurf der »Es-Mythologie« gegenüber Groddeck. Er wäre ausführlicher zu diskutieren, vor allem im Vergleich der theoretisch-terminologischen Ansätze beider. Groddecks Es entspricht in seinen spekulativen Elementen eher Freuds Theorien der Triebe, der Libido, der psychischen Energie, als dem psychologischen Begriff Es der Freudschen Topik Es – Ich – Über-Ich. Hier können nur die berühmten späten Sätze Freuds zu seiner Trieblehre angeführt werden, die Groddeck ebenso über sein Es hätte schreiben können: »Die Trieblehre ist sozusagen unsere Mythologie. Die Triebe sind mythische Wesen, großartig in ihrer Unbestimmtheit. Wir können in unserer Arbeit keinen Augenblick von ihnen absehen und sind dabei nie sicher, sie scharf zu sehen« (Freud 1933, S. 101). Freud, der den Begriff des Es von Groddeck übernahm, hat sich nie ausdrücklich mit Groddecks Vorstellungen vom Es auseinandergesetzt und sie mit seinem eigenen Denken konfrontiert. Er nahm das Es, verwandte es anders als Groddeck und setzte sich damit durch.

Nun muß ich doch etwas ausführlicher auf die Geschichte des Terminus »Es« eingehen, denn sie hat einiges zu tun mit dem Verhältnis zwischen Freud und Groddeck (dazu Nitzschke 1983, S. 769–777). Wann Groddeck zum ersten Mal vom Es sprach, weiß ich nicht. In seinen voranalytischen Schriften jedenfalls bis 1913 kam es kaum jemals vor, es hatte keinerlei programmatische Bedeutung. Daß das Es von Schweninger stammte, ist ein 1934 von Meng in die Welt gesetztes Gerücht, das jeglicher Grundlage entbehrt. Meng selbst dementierte es 1935. Von 1917, der ›Psychischen Bedingtheit und psychoanalytischen Behandlung organischer Leiden‹ an, verwendete Groddeck das Es dann selbstverständlich und häufig im oben beschriebenen Sinn, er verwendete es vor allem bis 1922 auch gleichbedeutend mit Freuds Terminus des Unbewußten. Oft finden sich Formulierungen, in denen er das Es und das Unbewußte gleichsetzte. Dabei war Freuds »Unbewußtes« in einem erweiterten Sinn gebraucht: Das Es = Unbewußtes umfaßte für Groddeck die Psyche, das Bewußtsein und das Soma. Erstaunlicherweise findet sich im ›Buch vom Es‹ von 1923 diese Gleichsetzung von Es und Unbewußtem kaum mehr.

Groddeck hatte bis dahin keinerlei Interesse gehabt, das Es als exakten Begriff einzuführen, ihn etwa gegenüber dem Unbewußten abzugrenzen. Das Wichtigste am Es blieb für ihn, daß es als Begriff umfassend, vage und unbestimmt blieb, um als Arbeitshypothese brauchbar zu sein. Noch 1926 meinte er: »Ich lege Wert darauf, daß es sich bei der Verwendung des Worts ›das Es‹ nur um eine Hilfskonstruktion handelt« (1926x, S. 18). Da kam Freud, der große Theoretiker, und bedeutete Groddeck, daß sein Es für Freuds Theoriebildung ein brauchbares Element darstellen könnte. Dies geschah am 17. April 1921, in einem Brief, den Freud nach der Lektüre der ersten fünf im Manuskript vorliegenden ›Briefe an eine Freundin‹ an Groddeck richtete (Groddeck/Freud 1974a, S. 38f.). Groddeck antwortete perplex: »Worte und Zeichnung vom Verdrängten, Ich und Es haben auf mich gewirkt und werden Früchte tragen. Vielen Dank!« (ebd., S. 40). Vielen Dank. Nitzschke (1983) hat sehr schön beschrieben, in welcher Weise Freud sich des Es bemächtigte, ohne weitere Rücksichten auf Groddeck und seine Vorstellungen vom Es zu nehmen. 1923, mit ›Das Ich und das Es‹, war diese Aneignung des Es durch Freud endgültig vollzogen.

Groddeck sah sich nun gezwungen, Definitionen über das Es einzuführen. Erstmals im September 1922, in seinem Vortrag ›Die Flucht in die Philosophie‹ auf dem Berliner Psychoanalytikerkongreß, führte er exakte Differenzierungen zwischen dem Es, dem Unbewußten, Vorbewußten, Bewußten usw. an, nachdem er wohl durch Freuds und Ranks ausgiebige Korrekturen an seinem ›Buch vom Es‹-Manuskript immer wieder auf seine terminologischen Ungenauigkeiten gestoßen worden war, die doch in seiner Absicht gelegen hatten. Ab 1923 setzte er niemals mehr Es und Unbewußtes gleich. Nie war er glücklich über diese durch den Gegensatz zu Freud erzwungene terminologische Klärung. In dem ›34. Brief‹ zum ›Buch vom Es‹, den er 1926 verfaßte, meinte er zu der Freundin: »Warum Sie auf einmal mit solchem Eifer des Wörtleins ›Es‹ sich annehmen, verstehe ich nicht, es müßte denn sein, daß Sie die Mode mitmachen wollen. – Sehen Sie sich vor: Das Wort ›Es‹ ist Mode; die Sache, die dahintersteckt (und das war Groddecks Sache – H. W.), ist es nicht, kann es auch nie werden ...« (1926w, S. 3).

Groddeck betonte immer wieder den Unterschied zwischen seinem Es und Freuds Es und meinte zu den vielfältigen Mißverständnissen und Fehlinterpretationen, denen gerade sein ›Buch vom Es‹ ausgesetzt war (und ist), daß es »für alle die unverständlich ist, die die spätere Freudsche Bezeichnung angenommen haben« und unter ihrer Perspektive an das ›Buch vom Es‹ herangingen (Groddeck 1928e, S. 582). Freud setzte das Es als psychische Instanz neben das Ich und das Über-Ich. Zwar erwähnte er gelegentlich, daß das Es zum Somatischen hin offen sei, überließ aber die Ausarbeitung dieses Hinweises der späteren psychosomatischen Forschung. Groddeck verstand unter dem Es keinen psychologischen, sondern einen Psyche und Soma umfassenden Begriff, der neben dem Ich auch das beinhaltete, was Freud Es und Über-Ich nannte, und neben diesem psychischen Bereich auch das gesamte somatische Leben des Individuums. »Das individuelle Es des Menschen umfaßt Bewußtes und Unbewußtes und Bewußtseinsunfähiges, Körperliches und Seelisches, Ich und Triebe. Alle Lebensvorgänge und Erscheinungen sind Äußerungen dieses Es« (Groddeck 1925f, S. 509).

Groddeck führte den Unterschied seiner Begriffe zu jenen Freuds auf die unterschiedlichen Arbeitsgebiete zurück: hier vorwiegend organische Leiden, dort fast ausschließlich neurotische Erkrankungen. Zu Freuds ›Das Ich und das Es‹ (1923) meinte er: »Freuds Buch ist herrlich, ist so wie nur er es schreiben konnte. Ich teile seine Ansichten über das Es und das Ich nicht, aber zu lesen, was er darüber sagt, ist ein Genuß. Im Übrigen ist es eine Nebenfrage, die mit der Analyse wenig zu tun hat, ob man das Ich aus dem Es und der Außenwelt ableitet oder für eine Schöpfung des Es hält. Ich glaube, daß die verschiedene Auffassung mit den verschiedenen Gebieten zusammenhängt, in denen wir unser Tagwerk tun. Das hat keine Wichtigkeit« (1926v, S. 25).

Um die Differenz zu Freud klarzustellen, sah Groddeck sich nach 1923 zu eindeutigen Definitionen genötigt. Er definierte das Es »als die Gesamtheit alles Lebendigen im einzelnen Menschen von der Empfängnis an« (1928e, S. 582). Das Es (von Groddeck gelegentlich auch Selbst genannt) unterteile sich in die Psyche und das Vegetative (damit meinte Groddeck das Körperliche, Somatische), die Psyche wiederum in das Bewußte und Unbewußte im Sinne Freuds, wobei das Bewußte in etwa dem Ich entspricht und das Unbewußte alles ist, »was einmal im Bewußtsein war und daraus verdrängt worden ist, entweder in bewußtseinsfähige oder bewußtseinsunfähige Regionen« (ebd.).

Psychoanalyse analysiert konsequenterweise die Psyche, also das Bewußte und das Verdrängte, und nichts anderes. Nicht das Vegetative, Somatische, das nicht direkt zu analysieren, sondern nur indirekt zu erreichen sei, über die Analyse der Psyche und die dadurch entstehende Bewegung im Es; auch nicht das Es, das, viel zu umfassend und dunkel, nie Gegenstand der Analyse sein könne. Das ist wesentlich zum Verständnis Groddecks: Nie vertrat er die Ansicht, Vegetatives, etwa körperliche Symptome, könnten direkt analytisch angegangen werden; wenn er sie deutete, dann mit der Absicht, die psychische Auseinandersetzung mit ihnen anzuregen und dadurch das Es in Bewegung zu bringen, was dann wiederum auf das Symptom zurückwirken konnte. Nie vertrat er die Möglichkeit einer Es-Analyse, denn schon dem Begriff nach sei das Es der Psychoanalyse nicht zugänglich. »Über das Es selbst wissen wir nichts« (Groddeck 1923 a, S. 254). Groddeck verwahrte sich in diesem Zusammenhang gegen Ferenczis Begriff der Bioanalyse. »Das Es ... läßt sich ebensowenig analysieren wie Ferenczis Bios« (1926 b, S. 506). Und dann ließ er die für sein Denken so spezifische und geniale Wendung folgen, die den Kern seiner gesamten Psychosomatik ausmacht: »Etwas ganz anderes ist die Frage, ob man mit Hilfe der Analyse das Es beeinflussen kann, und diese Frage ist zu bejahen. Die Psychoanalyse, die Analyse des Bewußten und Verdrängten, läßt sich mit großem Nutzen auf allen Gebieten ärztlicher Tätigkeit verwenden« (ebd.). Um der Klarheit willen hier nochmal Groddecks Differenzierungen:

Psychoanalyse
↓
Es (Selbst)
- Psyche
  - Bewußtes ≈ Ich (--- bewußtseinsfähig)
  - Unbewußtes = Verdrängtes
    - bewußtseinsfähig
    - bewußtseinsunfähig
- Vegetatives (Körperliches, Somatisches)

Freud führte Ende 1922 Friedrich Nietzsche in die Geschichte des Es ein. Groddeck hatte ebensowenig, wie er irgendein Interesse an einer exakten Definition des Es gehabt hatte, seine Gedanken darauf verwendet, ob das Es bereits vor ihm schon von anderen, etwa von Nietzsche, als Terminus gebraucht worden war. Zumindest fand ich in seinen Arbeiten keinen Hinweis auf solche Überlegungen. Immer hat man den Eindruck, Groddeck selbst habe das Es in seinem Sinne »erfunden«. Nun meinte Freud unvermittelt in einem Brief an Groddeck vom Dezember 1922: »Erinnern Sie sich übrigens, wie frühzeitig ich das Es von Ihnen angenommen habe? ... Ich denke, Sie haben das Es (literarisch, nicht assoziativ) von Nietzsche hergenommen. Darf ich das auch so in meiner Schrift sagen?« (Groddeck/Freud 1974 a, S. 58). Groddeck äußerte sich nicht dazu, er hatte das Es seit 1917 verwendet, ohne jemals einen Hinweis auf Nietzsche oder andere Gevattern der Namensgebung anzufügen; Freud veröffentlichte seine Version von der Geschichte des Es 1923 (S. 251, Anm. 2) und 1933, dort in nochmals verstärkter Form: »In Anlehnung an den Sprachgebrauch bei Nietzsche und infolge einer Anregung von G. Groddeck heißen wir es (das »ichfremde Seelengebiet« – H. W.) fortan das Es« (1933, S. 78 f.). Der unbefangene Leser muß vermuten, Groddeck habe Freud gelegentlich einmal auf das Es aufmerksam gemacht, wie es in Nietzsches Sprachgebrauch durchaus geläufig sei.

Nun hat Bernd Nitzschke (1983) ausführlich beschrieben, wie es einem ergeht, der in Nietzsches Werken nach dem Es sucht: Er findet es nicht. Nietzsche hat nie von einem Es in substantivierter Form gesprochen. Literarisch also, wie Freud meinte, hat Groddeck das Es sicher nicht von Nietzsche übernommen. Weshalb Freud so sehr auf Nietzsche als dem Vater des Es insistierte, ob – mit Nitzschke –, um seine Beeinflussung durch Schopenhauer und Eduard v. Hartmann zu verschleiern, sei dahingestellt. Und weshalb Freud Groddeck als Vater des Es so schmählich eliminierte, muß ebenfalls offen bleiben.

Tatsache ist jedenfalls, daß vor Groddeck niemand, weder Nietzsche noch v. Hartmann, ausführlich und systematisch den selbständigen Terminus »Es« verwendet hat. Das Es ist Groddecks Schöpfung. Für eine Beeinflussung Groddecks durch v. Hartmann gibt es keinerlei Anhaltspunkte. An zwei Stellen seines späteren Werkes nahm Groddeck Freuds Hinweis auf Nietzsche auf: in einem Brief an einen Patienten 1929, in dem er von jenem Etwas spricht, »was Driesch Entelechie im Anschluß an Aristoteles nennt und was ich im Anschluß an Nietzsche und aus Bequemlichkeitsrücksichten das Es genannt habe« (1970, S. 119), und einige Jahre zuvor, 1926, in einem Artikel für die ›Kölnische Zeitung‹: »... habe ich aus praktischen Gründen mir selbst und weiterhin auch Andern in etwas naiver Weise eine Erklärung zu geben versucht, wie es möglich ist, daß organische Veränderungen gesunder und kranker Art durch psychische Behandlung beeinflußt werden können, und habe mir zu diesem Zweck einen Begriff konstruiert, den ich im Anschluß an ein Wort Nietzsches das ›Es‹ des Menschen genannt habe« (1926d).

Es gibt keinen Grund, an dieser Aussage Groddecks zu zweifeln, er sei von Nietzsche assoziativ zur Verwendung des Terminus »Es« angeregt worden. Groddeck war neben Goethe von Nietzsche am stärksten beeinflußt worden; Nietzsche hatte dasselbe Internat Schulpforta besucht wie Groddeck selbst, nur viel früher, zu der Zeit, als Georgs Großvater Koberstein der Direktor Schulpfortas war, in dessen Haus Nietzsche oftmals verkehrte; Nietzsche war einer der Hausgötter in Groddecks Elternhaus; Groddeck kannte Elisabeth Förster-Nietzsche gut, war mit ihr noch 1904 am Grab Friedrich Nietzsches gewesen; Groddecks literarische Werke um die Jahrhundertwende waren ausdrücklich in stilistischer und inhaltlicher Anlehnung an Nietzsche entstanden; häufig führte Groddeck auch in seinen späteren Werken Ideen und Formulierungen Nietzsches an. Sicherlich kannte er dessen Hauptwerke wie den ›Zarathustra‹ oder ›Jenseits von Gut und Böse‹. In diesem Werk Nietzsches findet sich im ersten Hauptstück jene berühmte Passage, die mit hoher Wahrscheinlichkeit

Groddeck zu dem Begriff des Es angeregt hat (und die in auffälliger Nähe zu Äußerungen Feuerbachs und Lichtenbergs steht, die Nitzschke [1983, S. 800] angeführt hat):

»Was den Aberglauben der Logiker betrifft: so will ich nicht müde werden eine kleine kurze Thatsache immer wieder zu unterstreichen, welche von diesen Abergläubischen ungern zugestanden wird, – nämlich, daß ein Gedanke kommt, wenn ›er‹ will, und nicht wenn ›ich‹ will; so daß es eine Fälschung des Thatbestandes ist, zu sagen: das Subjekt ›ich‹ ist die Bedingung des Prädikats ›denke‹. Es denkt: aber daß dies ›es‹ gerade jenes alte berühmte ›Ich‹ sei, ist, milde geredet, nur eine Annahme ... Zuletzt ist schon mit diesem ›es denkt‹ zu viel getan: schon dies ›es‹ enthält eine Auslegung des Vorgangs und gehört nicht zum Vorgange selbst ...« (Nietzsche 1886, S. 30f.).

Für Nietzsche hing diese Kritik der Bewußtseinsphilosophie eng zusammen mit seiner Philosophie des Leibes und dem Begriff des »Selbst«, Momente, die bei Groddeck in unsystematischer Weise wiederkehrten. Wie weit Groddeck mit seinem Denken Kind Nietzsches war, kann hier nicht weiter verfolgt werden. Bei Nietzsche finden sich Groddeck–ähnliche Vorstellungen von einer Vernunft des Leibes, von einer Hochschätzung des vorlogischen »undeutlichen« Denkens und der kindlichen Naivität, von dem leibnahen Sinn von Erkrankungen und vieles mehr. In vielen dieser Elemente war Groddeck natürlich auch – abgesehen einmal von Nietzsche – ein Kind seiner Zeit (vgl. Pietzcker 1980, S. 661).

Wichtig für Groddeck war vor allem Nietzsches Ansatz der *Dekonstruktion* (wie es in Frankreich gerne heißt) von Begriffen, – wie in diesem Zitat aus ›Jenseits von Gut und Böse‹ der Begriffe des Ichs und auch des Es. Groddeck war überzeugt von der umfassenden Macht des Es und lachte mit Nietzsche über das Ich und seine tollen Sprünge; Groddeck führte aber auch das Es nicht als positiven Begriff ein, sondern als das Unbestimmteste, das er finden konnte und dessen Bewegung er sich angleichen wollte. Er »dekonstruierte« mit Nietzsche das selbstbewußte Ich ebenso wie ein mystifiziertes Es. Die schöpferische Arbeit des Es hatte er im Blick, nicht den Begriff des Es, den Vorgang des »es denkt«, »es lebt« usw. selbst, nicht eine Auslegung des Vorganges.

Das Es und das Ich

Groddeck unterschied klar zwischen Es und Ich. Das Ich ist ein Element des Es, das sich im Lauf der ersten drei Lebensjahre allmählich herausbildet, in dem Maß, in dem der denkende Verstand, das

Bewußtsein von Individualität und Realität, der Begriff der eigenen Persönlichkeit, sich entwickeln (Groddeck 1923a, S. 252f.). Groddeck beschrieb die Ausbildung des Ichs als einen Prozeß, der mehr ist als eine psychische Ausdifferenzierung, der auch sensorisch-somatisch begründet ist. So meinte er etwa und führte einige Überlegungen dazu aus, daß die »Auffassung des Menschen als abgesondertes und der Außenwelt gegensätzliches Ich im wesentlichen Schöpfung des Auges, des Sehens ist« (1932b, S. 303). Im Mutterleib, so Groddeck, habe sich diese Abgrenzung des Individuums von der Außenwelt noch nicht vollzogen. »Wenn ich mir überlege, was ich im Mutterleib erfahren haben mag, komme ich zu dem Schluß, daß ich damals alles, was zu meiner Welt gehörte, für Bestandteil meines eigenen Selbst gehalten habe: Selbst und Umwelt des Selbst waren dasselbe« (1933a, S. 7). Gerade für die frühkindlichen Zusammenhänge, in denen das Es sich noch nicht sein Ich, seinen Gegensatz in sich selbst, herausgebildet hat, für diese Zeit des intrauterinen Lebens und der (in heutiger Terminologie) Mutter-Kind-Dyade des ersten Lebensjahres verwendete Groddeck gerne den Begriff Selbst für das, was er sonst Es nannte.

Auch das ausgebildete Ich, das vermeintlich freie sich selbst bestimmende Bewußtsein, steht unter der Herrschaft des Es. Dies zu betonen wurde Groddeck nicht müde. Zugleich aber ist die Ausbildung des Ichs und des Individualitätsbewußtseins eine notwendige Folge daraus, daß das Es des einzelnen Menschen ein ausgegrenztes, individuelles Es darstellt; der Gegensatz von Es und Ich ist unabdingbar zur Konstituierung des Individuums. »Wir werden vom Es gezwungen, seine Taten, Gedanken, Gefühle für Geschehnisse unsres Bewußtseins, unsrer Absichtlichkeit, unsres Ichs zu halten« (Groddeck 1923a, S. 238).

Die aus diesem Gegensatz entstehenden Konflikte sind unausweichlich. Denn einerseits bestimmt die aller logischen Denkweise bare Art des Es das psychosomatische Geschehen, auch das Ich-Denken. »Für das Es existieren in sich abgegrenzte Begriffe nicht, es arbeitet mit Begriffsgebieten, mit Komplexen, die auf dem Wege des Symbolisierungs- und Assoziationszwanges entstehen« (ebd., S. 62). Das Es für sich kennt keine Abgrenzung gegenüber der Welt, kein Individuum, kein Innen und Außen. In diesem Zusammenhang konnte Groddeck sagen, das Kind sei unpersönlich, noch nicht vom Ich und der Auseinandersetzung mit der Realität bestimmt. So kommt es, daß das Es »nicht wie wir hochbegabten Verstandes-Ichs zwischen Wirklichkeit und Phantasie unterscheidet, sondern daß ihm alles wirklich ist« (ebd., S. 193) – hier schließen Groddecks Vorstellungen vom Symbol und dem symbolischen Denken an.

Andererseits aber wird das Es auch vom Ich beeinflußt. Denn das Ich stellt die Beziehung zur Umwelt, zur ausgegrenzten Realität her. Seine Tätigkeit ist notwendig, um das individuelle Subjekt und damit auch das individuelle Es aufrechtzuerhalten. Die wichtigste Folge aus dieser gegenseitigen Abhängigkeit und Gegensätzlichkeit von Es und Ich war für Groddeck die Beobachtung, daß in ihrem Zusammenhang die meisten Krankheiten entstanden. Krankheit erschien ihm oft als Ergebnis einer unerträglichen Zumutung des Ichs und seines realitätsbezogenen Denkens gegenüber dem Es, auf die das Es in seinem komplexen assoziativ-symbolischen Denken psychosomatisch reagierte. Sie konnte nur aufgelöst werden durch einen Ausgleich der Interessen von Es und Ich, der im Falle der psychoanalytischen Therapie, und nur von der sprach Groddeck, in einer Ausweitung des Bewußtseins, in einer erhöhten Wahrnehmungsfähigkeit, einem erhöhten Verständnis für die Welt des Es bestand. Das Ich sollte sich ein wenig mehr dem Spiel des Es öffnen, um den Konflikt mit der Realität zu erleichtern. So kann bei Groddeck keine Rede sein von einer Verabschiedung des Ichs zugunsten irgendwelcher irrationaler Prozesse, im Gegenteil: Es ging ihm um eine Ausweitung des Ichs und um eine größere Offenheit gegenüber seinen eigenen Bedingungen, die im Es zum Ausdruck kamen.

Groddeck verstand also das Individuum nicht als ein fest konstituiertes Subjekt gegenüber einer Welt von Objekten. Es sei vielmehr als individuelles Es die eher willkürliche Ausgrenzung aus dem Gesamtleben des Es, sei lebensgeschichtlich immer in Bewegung begriffen und als System immer durch die Beziehungen zu seiner Welt bestimmt. Damit kam er zu zwei für seine psychosomatische Medizin wichtigen Folgerungen.

Einmal ging es um das Verhältnis des Individuums, wie Groddeck es verstand, zur Außenwelt. Die Grenzen des Individuums waren nach außen hin veränderlich. »Die Wirkung des Begriffs Individuum würde sich damit auf alle Beziehungen des Menschen zum Menschen, ja zur ganzen Welt ausdehnen. Überall und durchaus gäbe es nicht Mensch und Nichtmensch, sondern nur immer Mensch-Gott, Mensch-Tisch, Mensch-Tag, Mensch-Welt, nicht Subjekt und Objekt, sondern ein Neues, ein Subjekt-Objekt« (Groddeck 1933 a, S. 142).

In Groddecks ›Seelensucher‹ spielt die Schwester des Helden Thomas Weltlein Agathe eine bedeutende Rolle. Agathe strickte mit Eifer für ihren Bruder, für ihre Tochter, für die ganze Welt. Thomas Weltlein alias Groddeck meinte einmal, natürlich stricke Agathe dabei etwa Strümpfe, doch müsse man gleichzeitig sehen: die Strümpfe strickten Agathe. Zwischen Subjekt und Objekt eines Tuns ließe sich nicht fein säuberlich trennen. »Sage ich aber«, so Thomas

Weltlein, »der Strumpf strickt Agathen, so sehe ich auf einmal die Geschichte des weiblichen Geschlechtes vor mir, wie es sich Jahrtausende lang in der Beschäftigung mit dem Kleinen verderben ließ und verdarb ...« (1921 a, S. 78). Agathe und der Strumpf bildeten eine neue, einander gegenseitig beeinflussende Einheit.

Auf den ärztlichen Tätigkeitsbereich bezogen, hieß das für Groddeck, »daß eine solche Bildung eines neuen Individuums Kranker-Arzt die Angel ist, um die sich die Behandlung dreht« (1933 a, S. 142). Nicht ein unveränderliches Arzt-Subjekt habe mit einem Patienten-Objekt und einer ebenso gegenständlichen Krankheit zu tun, sondern Patient und Arzt bildeten für den Moment der Behandlung ein neues, einheitlich-zielgerichtetes (krankheitsbezogenes) Individuum.

Zum anderen beobachtete Groddeck (wie Freud bei seinen hysterischen Patientinnen), daß einzelne Elemente der Psyche oder des Körpers des Kranken eine Art Gegenwillen (Freud) gegen den Gesamtwillen des Individuums ausbildeten. So stieß Groddeck »von ungefähr auf die Idee, daß es außer dem Unbewußten des Gehirndenkens analoges Unbewußtes in anderen Organen, Zellen, Geweben und so weiter gibt« (1923 a, S. 245). Groddeck sprach geradezu von den kleineren »Es-Einheiten«, den »Es-Wesen« (ebd., S. 235 f.) der einzelnen Zellen, der Gewebe, der Organe, der Körperteile, der Körperfunktionen usw. in infinitum, die sich dem Gesamt-Es gegenüberstellen, ihren eigenen Willen aufrichten und, im Falle der Krankheit, auch unmittelbar durchsetzen könnten. Groddeck war darauf gekommen in der Bewunderung der unendlich vielfältigen körperlichen Prozesse, die sich selbst regulierten (man nehme nur die Atmung, den Herzschlag), ohne dem Willen des Ichs unmittelbar unterworfen zu sein.

Diese Es-Einheiten konnten nun, und das ist der Fall der Krankheit, für sich selbst ein Individualitätsbewußtsein entwickeln, ein Ich, einen Gegenwillen gegen den Willen des Gesamt-Ichs aufrichten – jede Nagelzelle, jede Nierenzelle konnte das, wenn sie fand, daß das Ich des Menschen Unbilliges von ihr verlangte (1923 a, S. 253).* So war es Groddeck verständlich, daß, »wenn es gelingt, das Bewußtsein der Lippe, des Magens, der Niere, des Penis, der Gebärmutter zu dem Willen des Gesamt-Ichs zu überreden, alle ihre feindlichen Äußerungen, ihre Krankheitssymptome verschwinden« (ebd.).

* Den Leser mögen Groddecks Theorien immer wieder naiv und phantastisch anmuten; aber genau diese Art von Theoriebildung wollte er erreichen: ein kindliches, phantasievolles Spiel, das wissenschaftlicher Terminologie möglichst entriet, um den praktischen Bezug zum Leben des Es nicht zu verlieren. Gegenüber diesem Leben, meinte er, »werden alle Definitionen entwertet, sie haben nur einen Augenblickssinn, sind nur soweit berechtigt, als sie zweckmäßig sind« (1926 i, S. 9).

Auf der anderen Seite sah Groddeck, daß die Behandlung einen bestimmten krankheitsbedingenden Gegenwillen nur selten exklusiv und spezifisch erreichen konnte. Der Psychoanalytiker konnte nicht das Ich des Magens analysieren, sondern nur die Psyche des Kranken. Dies war jedoch für die Therapie nicht von Nachteil, da sich bei dem innigen Zusammenschluß dieser einzelnen Unbewußt-Wesen zum Organismus ein heilender Einfluß auf jedes dieser Einzelwesen durch Analyse des unbewußten Gehirns gewinnen ließ. Dort, wo er psychoanalytisch arbeite, das betonte Groddeck immer wieder, beschäftige er sich nur mit dem Gesamt-Ich und mit dessen unbewußten Komplexen.

Leib und Seele

Vor dem Es gibt es die Trennung von Körper und Seele nicht. Diese Aussage Groddecks war die Folge daraus, daß er das Es als den allgemeinsten Begriff seinen Beobachtungen und Überlegungen zugrundelegte. »Das Es umfaßt bewußt und unbewußt, Ich und Triebe, Körper und Seele, Physiologisches und Psychologisches, dem Es gegenüber gibt es keine Grenzen zwischen Physischem und Psychischem. Beides sind Äußerungen des Es, Erscheinungsformen« (Groddeck 1951, S. 483).

Wie sich der Leib zur Seele und die anderen Dualismen zueinander verhielten, war für Groddeck keine Frage, die sich theoretisch lösen ließ. Denn als theoretische Frage war sie eine unfruchtbare Abstraktion von den wirklichen Verhältnissen. Für den lebendigen Organismus gab es keine Trennung von psychisch und körperlich, das trat für Groddeck am offensichtlichsten im kindlichen Leben zutage. »Meine eigene Überzeugung ist, daß eine solche einheitliche Auffassung vom Menschlichen einem jeden eingeboren ist, daß er sie nie gänzlich aufgeben kann« (1933 d, S. 337). Erst durch die Entwicklung des Ichs im Rahmen der individuellen Lebensgeschichte differenzierte sich beim Individuum (und analog in der medizinischen und psychologischen Wissenschaft) die Vorstellung aus, es besitze eine selbstbestimmende und über die körperlichen Vorgänge erhabene Psyche. So entsprang für Groddeck die Theorie von dem Unterschied von Seele und Leib der lebensgeschichtlichen Trennung des Ichs vom Es. Und die Theorie von der Psychogenese körperlicher Erkrankungen verdankte sich jener ebenso falschen wie notwendigen Vorstellung, das Ich (und bei den Tiefenpsychologen seiner Zeit: die Psyche) sei die bestimmende herrschaftliche Instanz des gesamten Organismus. Diese Täuschung

Emmy und Georg Groddeck mit Gizella und Sandor Ferenczi in Baden-Baden ca. 1930

über den Stellenwert des Ichs gegenüber dem Es versuchte Groddeck auch hier zu unterlaufen.

Er setzte sich mit dem zu seiner Zeit in Philosophie und Psychologie heftig diskutierten Leib-Seele-Problem auf seine Weise auseinander: indem er es auf den alltäglichen Umgang mit seinen Patienten bezog. Dort verlagerte sich die Fragestellung vom Prinzipiellen in die konkrete Frage, auf welchem Weg, ob psychisch (über die Psychoanalyse) oder physisch (über körperlich-medizinische Maßnahmen), der Heilungsvorgang am besten angeregt werden könne. So ist die Wendung, die Groddeck seiner Schrift von 1917 auf den letzten Seiten gab, für seinen psychosomatischen Ansatz hochspezifisch. Er hatte über 28 Seiten hinweg psychische Faktoren bei der Entstehung körperlicher Krankheiten diskutiert und meinte dann plötzlich: »Somit wäre ich so weit einzugestehen, daß es eine psychische Bedingtheit körperlicher Krankheiten nicht gibt« (1917a, S. 28). Denn die Frage nach einer psychischen Bedingtheit setze – theoretisch gestellt – eine Trennung von psychisch und körperlich voraus. Gegen diese Trennung aber spräche alle klinische Erfahrung.

Groddeck fuhr mit Blick auf das Leib-Seele-Problem fort: »Daß die Frage keine Antwort erhält, ja daß sie überhaupt nicht gestellt werden kann, hat aber für uns Ärzte wenig Bedeutung. Unser Beruf ist der der praktischen Leistung.« Auf dieser Ebene aber, unter der praktischen Perspektive, sei die Frage nach der psychischen Bedingtheit organischer Leiden wieder sinnvoll zu stellen, weil therapeutisch verwendbar. Unter den Bedingungen der Behandlung müsse man um des methodischen Angriffspunktes der Behandlung willen durchaus psychisch und somatisch voneinander trennen. Die theoretische Unterscheidung aber von psychogenen und körperlich-organischen Krankheiten bezeichnete Groddeck geradezu als eine »unerträgliche Anmaßung« (1933 d, S. 379) gegenüber dem kranken Menschen, der es ja gerade erlebe, »daß es weder körperliche noch seelische, weder physische noch psychische Erkrankungen gibt, sondern daß immer und unter allen Umständen beide gleichzeitig erkranken« (1926 i, S. 8).

Unter praktischer Perspektive kannte Groddeck die Physis als Gegenstand der physischen Behandlung und die Psyche als Gegenstand der psychischen Behandlung. Gelegentlich bezog er sich auch auf einige organische »Systeme, denen man eine vermittelnde Funktion zwischen Physis und Psyche zusprechen muß, zum Beispiel auf das sympathische Nervensystem und die Vorgänge der endokrinen Geschehnisse« (1931 a, S. 51). Er bezog sich auf sie etwa im Rahmen seiner Massagen, die der konkreten Auseinandersetzung mit diesen psychosomatischen Angelpunkten der Erkrankungen vieler seiner Patienten dienten. Und er sprach sie an mit seinen Vorstellungen von der »Bauchseele« (1933 d, S. 368 f.), einem seiner »naiven« Konstrukte, deren »Mittlertätigkeit« eng mit der Bedeutung des hormonellen Systems zusammenhing, von dem er durch die Untersuchungen Pawlows einiges gelernt hatte.

»Haben wir irgendwie Pawlows großartige Entdeckungen uns zu eigen gemacht, sie verwertet?« (ebd.) – Groddeck wußte mehr über die wissenschaftlichen Entwicklungen seiner Zeit als es angesichts seines antiwissenschaftlichen Auftretens den Anschein hat. Nur, auf dem Laufenden zu sein, war dabei nicht sein Ziel. Es ging ihm um die Selbstanwendung neuer Erkenntnisse. Von einer Einsicht, die er gewonnen hatte, sagte er: »Aussprechen läßt sich solche Überzeugung leicht; aber sie sich so zu eigen machen, daß man danach leben kann und daß man danach Kranke behandeln muß, ist nicht leicht« (1933 a, S. 18).

Der Umgang mit dem umstrittenen Verhältnis von Leib und Seele war für Groddeck ein praktisches Problem. Es wird deshalb in Variationen das Kapitel Therapie und Technik durchziehen.

Groddeck wird gerne unter die Konversionstheoretiker eingereiht; man sagt, er habe das Konversionsmodell der Hysterie (mit ihrer Umsetzung psychischer Erregung in körperliche Vorgänge und Symbolisierungen) auf alle organischen Erkrankungen ausgeweitet; damit verbindet sich oft der Vorwurf des Panpsychismus und des psychologistischen Interpretierens somatischer Vorgänge.

Groddeck selbst hätte diese Interpretation weit von sich gewiesen. Er lehnte Felix Deutsch als Verfechter des Konversionsmodells in der psychosomatischen Medizin ab. Für ihn gab es keine Psychogenese somatischer Vorgänge. »Es ist jetzt Mode geworden, von Psychogenese bestimmter Krankheiten zu sprechen und zu schreiben. Die Leute, die solch einen Ausdruck brauchen, sollen doch endlich einmal klar und deutlich sagen, was sie unter Psyche verstehen.... Wenn man das unbewußte Leben und Denken und Empfinden nicht mit unter den Begriff ›Psyche‹ einreihen will, so soll man es sagen, dann wissen wir, woran wir sind und können die ganze Sache mit der Psychogenese als etwas Belangloses beiseitelegen. Rechnet man aber das Unbewußte mit unter die Ausdrucksformen der Psyche, so ist es überflüssig, von Psychogenese zu sprechen; denn dann sind alle Krankheiten gleichzeitig psychogenetisch und physiogenetisch. Für mich ist die Frage der Psychogenese nicht vorhanden« (Groddeck, 1926i, S. 8f.).

Groddeck beschrieb das Krankheitssymptom auf theoretischer Ebene als Schöpfung des Es, welche das psychische und somatische Leben des Organismus umfaßte und der psychoanalytischen Betrachtung, auch der symbolischen Deutung, nicht zugänglich war. Auf der praktisch-therapeutischen Ebene trennte Groddeck zum Zweck der Behandlung psychische und somatische Elemente des Symptoms. Als Psychoanalytiker beschäftigte er sich mit dessen psychischen Momenten, hier interpretierte er die Symptome symbolisch, auf dieser Ebene kann man ihn einen Konversionstheoretiker oder vielmehr einen Konversionspraktiker nennen. Denn nur im konkreten Zusammenhang der Behandlung, also im Zusammenhang der Anregung der Es-Tätigkeit (und hierzu gehörten auch Groddecks psychosomatische Veröffentlichungen), nur in diesem Zusammenhang erlaubte er sich den deutenden Umgang mit körperlichen Symptomen, der auf der Auffassung beruhte, psychisches Material habe sich in körperliche Symbolisierungen konvertiert. Auf dieser Ebene beschäftigte er sich tatsächlich mit Symptomen aller Art und ihrer symbolischen Bedeutung. Doch war »Konversion« dann keine theoretische Aussage über die Ätiologie eines Symptoms, sondern eine Möglichkeit, sich konkret und produktiv mit dem Krankheitssymptom auseinanderzusetzen.

»Das Symbol war das erste, was ich von aller analytischen Weisheit lernte, und es hat mich nicht wieder losgelassen« (Groddeck 1923a, S. 243). Dies schrieb Groddeck in Erinnerung an Fräulein G., die Patientin, die ihn – ab 1909 – gezwungen hatte, Analytiker zu werden. Auch den Begriff des Symbols, das soll damit angedeutet werden, entwickelte Groddeck in der Auseinandersetzung mit seinen Patienten. Er diente, wie das Es, der Strukturierung seiner Erfahrungen.

Groddeck fand bei Fräulein G. eine Realitätswahrnehmung, die ihm zunächst unverständlich war. Das Ofenrohr in ihrem Krankenzimmer etwa war für sie ein unaussprechlicher Gegenstand, der, das entdeckte Groddeck bald, mit mächtigen unbewußten Komplexen verbunden war. Am beeindruckendsten war für Groddeck die Macht dieser unrealistischen Assoziationen über Fräulein G. Für sie war das Ofenrohr wirklich ihr toter Vater (Rohr für Phallus, schwarz für tot). Nicht realistisch war ihr Verständnis des Ofenrohrs, aber wirklich – »wobei das Wort ›wirklich‹ als ›fähig zu wirken‹ aufzufassen ist« (1931b, S. 171). Sie interpretierte das Ofenrohr nicht, so verstand es jedenfalls Groddeck, als ob es der Vater wäre; für sie war es der Vater. So betonte Groddeck, »daß es sich beim Symbol nicht um eine Vergleichung handelt, sondern um die Wirklichkeit« (S. 170). »Symbol bezeichnet nicht die Ähnlichkeit zweier Dinge, sondern im Symbol werden zwei Dinge zusammengeworfen, sie sind dasselbe« (1932a, S. 163).

Das Symbol und die symbolisierende Tätigkeit des Es waren für Groddeck Ausdruck dessen, daß das Verhältnis des Menschen zu sich selbst und zu seiner Welt untergründig nicht realistisch und vernünftig gestaltet war, sondern auf der Wendung des eigenen Inneren nach außen beruhte, auf der Tätigkeit des Es. »Symbole werden nicht erfunden, sie sind da, gehören zum unveräußerlichen Gut des Menschen; ja man darf sagen, daß alles bewußte Denken und Handeln eine unentrinnbare Folge unbewußten Symbolisierens ist, daß der Mensch vom Symbol gelebt wird« (1923a, S. 63). Symbolisieren war die Form, in der das Es sich darstellte. Das Symbol gehörte zum Es wie der Realitätsbezug zum Ich. Und wie das Es Groddecks auch das Ich umfaßte, so bestimmte die symbolisierende Tätigkeit des Es hintergründig den vernünftigen Realitätsumgang des Ich: Der Mensch ist »ein symbolisierendes Wesen« (1922a, S. 80). Er kann gar nicht anders, als symbolisieren, als in assoziativer Aneinanderreihung symbolisch sich verhalten, körperlich und psychisch. Er steht unter dem Gesetz von Symbolisierungszwang und Assoziationszwang.

Jeder Erwachsene bildet sich ein, »ein Stuhl sei wirklich ein Stuhl, während doch jedes Kind weiß, daß er auch eine Droschke ist und ein Haus und ein Berg und eine Mutter« (1923 a, S. 207). Für Groddeck war der kindliche Weltumgang weitgehend wie vom Es, so auch vom Symbol bestimmt.

Dies werde, meinte er, schon deutlich, wenn man sich frage, »wie das Kind die Welt kennenlernt, auf welche Weise es sich die Umwelt zu eigen macht. Das Kind muß dabei von sich selbst ausgehen, von den Kenntnissen, die es vor und nach der Geburt über den eigenen Organismus gesammelt hat. Es kann die Dinge zunächst nur nach sich beurteilen, es kann von der Umwelt nur annehmen, daß sie dasselbe ist wie der eigene Organismus. Das Kind denkt und lebt zunächst in Symbolen, nicht in Objekten.... Diese Tatsache, daß jeder Mensch zunächst seine Umwelt nicht als Objektumwelt, sondern als Symbolumwelt kennenlernt, daß er erst langsam das Symbolische zugunsten des Objektiven aufgibt, ist für gesundes und krankes Leben besonders wichtig« (Groddeck 1932 b, S. 280 f.).

Wenn Kranksein, und davon war Groddeck überzeugt, eine Rückkehr in kindliches Denken, zum kindlichen Welt- und Selbstverhältnis bedeutete, dann mußte im erkrankten Organismus, in Psyche und Physis, die symbolisierende Tätigkeit des Es stärker in den Vordergrund treten. Für den Arzt und den Kranken stellte sich damit die Aufgabe, ihr Ich dem kindlichen Denken und Symbolisieren zu öffnen. Nicht leicht für den Erwachsenen, der seine Wahrnehmungsfähigkeit gegenüber dem Tun des Es weitgehend verloren hat. »Der Erwachsene quält sich mühsam zu einem Verständnis der Symbolik durch.... Dem Kinde ist dieses Verständnis ohneweiteres gegeben.... Diese Feinfühligkeit der ersten Lebensjahre geht rasch verloren und weicht dem, was man gesunden Menschenverstand nennt, was aber in Wahrheit nur durch Verdrängungen erworbene Dummheit ist« (Groddeck 1922 a, S. 72).

»Symbole werden nicht erfunden, sie sind da« (1932 b, S. 283). Auch Groddeck ging davon aus, daß die Symbolwelt zu großen Teilen eine überindividuelle war, in der die Symbole nicht nur mit der individuellen Lebensgeschichte assoziiert waren, sondern mit Schicksalen und Erfahrungen, die alle Menschen ähnlich betrafen. So entdeckte Groddeck in den Symbolen alle gängigen Topoi der psychosexuellen Entwicklung, Vorstellungen und Phantasien im Zusammenhang mit Begattung und Geburt, mit den weiblichen und männlichen Geschlechtsorganen, mit Kastrations- und Schwangerschaftskomplex, mit analen Momenten, Relikten aus dem fetalen Leben usw.* Doch lehnte Groddeck alle Vorstellung von einer substanzhaften, dem individuellen Es übergeordneten Symbolwelt ab. Im Gegensatz zu Jung bestimmte er das Symbol und die Symbolassoziation immer mit Blick auf deren Konstituierung und Produktion, als Vorgang, in dem die Tätigkeit des Es zum Ausdruck kam: »Jedes Es hat seine eigenen Gedankengänge und Symbolauffassungen« (1925e, S. 346). »Es gibt wohl allgemeine Symbole, z.B. die Kirche. Aber jeder Mensch legt in die Symbole noch eine persönliche Symbolisierung, die der Arzt nicht kennt, die aber sehr wichtig bei der Erkrankung ist. Es nutzt nichts, dem Kranken auseinanderzusetzen, dies bedeutet das und das. Der Kranke muß im Laufe der Zeit selber seine Art der Symbolisierung mitteilen« (1925c, S. 127).

Unter dieser Voraussetzung sind alle noch so pointierten Symboldeutungen Groddecks zu lesen: Es sind Anregungen, phantastische Assoziationen, die dem Spiel seines eigenen Es entsprangen, nicht unbeeinflußt natürlich durch seine jahrzehntelange Offenheit und Erfahrung, aber nie als substanzhafte Aussage gemeint wie: dieses Symbol bedeutet das, wer Ofenrohr sagt, meint eigentlich Phallus. Auch hier versuchte Groddeck, ein theoretisches Problem, dessen Diskussion ihm unfruchtbar erschien, durch seinen konkreten, konsequent praxisbezogenen Ansatz zu unterlaufen. Für ihn gab es keinen (in der Symboltheorie geläufigen) Unterschied zwischen Symbol und Symbolisiertem. Für seine Kranken war das Symbol wirklich, wirksam, dahinter gab es kein verborgenes Eigentliches, das im Symbol in Erscheinung träte. Grotjahn (1945, S. 20) betonte, daß Groddeck weit entfernt gewesen sei von dem Fehler einer »Inhaltsanalyse« von Symbolen oder einer »Symbolübersetzung«, einer Aufdeckung ihres eigentlichen Sinns. Und obwohl Groddeck andauernd von Symbolen und in Symbolen sprach, konnten Studt/Arnds (1979, S. 300) vollkommen zutreffend bemerken: »Freuds Entsymbolisierungsansatz wurde von Groddeck radikal fortgesetzt.«

Groddeck ging es nie um Symbole an sich, immer um ihre Bedeutung für bestimmte Zusammenhänge. Der finale Aspekt der Symbolbildung, der Zweck des Krankheitssymptoms etwa, war

* Auch hier zeigt sich, daß Groddeck durch die Beobachtung seiner Patienten erstaunlich viele Momente der frühen präödipalen Entwicklung aufnahm und damit seiner Zeit weit voraus war. Für Groddeck war die weibliche Sexualität keineswegs ein defizienter Modus der männlichen; Menstruation, Schwangerschaft und Geburt bestimmten nach seinen Erfahrungen das psychosexuelle Leben ebenso stark wie die ödipal-phallischen Zusammenhänge.

Dejours merkte 1980 (S. 54) an, daß in Groddecks Beschreibungen oral-sadistische Destruktions- und Verschlingungsphantasien und anale Grausamkeit fehlten. Er führte dies auf Groddecks mangelnde Erfahrungen mit psychotischen Patienten zurück.

ihm das einzig Wichtige. Doch dieses finale Denken verabsolutierte er wiederum nicht. Es blieb therapeutisches Spiel, Anregung für das Es des Patienten. »Hervorzuheben ist«, meinte Ferenczi (1917, S. 259) dazu, »die nüchterne, allen ›finalistischen‹ Philosophierens bare Art, mit der Groddeck die auch im Organischen nachzuweisende (wenn auch kausal bedingte) Teleologie behandelt. Er entgeht so recht glücklich den Klippen, an denen die Adlersche Forschung nach verheißungsvollen Anfängen gescheitert ist.«

Groddeck verwandte einen äußerst weitgefaßten Symbolbegriff, der sich auf alle Tätigkeiten des Es bezog, soweit sie nicht nach Art des Ichs die Welt realistisch, objektbezogen betrachteten, sondern soweit sie nach Art des Primärvorganges (bei Groddeck kommt dieser Begriff nicht vor) eine dem frühkindlichen Weltumgang entsprechende Symbolwelt errichteten. Symbol auf dieser Ebene (der Mensch als »symbolisierendes Wesen«) war für Groddeck nicht durch Konflikt und Verdrängung bestimmt, es entstand im freien Spiel des Es. Anders war es mit der Welt als Symbol, die der Mensch in Auseinandersetzung mit der Realität errichtete. Hier spielten Trieb und Verdrängung eine Rolle und die Ableitung schöpferischer Kräfte des Es in Kultur- und Weltaufbau. Zu diesem Bereich des schöpferischen Umgangs des Es mit Konflikten zwischen Es und Ich gehörte auch das Krankheitssymptom – als Kompromißbildung zwischen Es-Strebung und Realitätsforderung. Das Symbol konnte Symptom sein.

Das Symptom

Jedes Krankheitssymptom bildete für Groddeck einen komplexen Zusammenhang, eine psychosomatische Schöpfung des Es mit ineinander verwobenen psychischen und somatischen Elementen. Sie ließen sich nicht theoretisch-systematisch, sondern nur in praktisch-therapeutischer Hinsicht voneinander absondern. Die körperlichen Elemente einer Erkrankung seien nie, so Groddeck, direkt psychoanalytisch anzugehen. Wenn sie sich in den Vordergrund drängten, vertrat Groddeck selbstverständlich die Anwendung chirurgischer, physikalischer, chemischer Maßnahmen. Doch hatte er die Erfahrung gemacht, daß das Es bei fast jeder Symptombildung »in seine Tätigkeit Psychisches einmischt« (1926b, S. 510), daß also auch scheinbar rein körperliche Erkrankungen mit psychischen Elementen vermengt waren und daß sich, wenn man sich mit diesen psychischen Elementen beschäftigte, oft erstaunliche Heilerfolge auch bei »körperlichen« Symptomen einstellten, ohne daß man sie direkt »kausal« behandelt hätte.

Groddeck verwahrte sich gegen die Vorstellung, man könne bestimmte Krankheitssymptome kausal-therapeutisch angehen, die Ursache einer Krankheit also eindeutig finden und bekämpfen. Mit jeder vermeintlich kausalen Therapie, sei sie nun organmedizinischer oder psychotherapeutischer Natur, beeinflusse man, ob man es wolle oder nicht, die gesamte Komplexität des psychosomatischen Symptoms. Die Vorstellung von der kausalen Behandlung einer Krankheit war für Groddeck pseudoexakt, er hielt sie für weit mystischer und unwissenschaftlicher als sein eigenes Denken. Es gab für Groddeck keine kausale, nur eine symptomatische Behandlung, eine Behandlung, die das Symptom in seiner Ganzheit mit seinen psychischen und organischen Elementen in Bewegung setzte.

Groddeck lehnte gleichzeitig die Bestimmung einer Krankheit im Rahmen einer Diagnose ab. Diagnostische Tätigkeit war zentral für ihn, die Bestimmung einer Krankheitsdiagnose aber wäre für ihn eine (wie die Vorstellung von der kausalen Behandlung) unangemessene Objektivierung und Reduzierung der Krankheitsvorgänge gewesen. Denn sie nahm das Lebendige der Krankheit, die Bewegung des Es, gerade nicht wahr und behinderte damit den Heilungsvorgang. Deshalb war für Groddeck nicht die »Krankheit« Gegenstand der Behandlung, sondern das Symptom bzw. die Vielzahl der Symptome, in denen sich der Krankheitsprozeß vollzog. Im Symptom kristallisierte sich die psychosomatische Tätigkeit des Es als konkrete Einheit; das Symptom war Angriffspunkt der Behandlung. Im Symptom war der Kranke als Individuum präsenter als in einer ihm zugeschriebenen Krankheit.

Die psychoanalytische Behandlung organischer Leiden beschäftigte sich mit den psychischen Elementen des Symptoms. Groddeck hatte gefunden, daß alle Arten psychischer und körperlicher Symptome vermischt waren mit unbewußten Komplexen, mit verdrängtem Material, mit Kompromißbildungen, die innerpsychischen Konflikten oder Konflikten zwischen Trieb und Realität entsprangen, kurz, mit dem, was Gegenstand der psychoanalytischen Behandlung ist. Groddeck lehnte, dies zur Erinnerung, immer die Vorstellung ab, man könne körperliche, morphologische Vorgänge direkt (etwa symbolisch) interpretieren. Die psychoanalytische Therapie beschäftigte sich mit der Psyche, dem Bewußten und dem Verdrängten, und mit nichts anderem.

Das Krankheitssymptom konnte nach Groddeck in seiner Entstehung auf dreierlei Weise mit psychischen Momenten verquickt sein: Zum ersten in direkter Abwehr einer unerträglichen Wahrnehmung oder Vorstellung (Beispiel: Sehstörungen); zum zweiten als unmittelbarer Ausdruck einer überstarken Erregung (Beispiel: Fieber); zum dritten (und am häufigsten) als Abwehr und Ausdruck eines unbewußten Konfliktes, eines Konfliktes zwischen Es-Strebungen und deren Einschränkung durch Ich-Forderungen. Diese konnten im Rahmen unbewußter Komplexe als lebensgeschichtlich determinierte Strukturen auftreten (und sich etwa in Schuldbewußtsein und Strafbedürfnis ausdrücken) oder in Form direkter Realitätsforderungen (etwa gewisser Kulturverbote) das Es bedrücken.

In den beiden ersten Fällen nahm Groddeck eine externe oder interne Reizüberflutung an; dabei hätte das Symptom dann den Zweck, einem Konflikt auszuweichen, ihn zu vermeiden (ähnlich damit Freuds Vorstellungen zur Aktualneurose). Im dritten Fall ist man an das zu Groddecks Lebzeiten von Felix Deutsch für alle psychosomatischen Erkrankungen propagierte Konversionsmodell erinnert, es wurde oben mit Blick auf Groddeck diskutiert.

Wie weit Groddeck, unter der Perspektive der psychoanalytischen Behandlung, die Symptombildung im Rahmen einer Konfliktpsychologie (auf dieser Ebene kann man bei Groddeck tatsächlich von Psychologie sprechen) verstand, zeigt seine Aussage, er kenne letztendlich nur einen Angriffspunkt seiner Behandlung: »das Symptom, das mir in allen Verhältnissen dazusein scheint, das Ich« (1923 a, S. 258). Das Ich als Symptom. Für Groddeck war es wiederum keine nur psychische Erscheinung; Groddeck sprach ja etwa von dem Ich, dem Bewußtsein des Penis, der, mit Syphilis infiziert, einen Gegenwillen aufgerichtet habe gegen den allzu begehrlichen Sexualtrieb (ebd., S. 253). Doch Angriffspunkte der psychoanalytischen Behandlung waren für Groddeck die psychischen Beimengungen des Symptoms, das Bewußte und das Verdrängte, vor allem aber die verdrängende Instanz, das Ich, dessen Rigidität und Intoleranz gegenüber den Strebungen des Es es aufzulockern galt. »Meine Behandlung ... besteht in dem Versuch, die unbewußten Komplexe des Ichs bewußt zu machen, methodisch und mit aller List und Kraft« (ebd., S. 258).

In seinem Aufsatz zu Freuds 70. Geburtstag ›Traumarbeit und Arbeit des organischen Symptoms‹ beschäftigte Groddeck sich ausführlich mit seinem Verfahren der Symptomanalyse und verglich es mit der psychoanalytischen Traumdeutung. Beide Methoden entsprächen sich strukturell, man könne, so Groddeck, »den Symptomverlauf der organischen Erkrankung genau so deuten wie einen Traum« (1926 b, S. 507). Die Symptomarbeit verliefe nicht anders als die Traumarbeit, sie sei verstehbar durch »dieselbe Methode der Assoziation und dieselben theoretischen Vorstellungen, die Freud in der Traumdeutung angegeben hat« (ebd.). Wenn das

Es Symptome aus rein organischem Material bilde, seien sie der direkten Analyse nicht zugänglich. Sobald aber das Es »organisches, latentes Geschehen auf dem Wege psychischer Komplexe in manifeste Symptome entstellt oder auch solche Symptome direkt aus scheinbar rein psychischem Material bildet«, (ebd., S. 510), sei dieses der psychoanalytischen Therapie direkt zugänglich. Und hier sei eine Betrachtungsweise der Symptome als Symbole am Platz, könne man analog zu der Traumsymbolik die Bildung einer Organsymbolik beobachten. Die Beschäftigung mit dem Krankheitssymptom und seiner symbolischen Bedeutung wird dann Medium der Therapie.

Dabei ist zweierlei zu berücksichtigen:

Einmal war jedes psychosomatische Symptom für Groddeck ein Symbol im Sinne einer schöpferischen Leistung des Es. Seine Komplexität ging weit über jene symbolische Bedeutung hinaus, die es als kompromißhafte Lösung eines Konfliktes haben mochte (und die für die Therapie von großer Bedeutung war). Das Symptom als Symbol war in jedem Fall mehr als der in ihm zum Ausdruck kommende Konflikt, es war im Freudschen Sinne überdeterminiert.

Zum zweiten ist wieder zu betonen, daß Groddeck auch in seinen Symboldeutungen praktisch orientiert war. Ob seine oder des Patienten Deutungen »richtig« waren, interessierte ihn nicht. Wichtig war die Frage, ob sie etwas in Bewegung setzten, ob sie Bedeutung für die Therapie gewannen.

Die Erkrankung war für Groddeck eine der Ausdrucksformen des Es. Im Vergleich zur Ausdruckskraft des psychischen Symptoms schien es ihm sogar, »daß das organische Symptom sehr viel deutlicher, leichter verständlich redet, jedenfalls aber weit dringender seine Ansichten und Mahnungen kundgibt« (1951, S. 484). Doch kann man, das betonte Dejours (1980, S. 55f.), bei Groddeck nicht von einer Sprache des Körpers reden. Eine einheitliche allgemeinverständliche Sprache des körperlichen Symptoms gibt es nicht; jedes Es hat seine eigenen Gedankengänge und Symbolauffassungen und schert sich nicht um mögliche Systeme des Psychoanalytikers. So war für Groddeck auch hier das individualisierende Eingehen auf den Patienten eine unabdingbare Forderung.

Ähnliche Offenheit gestand Groddeck dem Es auch bei der Frage zu, warum es einmal diese, ein andermal jene Erkrankung wähle. »Warum ... bei dem einen das Es aus solchen Ideen die Religion von Gottvater, bei dem anderen die Gicht, bei dem dritten die Verrücktheit macht ..., das sind Fragen, die Sie in langweiligen Stunden beschäftigen mögen« (1923a, S. 152). Die Frage nach der Organwahl – weshalb gerade dieses Organ erkrankte – ließ sich nicht systematisch beantworten, weil prinzipiell jedes Organ den Willen des Es repräsentieren konnte. Doch unter praktischer Perspektive sagte Groddeck einiges dazu. »Wie Ferenczi«, so Heinrich Meng, »zeigte auch er, in anderer Sprache und mit verwandten Mitteln, daß alle Organe die Urgeschichte und die individuellen Kindheitserlebnisse lebendig in sich tragen, stets bereit, autoplastisch Veränderungen oder Krankheiten zu bilden, wenn das Ich im Kampf mit dem Es heteroplastisch versagte« (Meng 1934, S. 410). Groddecks Beobachtungen in dieser Frage lesen sich wie ein höchst materialreicher Kommentar zu Freuds Konzept des »somatischen Entgegenkommens«.

Groddeck berichtete etwa von einer scheinbar harmlosen Knieverletzung in seiner Kindheit, die zu einem Kristallisationspunkt späterer Erkrankungen wurde, zu einer lang vorbereiteten und vom Es gern benützten Zufluchtsstätte. »Das empfindsame Es schafft sich in der Erkrankungsfähigkeit gleichsam sichere Stellungen, in die es sich flüchten kann« (1917a, S. 13f.).

Mit dieser lebensgeschichtlichen Determinierung eines Organs vermischte sich dessen symbolische Bedeutung. Für Groddeck war die Nase primär Organ des Riechens, er war verschnupft, wenn er etwas nicht riechen konnte oder wollte. Andere Menschen waren »auf die Idee gekommen, die Nase zunächst als Atmungsorgan aufzufassen.... Für andere wieder ist die Nase ohne weiteres ein Phallussymbol, und so muß bei diesen oder jenen die krankmachende Absicht des Es so oder so aufgefaßt werden« (1923a, S. 166).

Oft spielten auch spezifische Konflikte und deren Verarbeitung bei der Organwahl eine Rolle, etwa »das Schuldbewußtsein und das Strafbedürfnis; man kann noch einen Schritt weitergehen und sagen, der Mensch sucht sich an den Stellen zu bestrafen, wo er gesündigt hat« (1934a, 381).

Es wäre äußerst aufschlußreich, der Anregung von Engel/Schmale zu folgen und einmal alle Beobachtungen und Erfahrungen Groddecks zu verschiedenen Determinanten der Symptombildung, einen ungeheuren Schatz, zu sammeln und zu ordnen. Es würde sich zeigen, daß viele der »scheinbar weithergeholten Ideen von Groddeck« zur »Lokalisierung, falls nicht sogar der Entstehung... wie auch bei der Organwahl« einer Vielzahl von Erkrankungen »erneut ins Auge gefaßt werden« könnten (Engel/Schmale 1969, S. 246).

In jedem Fall war es ein höchst komplexer und individueller Vorgang, in dem sich eine Erkrankung ausbildete; deshalb, meinte Groddeck, könne man Genese und Bedeutung einer Krankheit und ihrer Symptome nie erschöpfend aufdecken (dies sei für die Heilung auch nicht notwendig). Die Krankengeschichte einer Patientin mit Arthritis, die lange in seiner Behandlung stand, erwies sich wie bei fast allen Patienten als »in tausend Fetzen zerrissen, die in den Fingern, der Nase, den Eingeweiden und dem Unterleib verborgen waren. Wir haben sie gemeinsam zusammengeflickt, haben vieles mit Absicht, noch mehr aus Dummheit nicht gefunden oder fortgelassen« (1923a, S. 152).

Von hier aus erklärt sich Groddecks analytische Praxis, mit seinen Patienten vorwiegend Symptomanalysen durchzuführen, um mit dem sich daraus ergebenden Mosaik den Heilungsvorgang anzuregen. In der Arbeit am Symptom sah Groddeck die Via regia ins Unbewußte des psychosomatisch Erkrankten so, wie es die Arbeit der Traumdeutung für den neurotischen Patienten war (wobei Groddeck im Rahmen seiner Therapien auch von der klassischen analytischen Traumdeutung Gebrauch machte). Das Symptom war die wesentliche Erkrankungseinheit, an der Groddeck sich orientierte. »Krankheit« und Krankheitsdiagnosen hatten nur beschränkten Wert. Im Mittelpunkt standen die kranken Menschen, deren Symptome Gegenstand der Behandlung waren. Im Symptom äußerte sich die krankheitsschaffende Arbeit des Es als konkrete Einheit. Im Symptom und seinen psychischen Momenten hatte die psychoanalytische Behandlung einen praktikablen Angriffspunkt. Krankenbehandlung war für Groddeck Symptombehandlung.

Therapie und Technik

Auch wenn Groddeck mit seinen Beobachtungen und Folgerungen daraus vielfach umstritten war, wurde ihm doch eins durchwegs zugestanden: daß er ein phantastischer Arzt war, der gerade dort erstaunliche Behandlungserfolge erzielte, wo niemand anders mehr helfen konnte – der »Wunderdoktor«, der »Heiler von Baden-Baden« wurde er genannt. Doch wurde bisher noch nie untersucht, wie dieser »Wunderdoktor« eigentlich praktisch in seinen Therapien vorging, ob seine Heilerfolge nicht mehr waren als bloße Wunder.* Wie gelang es ihm etwa, einen Angstneurotiker, der zwanzig Jahre lang allen Bemühungen, auch analytischen, widerstanden hatte, so zu behandeln, daß er auf Groddecks Therapie hin über zehn Jahre beschwerdefrei blieb (Meng 1934, S. 410)? Wie gelang es ihm, bei Hermann Graf Keyserling eine geschwürig aufbrechende rezidivierende Phlebitis, eine chronisch rückfällige Venenentzündung, innerhalb einer Woche auf Dauer zu heilen (Keyserling 1958, S. 300)? Wie, bei M. Collins, einer Patientin aus England, die 1925 mit Syringomyelie** zu Groddeck gekommen war, den Verlauf der Erkrankung so zu erleichtern, daß sie noch mehr

* Eine Ausnahme bildet Dejours 1980, S. 51–54.

** Syringomyelie ist eine schwere, fortschreitende neurologische Erkrankung. Mehrere Neurologen hatten Frau Collins ihre schlechte Prognose bestätigt und ihr prophezeit, sie werde nach spätestens fünf Jahren für immer bettlägerig sein.

als dreißig Jahre lebte, beweglich und reiselustig, Deutsch lernte und Groddecks Werke ins Englische übersetzte (Grossman 1965, S. 154 f.)? Wie, bei jener Patientin, bei der zwischen 1901 und 1913 (schon damals stand sie unter Groddecks Obhut) weit über hundert Nierensteine abgegangen waren, durch analytische Behandlung, die 1913 einsetzte, als die Patientin 61 Jahre alt war, die Neigung zur Nierensteinbildung so zu reduzieren, daß sie zwischen 1913 und 1926, ihrem Todesjahr, keinen einzigen Stein mehr bildete (diesen Fall stellte Groddeck ausführlich in 1928 a dar)?

Darauf lassen sich aus verschiedenen Gründen keine erschöpfenden Antworten geben. Eins aber ist sicher: Es waren weit mehr als Suggestionserfolge, die sich bei Groddecks Therapien einstellten. Seine Behandlungsmethoden hatte er in jahrzehntelanger klinischer Arbeit entwickelt und ausdifferenziert, sie gingen weit über das hinaus, was Groddeck oft unterstellt wurde und was Wilhelm Stekel so ausdrückte: »Ein jeder Glaube kann Berge versetzen! Jede Hoffnung steigert den Stoffwechsel, und Groddeck hat sich vielleicht sein Privat-Lourdes geschaffen, wo ein wundertätiger Götze (Freud) das Unmögliche möglich macht« (Stekel 1919, S. 44). Groddeck hielt nichts von Wunderheilungen, er mißtraute allen allzu schnell erreichten therapeutischen Erfolgen. Seine Hausdame Magda Knoch berichtete dazu: »Die Dame, die morgen geht, kam im Rollstuhl, konnte keinen Schritt gehen. Jetzt geht sie täglich allein spazieren. Aber der Doktor hat kein Vertrauen zu diesen wunderbaren Erfolgen. Er fürchtet, daß sie nach wenigen Wochen wieder ganz gelähmt ist...« (Knoch 1961, S. 12).

Groddeck selbst nannte sein therapeutisches Vorgehen ein »zweckmäßiges methodisches Eingreifen« (1928 a, S. 136). Er hat es nie eingehend beschrieben. Es kann deshalb im folgenden nur darum gehen, einige Momente daran aus Bemerkungen und Berichten zu rekonstruieren.

Als Annex zu dem Briefwechsel Groddeck-Ferenczi (1982) wurden in Frankreich die Briefe des ungarischen Architekten Fr. Kovàcs veröffentlicht, der im Januar-Februar 1927 für sieben Wochen (und später noch mehrere Male) als Patient mit Herz-, Kreislauf- und Verdauungsbeschwerden bei Groddeck weilte. Kovàcs schrieb seiner Frau Vilma, einer Psychoanalytikerin und Schülerin Ferenczis, fast täglich aus Baden-Baden und schilderte ihr minutiös seinen Tageslauf und die Geschehnisse im Sanatorium. Diese Briefe sind recht aufschlußreich, was die Atmosphäre im Sanatorium und Groddecks therapeutisches Vorgehen angeht. Die 1939 verstorbene Tochter beider, Alice Kovàcs, übrigens wurde die erste Frau Michael Balints.

Ähnlich interessant sind die Erinnerungen von Magda Knoch und Agnes Koch-Thorbecke. Magda Knoch war zwölf Jahre lang, von 1909 bis 1921,

Hausdame und Sanatoriumsleiterin bei Groddeck, Agnes Koch-Thorbecke gehörte zu dem Freundeskreis um Groddeck aus Baden-Baden. Im Oktober 1961 schrieben beide – angeregt durch Lawrence Durrells Essay über Groddeck – ihre Erinnerungen an Groddeck und das Sanatorium nieder.

Das Setting. Anamnese – Diagnose – Therapie

Groddeck behandelte seine Patienten in der Klinik, in seinem Baden-Badener Privatsanatorium »Marienhöhe« in der Werderstraße 14, dem heutigen Hotel Tanneck. Das Sanatorium hatte 15 Betten in Einzelzimmern. Groddecks engste Mitarbeiterin war seine Frau Emmy, genannt Emke, die gelernte Masseuse war; dann gab es die Hausdame und Sanatoriumsleiterin Magda Knoch, deren Nachfolgerin Frau Spalding, Tina, das Bademädchen, Emilie, die Köchin, und Willi, den Hausburschen. Groddecks Patienten kamen aus ganz Europa zu ihm. Am 2. August 1909 etwa berichtete Magda Knoch ihrer Mutter: »Es sind 7 Holländerinnen und Holländer da, alle sehr fein und liebenswürdig, eine Dame von hier, 2 Stock-Engländerinnen (kein Wort deutsch), eine Belgierin (nur französisch), eine Dame aus Leipzig, 2 aus Barmen, 1 aus Düsseldorf. ... Ich sehe in der Hausliste viele sehr vornehme Namen: Fürst Bismarck, Fürstin Bismarck, S. H. Erbprinz von Meiningen etc. Ich kriege eine Gänsehaut!« (Knoch 1961, S. 4). Gleichzeitig behandelte Groddeck viele einfache Leute, Arbeiter, kleine Angestellte, oft zu einem nur symbolischen Preis oder ganz umsonst, während er den reichen Patienten recht ansehnliche Pensions- und Behandlungsrechnungen schrieb.

Neben den Sanatoriumsgästen betreute Groddeck viele ambulante Patienten aus der Stadt und der Umgebung Baden-Badens und Patienten, die von auswärts gekommen waren und anderswo in Baden-Baden Unterkunft gefunden hatten. »Er arbeitet kolossal. Von morgens 8 Uhr bis 5 Uhr ist er hier im Hause, oft kommt er abends noch einmal und bleibt bis ½10, massierend, tröstend, ratend, helfend. Wann er seine Bücher schreibt, ist mir unerfindlich« (Knoch 1961, S. 6). Die Patienten waren, wenn sie nicht ambulant betreut wurden, zumeist mehrere Wochen in Groddecks Behandlung, in der Regel schwankte die Behandlungsdauer zwischen 1 und 4 Monaten. Patienten mit hartnäckigen chronischen Erkrankungen kamen oft Jahr für Jahr zur psychoanalytischen Kur. Groddeck betonte oft, wie wichtig Geduld bei der Behandlung schwerer Leiden sei. Die Abstände der einzelnen Konsultationen oder Kuren konnten sich ganz nach dem Bedürfnis der

Das Sanatorium Dr. Groddeck in Baden-Baden

Kranken richten, doch wichtig war meist eine langfristige über Jahre gehende Behandlungsperspektive.

Die Klinik wurde offen geführt, es herrschte reger Verkehr nach außen. An den regelmäßigen Treffen Mittwoch- und Samstagabend nahmen neben den Patienten auch Baden-Badener Bürger teil, gerade anwesende Freunde Groddecks, Laien und Ärzte, auch Psychoanalytiker, ein bunter Kreis. Groddeck hielt eine Einführung, dann wurde frei und ungezwungen diskutiert. Gegen Ende der 20er Jahre ließ Groddeck, wohl aus Gesundheits- und Altersgründen, diese regelmäßigen psychoanalytischen Konferenzen einschlafen.

So wie für Groddeck die Grenzen zwischen Krankheit und Gesundheit fließend waren, so auch jene zwischen Kranken und Gesunden. Die Klinik war keine abgeschlossene Welt des Leidens, sondern ein lebendiges Zentrum der medizinischen Aufklärung und der spielerischen gegenseitigen Anregung. Groddeck ging es dabei nicht um die Verkündigung seiner Einsichten, um die Belehrung oder Schulung seiner Patienten, um eine systematisierte Veränderung ihres Denkens und Verhalten. Er verwahrte sich immer gegen die Vorstellung, an die Psychoanalyse müsse sich eine vom Arzt geleitete Psychosynthese anschließen, und warnte vor der Gefahr, die er an sich und anderen wahrgenommen hatte, »daß alle Analytiker in sich den Trieb haben, erzieherisch, helfend, beratend einzugreifen«. Dies sei und bleibe eine »Sünde wider den heiligen Geist« (1926l, S. 11). In dieser Hinsicht vertrat Groddeck unbedingte analytische Abstinenz. Für ihn gab es kein ärztliches Herrschaftswissen. Er verwandte keine Fachterminologie; er brachte sich rückhaltslos in die Diskussionen und Behandlungen ein, machte keinen Unterschied zwischen sich und seinen Patienten: Alle waren Lernende, sich gegenseitig Anregende.

Gleichzeitig trug Groddeck dem Regressionsbedürfnis seiner Kranken, gerade der schwer psychosomatisch Erkrankten, Rechnung: »Jede Erkrankung ist eine Wiederholung der Säuglingssituation, entspricht der Sehnsucht nach der Mutter, jeder Kranke ist ein Kind« (Groddeck 1923a, S. 122f.) Ernst Simmel, der 1927 bis 1931 in Berlin in einem eigenen psychoanalytischen Sanatorium auch psychosomatische Patienten behandelte, beschrieb die therapeutische Funktion der Klinik im Rahmen der Regressionstendenz des Kranken: »Der Genius loci der Psychoanalytischen Klinik, das Haus, das die gequälten kranken Menschen in Schutz und Bewahrung nimmt, ihre Angst bindet, aber auch notgedrungenerweise zu Zeiten ihre Angst wieder entfachen muß, ist, wie Sie sehen, die symbolische Darstellung der *Mutter* selbst« (Simmel 1928, S. 368f.).

In Groddecks Klinik herrschte eine sehr familiäre Atmosphäre; es wurde alles getan, um die erstarrten Verhältnisse in den Kranken selbst zum Spielen zu bringen. Die Geburtstage der Patienten etwa wurden mit großem Pomp und viel Phantasie von dem gesamten Haus gefeiert. Groddeck selbst konnte sich wegen der geringen Zahl der Patienten intensiv um jeden einzelnen kümmern. Die Patienten sahen ihn täglich, in der Regel waren feste Gesprächszeiten festgesetzt, deren Dauer sich nach den Bedürfnissen der Patienten regulierte. Eine Couch für die klassische analytische Behandlungssituation gab es in Groddecks Sanatorium nicht.

Der Tagesablauf der Patienten war durch Therapiemaßnahmen und Anwendungen exakt strukturiert. In der Regel wurde allen Patienten neben den Gesprächen mit Groddeck Diät, Massage, Bäder und Bewegungstherapie verordnet. Dabei waren die einzelnen Behandlungselemente der Schweningerschen Tradition gemäß individualisierend auf den Kranken abgestimmt. Die Diät wurde alle zwei Stunden auf den Zimmern eingenommen, »immer etwas

Neues, Nettes. Dafür werden richtige Stundenpläne geschrieben« (Knoch 1961, S. 6). Nur den Kaffee nach dem Mittagessen nahm man gemeinsam. Täglich gab es Massagen, die seit Mitte der 20er Jahre Georg Groddeck aus gesundheitlichen Gründen nur noch selten, meist seine Frau Emmy ausführte. Große Bedeutung hatten auch die heißen Teilbäder und verschiedenste gymnastische Übungen. Zwischendurch gab es Zeiten der Ruhe. Spaziergänge und Wanderungen, bei Bedarf auch gemeinsame Spiele, Tanz, Konzerte, das Baden-Badener Casino füllten die restliche Zeit. Einen Tag in der Woche hatten die Patienten in der Regel »frei«, dann durften sie tun und lassen, auch essen und trinken, was sie wollten.

Das zweifellos vorhandene und durch Groddecks Ausstrahlung geförderte »affektgeladene Übertragungsmilieu« (Simmel 1928, S. 369) – es sei daran erinnert, daß Groddecks Patienten sein Sanatorium bis in die 20er Jahre hinein gerne Satanarium nannten – war im wesentlichen auf Groddeck zentriert. Doch trat er nicht mehr wie vor seiner analytischen Wende als absoluter Herrscher auf, sondern suchte eher das herzustellen, was er Mutterübertragung nannte und das im Zentrum seiner psychosomatischen Behandlung stand. Das hochpotente Übertragungsmilieu innerhalb der Klinik und dessen Relativierung durch den Bezug zur Außenwelt, zur Realität, hielten sich die Waage.

Groddeck schätzte die Gewißheiten der medizinischen Krankheitslehre, der Nosologie, wenig hoch ein. Für ihn relativierte sich das übliche aufeinanderfolgende Schema von Anamnese, Untersuchung und Befund, Diagnose und Therapie. Er ging nicht von bestimmten Krankheitseinheiten aus, die es zu diagnostizieren und zu therapieren galt; Gegenstand der Behandlung war für ihn »der seelisch-körperliche Zustand des Patienten, der die Erkrankung wünschenswert machte und der möglicherweise ... weiter krankmachend wirkt« (1933a, S. 332f.). Ihn galt es zu analysieren, die Bedingungen der Krankheit galt es zu rekonstruieren. »Solch eine Behandlung, die sich in erster Linie der Anamnese bedient, ... ist ungefährlich, zuverlässig und wirksam. Sie schließt die Untersuchung nicht aus«, sie macht sie vielmehr erst zu einem brauchbaren diagnostischen und therapeutischen Instrument, denn sie »korrigiert ... die Fehler, weil sie dem Arzte oft zeigt, was an dem Untersuchungsbefunde wichtig für die Behandlung und was nebensächlich ist« (ebd.).

Die Anamnese selbst, die Frage nach den Quellen der Erkrankung, wurde für Groddeck das umfassende Medium der Therapie. Wenn er seine Patienten körperlich untersuchte, verstand er dies schon als ein Element der Behandlung; er provozierte durch die körperliche Untersuchung, die er meist im Rahmen einer Massage unternahm, Assoziationen bei seinen Patienten, griff sie auf als Moment der psychoanalytischen Anamnese – sein gesamtes Verfahren könnte man mit Felix Deutsch assoziative Anamnese nennen, nur war es viel umfassender; es umfaßte Körperassoziationen ebenso wie psychische, es hatte zugleich diagnostischen und therapeutischen Wert. Schon für die erste Begegnung mit einem neuen Patienten betonte Groddeck, daß »ich niemals meinen Patienten irgend ein einleitendes Wort über die Behandlung sage, sondern sie sofort ohne weitere Erklärung zum Assoziieren zu bringen suche« (1920a, S. 216). Groddeck provozierte das freie Assoziieren des Patienten durch somatische und psychische Stimuli, fokussierte es immer wieder auf die Krankheitssymptome, die ins Auge stachen, und gewann dadurch die Anamnese, die zugleich Therapie war. In diesem Rahmen hatten die organmedizinischen Untersuchungen und weitere diagnostische Unternehmungen ihren Sinn. Und in diesem Rahmen waren die therapeutischen Maßnahmen ebenso flexibel und offen, wie sich der Krankheitsverlauf selbst gestaltete.

Gleiches galt für die Indikationen bestimmter Behandlungsmaßnahmen. Grundlage einer jeden Behandlung war bei Groddeck das psychoanalytische Verfahren, dessen Methode die Arbeit mit Übertragung und Widerstand und dessen Gegenstand das Bewußte und das Verdrängte, Bewußtseinsfähige des Patienten war. Die Grenzen dieses Verfahrens waren deutlich:

»Ein Kranker, der den Widerstand bis zur Bewußtlosigkeit treibt, ist nicht zu analysieren. ...

Ein Kranker, der seinen Widerstand in Form einer rasch verlaufenden Krankheit äußert, ist nicht zu analysieren. ... Ein Kranker, dessen Widerstand – oder ... Wunscherfüllung – ein Knochenbruch ist, soll nicht analysiert werden. ...

Ein Kranker aber, dessen Knochenbruch durchaus nicht heilen will, den soll man allerdings analysieren. ... Kurz, die Verwendung der Psychoanalyse ist eine Frage der Zweckmäßigkeit, nicht eine des Gebiets der Erkrankung« (Groddeck 1926b, S. 506f.).

Grundsätzlich ließ sich jede psychische, organische oder im engeren Sinn psychosomatische Erkrankung psychoanalytisch behandeln, grundsätzlich ließ sich das psychoanalytische Verfahren mit allen anderen Therapieverfahren kombinieren. Als Untersuchungsverfahren hatte die Psychoanalyse den entscheidenden Vorteil, die Arbeit des Es auf dem meist wichtigsten Gebiet der Krankheitsgenese zu beeinflussen, auf dem Gebiet der Psyche, des Bewußten, des Verdrängten, der Widerstände, des Symbolisierten, das für die körperlichen Symptome in der Regel mitauslösend war.

Groddeck wehrte sich immer gegen die Vorstellung, eine psychoanalytische Behandlung müßte eine bestimmte Dauer haben, erst recht gegen jene, sie könnte erschöpfend durchgeführt werden. Durch die Symptomorientiertheit war sein Verfahren in Dauer und Intensität sehr variabel. So konnte ein Gespräch ausreichen, um den Heilungsvorgang in Bewegung zu setzen; andererseits mußten schwere und chronifizierte psychosomatische Störungen über viele Jahre hinweg klinisch behandelt werden. Bei ihnen war es wie bei schweren Psychoneurosen, von deren oft jahrelanger, mühseliger Analyse Groddeck gelegentlich berichtete, nötig, sich auch intensiv und längerfristig mit den frühen Kindheitserinnerungen zu beschäftigen, ausführlich im eher schulmäßigen Sinn psychoanalytisch zu arbeiten. Doch meist, meinte Groddeck, sei es überflüssig, oft sogar schädlich (und praktisch auch gar nicht durchführbar), jeden organisch kranken Patienten ausführlich zu analysieren. Doch wenn die meisten Ärzte daraufhin ganz von dem psychoanalytischen Verfahren absähen, verzichteten sie auf eine wesentliche Behandlungsmöglichkeit des praktischen Arztes. Die fokussierte Symptomanalyse sollte zu dem therapeutischen Rüstzeug eines jeden Arztes gehören.

Psychoanalyse, so Groddeck, ist Widerstandsbehandlung; Ausdruck des Widerstandes ist das Krankheitssymptom. Wenn der Widerstand, das Krankheitssymptom und damit das Leiden des Patienten sich gelöst haben, besteht keine weitere Indikation zur Behandlung, es sei denn, erneute Erkrankungen forderten eine neue und intensivierte Behandlung. Groddecks fokussierte Symptomanalyse war eine Absage an alle »objektiven« normorientierten Krankheitsbegriffe und Therapiekonzepte.

Übertragung und Widerstand

»Ich muß Anspruch auf Sie erheben«, schrieb Freud 1917 an Groddeck, »muß behaupten, daß Sie ein prächtiger Analytiker sind, der das Wesen der Sache unverlierbar erfaßt hat. Wer erkennt, daß Übertragung und Widerstand die Drehpunkte der Behandlung sind, der gehört nun einmal rettungslos zum wilden Heer« (Groddeck/Freud 1974a, S. 14). Tatsächlich drehte sich Groddecks Behandlung im höchsten Maß um die Übertragungssituation zwischen Patient und Arzt und um den Widerstand des Patienten, wie er in der Übertragung und im Symptom zum Ausdruck kam.

Groddeck hatte schon vor der psychoanalytischen Wende mit der Übertragung gearbeitet, doch damals noch im Rahmen der Suggestionstherapie mit einer herrschaftlichen Vaterübertragung, von der er sich später löste. Mutterübertragung nannte er das, was er als produktives Medium seiner psychoanalytischen Behandlung herzustellen suchte. Er hatte sie bei Fräulein G. kennengelernt; sie und ihre Erfordernisse, die sie an den Arzt stellte, hatten seine Person und seinen gesamten therapeutischen Ansatz tiefgreifend verändert. Er akzeptierte seine Patienten ohne jede Einschränkung, empfing sie mit solcher Wärme, Offenheit, solchem Verstehen, daß sie zumeist innerhalb kurzer Zeit einer tiefen Regression anheimfielen.

»Als Analytiker«, schrieb Hermann Graf Keyserling, »war Groddeck das unglaublichste an Katalysator, was ich auch nur für möglich hielt. Er sagte so gut wie gar nichts, aber alles, was nach Befreiung drängte, fiel mir spontan in seiner Gegenwart ein. ... Im ganzen«, meinte Keyserling zu Groddecks Ausstrahlung, »beruhte es wohl auf seiner eigenen vollkommenen Gelöstheit« (Keyserling 1958, S. 300). Groddeck gab ein Moment an, mit dem diese seine Gelöstheit zusammenhing: »Erst wenn der Mensch sich überzeugt hat: Der, der fragt, ist frei von verachtenden Gedanken, macht wirklich ernst mit dem Wort: ›Richtet nicht‹, erst dann öffnet er die Pforten seiner Seele ein wenig ...« (1923 a, S. 44).

Die Übertragung des Patienten war für Groddeck ein zerbrechliches Gut; sie immer wieder zu ermöglichen, gehörte zu den diffizilsten Aufgaben des Arztes. »Bis zu einem gewissen Grade kann der Arzt sie herbeiführen, zum mindesten kann er und soll er die einmal entstandene Übertragung zu erhalten und zu lenken suchen. Aber das Wesentliche, das Übertragen selber ist ein Reaktionsvorgang im Kranken, in der Hauptsache ist es dem Einfluß des Arztes entzogen« (ebd., S. 137f.).

Für Groddeck war die Bildung eines neuen Individuums Kranker-Arzt die Angel, um die sich die Behandlung drehte. Er lernte es, das gesamte Geschehen während der Behandlung konsequent auf die Übertragungssituation zu beziehen. »Ich kann hier nur wiederholen, daß es für mich und meine Analysen eine wesentliche Förderung bedeutete, als ich ... das Verhältnis des Kranken zum Analytiker zum Angelpunkt des Analysenmaterials nahm und jeden Traum, jede Geste, jede Fehlhandlung, jede Verschlimmerung oder Besserung im Zustand des Patienten vor allem als Ausdruck des Übertragungs- und Widerstandsverhältnisses auffaßte.« Dies schrieb Sandor Ferenczi, Groddecks engster Freund, und fügte hinzu, »daß bei vorurteilsfreier Prüfung dieser Frage die Priorität eigentlich Groddeck gebührt, der, wenn der Zustand eines seiner Kranken sich verschlimmert, immer mit der stereotypen Frage kommt: ›Was haben Sie gegen mich, was habe ich Ihnen getan?‹« (Ferenczi 1926, S. 189). Groddeck hielt es mit seiner Konzentration auf Übertragung und Widerstand gerade so, wie Ferenczi es beschrieb.

Die Herstellung der Übertragungssituation bildete die Grundlage der psychoanalytischen Behandlung; inhaltlich blieb die Therapie bestimmt durch die Arbeit am Widerstand. Der Widerstand des Kranken trat für Groddeck zunächst im Krankheitswillen des Es des Kranken zutage, der sich gegen den Heilungswillen setzte, es war der Widerstand gegen die Gesundung. Ausdruck dieses Widerstandes waren die Symptome der Erkrankung, die in verschiedener Weise mit psychischem Material verbunden sein konnten. Da der Arzt sich mit dem Gesundungswillen des Kranken verbündete, manifestierte sich der Widerstand in all seinen Ausprägungen auch in der Übertragungssituation. Darauf konzentrierte sich Groddecks therapeutisches Vorgehen. »Der Widerstand des Kranken gegen den Arzt ist das Objekt jeder Behandlung« (Groddeck 1923a, S. 121).

Groddeck hatte schon zu Beginn seiner psychoanalytischen Therapieversuche die für die Entwicklung der psychoanalytischen Therapie so wichtige Wendung von der Inhaltsanalyse des Unbewußten zur Widerstandsanalyse vollzogen. Auch die Krankheitssymptome verstand Groddeck im Rahmen der Therapie als Widerstandsphänomene, die es auf die Übertragungssituation zu beziehen galt. Denn die freien Assoziationen der Patienten versiegten, das hatte er immer wieder beobachtet, gerade in den wichtigsten Momenten der Behandlung. Ihm wurde klar: »Dort, wo die Einfälle aufhören, ist die Lösung des Rätsels« (ebd., S. 168). An die Stelle der Einfälle traten dann oft Symptome verschiedenster Art, die zum neuen Gegenstand der Analyse gemacht werden konnten.

Eine Zeitlang liebte Groddeck es in frischem Entdeckerstolz, quasi experimentell bei manchen Kranken das Auftreten bestimmter organischer Symptome zu provozieren, indem er mit ihnen verbundenes psychisches Material, das verdrängt war und im Rahmen von Widerständen imponierte, willkürlich aufwühlte (ein Patient etwa reagierte in solchen Fällen regelmäßig mit Fieberschüben, ein anderer mit Bewußtseinstrübungen und Schwindel – [1917a, S. 18f.], ein dritter mit bestimmten Verschlimmerungen seiner sklerodermatischen Symptomatik – [1923a, S. 130 usw.]). Das Symptom erschien dann als beliebig reproduzierbarer Widerstand gegen das Bewußtwerden verdrängter Komplexe.

Wenn Groddeck die Behandlungen im wesentlichen auf die organischen Symptome des Kranken fokussierte, so ging es ihm nicht um ihre inhaltliche quasi objektive Analyse, sondern um ihre Bedeutung für die Übertragungssituation. Jedes Symptom erschien als Widerstand, als Kampfansage gegen den Arzt, der mit dem Genesungswillen verbündet war und sich fragen mußte, was er falsch gemacht habe, welchen Anlaß er dem Es des Kranken zum Aufrichten des Widerstandes gegeben habe. Die unbedingte Konzentration allen Geschehens auf die Übertragungs- und Widerstandssituation galt ja nicht nur für den Patienten; sie nahm den Arzt gleichermaßen in Anspruch. Bekam Groddeck einen Widerstand zu fassen – sei es als psychisches, sei es als somatisches Phänomen; für Groddeck waren Verdrängung und Widerstand immer einheitliche psychisch-körperliche Vorgänge –, dann ließ er die gesamte Behandlung darum kreisen und führte den Patienten immer wieder auf diesen Punkt zurück (in ›Eine Symptomanalyse‹ gibt Groddeck das wörtliche Protokoll einer solchen kurzen Widerstandsanalyse wieder; es ist sehr aufschlußreich für sein Verfahren – 1920b, S. 320–323). Die fokussierte Symptomanalyse war letztendlich eine um den Widerstand zentrierte Behandlung. Der Widerstand wurde über das Symptom zum Angelpunkt der Therapie.

Verbale Behandlungselemente

»Je öfter ich versucht habe, mir darüber klar zu werden, was der wesentliche Unterschied meiner Behandlungstechnik und der anderer Psychoanalytiker ist, kam ich zu dem Schluß, daß ich mehr Gewicht auf das Symptom in dem weitesten Sinn des Wortes lege, daß ich sehr oft die freie Assoziation unterbreche und den Kranken auf das oder die Symptome zurückführe, daß ich aber andererseits fast nie, nur im äußersten Notfalle, deute. Die Deutung hat nach meiner Ansicht und Gewohnheit der Kranke zu geben« (Groddeck 1951, S. 486).

Die Grundlage von Groddecks Technik war die freie Assoziation des Patienten. Alle Berichte betonen, wie sehr er selbst sich in der analytischen Situation zurückgehalten habe, um diese freie Assoziation nicht zu behindern. Sein Schweigen war aber zugleich von höchster Aktivität, von Offenheit und Interesse geprägt. »Das Wesentliche an Groddeck war seine schweigende Gegenwart. Wenn man bei ihm war und er nach gar nichts fragte, fiel einem mehr ein als sonst bei geschicktesten Analytikern« (Keyserling 1934, S. 283).

Inhaltlicher Ausgangspunkt der Analysen war die Arbeit an den Symptomen und an den Träumen* der Patienten. Deren Symbolik und ihre Deutung war das eine Medium der Analyse, das andere waren die freien Einfälle des Kranken. Dabei hatten für Groddeck

* Das ausführliche Beispiel einer Groddeckschen Traumdeutung findet sich in Groddeck 1925r, S. 1–16. Es entstammt einer kurzen Analyse Groddecks durch Ferenczi, die 1925 in Budapest stattfand.

die Assoziationen des Kranken unbedingten Vorrang vor der Symboldeutung, die trat als Hilfsmittel hinzu, um den Einfällen des Patienten Anstöße zu geben. Beides, Symboldeutung und freie Assoziation, waren primär Aktivität des Patienten; Groddeck begleitete sie mit der Aufmerksamkeit des analytischen Dieners. Unermüdlich betonte er, »daß die analytischen Vorgänge in der Behandlung von dem Kranken, nicht von dem Arzt ausgeführt werden, daß also auch der Kranke zu deuten hat, nicht der Arzt. Ist der Arzt wirklich einmal ausnahmsweise gezwungen zu deuten, so tut er das in Form von Vorschlägen, wobei er sich stets der Gefahr bewußt bleiben muß, daß der Kranke sich wahrscheinlich aus der Deutung des Arztes eine Waffe des Widerstandes machen wird« (1951, S. 486).

Nur der Kranke könne Auskunft geben über sein Es und dessen Absichten und Handeln; die Rolle des Behandelnden beschränke sich darauf, das widerwillig sprechende Es zur Aussage zu bewegen. Die gesamte Behandlung war Anamnese, Erinnerung des Kranken an Entstehung und Verlauf der Krankheit, und Arbeit mit jenen Momenten, die der Erinnerung widerstanden und sich in der Übertragung, im Symptom, im Traum als Widerstand manifestierten.

»Der Kranke befindet sich im Widerstand. Was soll der Arzt dabei tun? Wissen soll er, daß der Kranke im Widerstand ist. Und dann soll er wie der Mensch, der mit verbundenen Augen die Stecknadel sucht, an der Hand jedes Wortes, jeder Bewegung, jedes Lebenszeichens des Gesunden oder des Kranken, dem Grund des Widerstandes nachspüren, alles vom Widerstand, was im Bewußten des Kranken ist, aussprechen lassen, alles, was unbewußter und bewußseinsfähiger Widerstand ist, bewußt machen, für alles was bewußtseinsunfähig oder vegetativ ist, sich die Deutung des Kranken geben lassen. Wenn es irgend vermieden werden kann, soll der Arzt selbst nicht deuten; seine Deutung wird fast immer als neues Mittel des Widerstandes benutzt, nützt selten, schadet aber oft so schwer, daß damit jede Aussicht auf erfolgreiches Dienen dieses Arztes vernichtet ist, er muß der Dienstentlassung gewärtig sein« (Groddeck 1928e, S. 588).

Groddeck hatte oft beobachtet, daß selbst die scheinbar freien Assoziationen des Patienten von dessen Krankheitswillen in Dienst genommen wurden, daß in ihnen Widerstand zum Ausdruck kam. Dann entwickelte sich ein abstraktes Assoziations- und Deutungsspiel des Patienten, das unproduktiv wurde, weil sein wirklicher Anlaß, Verdrängung und Widerstand, unbegriffen sich durchsetzen konnte. Oder die Krankheitssymptome verschlimmerten sich, was für Groddeck ein untrügliches Zeichen dafür war, daß ein unbegriffener Widerstand aufgeflammt war und sich einen somatischen Ausdruck schuf.

Hier hatte Groddeck sich eine Menge intervenierender »Kunstgriffe« (wie er es nannte) ausgebildet, um die Analyse auf ihren Kern, die jeweils konkreten Widerstände, zurückzuführen. Als Anregung, als Vorschlag an das Es des Kranken stellte er ihm Fragen, die auf den Widerstand, meist auf das Symptom, bezogen waren und die einschlägige Einfälle provozieren sollten. Dabei war es für Groddeck wichtig, diese Fragen aus der analytischen Erfahrung und der Einfühlung in die Situation zu gewinnen und »sein eigenes Wesen so wenig wie möglich zu verstecken, um dem Es des Kranken« nicht wiederum »Vorwände zum Mißtrauen zu bieten« (1925e, S. 346).

Groddeck fragte seine Patienten, wenn sich deren Symptome verschlimmerten, regelmäßig: Was haben Sie gegen mich, was habe ich Ihnen getan? Eine Variation dieser Frage war jene nach einem Schimpfwort. Auch in den Einfällen, die sie provozierte, kam zweierlei zum Ausdruck: Einmal warfen sie ein Licht auf die gegenwärtige Übertragungssituation, zum anderen führten sie zurück in die verdrängten Komplexe, denen der Widerstand galt.

Ein junger Patient mit floridem Kastrationskomplex, dessen Behandlung ins Stocken geraten war, antwortete auf Groddecks Frage nach einem Schimpfwort mit dem Einfall: Ochse. Groddeck meinte dazu zunächst: »Mein junger Freund hält mich für dumm, für horndumm. Aber ... was mich an dem Wort interessiert, ist etwas anderes. Wie inmitten der Dunkelheit ein aufzuckendes Licht erhellt es für einen Augenblick die Finsternis der Erkrankung. Der Ochse ist kastriert ...« (1923a, S. 96) – das schöpferische Spiel der Analyse war wieder in Gang gesetzt.

Grundlage dieser Technik Groddecks, Assoziationen zu provozieren, widerstandsbezogen zu arbeiten, waren Geduld und Offenheit. »Ich habe lange Zeit geduldig gewartet«, schrieb Groddeck zu der Traumanalyse eines Patienten, die ins Stocken geraten war, »um zu sehen, ob nicht doch irgendwelche Erinnerung komme. Aber sie kam nicht, und schließlich forderte ich den Kranken auf, irgend ein beliebiges Wort zu sagen. Solch ein kleiner Kunstgriff lohnt sich manchmal ...« (1923a, S. 259f.). Groddeck fragte seine Patienten (und bat sie um spontane Assoziationen dazu), nach einem der zehn Gebote, nach irgendeiner Zahl, nach einem beliebigen Datum, einem beliebigen Wort, er fragte sie nach ihren Einfällen zu »Haus« oder »Schleier« oder anderen Worten, die ihm selbst spontan einfielen; er fragte nach etwas, an dem sich der Widerstand kristallisieren konnte.

»Unterhalten Sie sich mit irgend jemandem über ein Thema, das die Tiefen seines Es in Bewegung setzt; es gibt allerlei Zeichen, um festzustellen, daß eine solche Bewegung vor sich geht. Fragen Sie, wenn Sie solch ein Zeichen bemerken, nach einem Datum, es wird mit einer absoluten Sicherheit sofort ein Datum genannt werden, das mit dem aufgerührten Komplex in inniger Assoziation steht. Oft tritt der Zusammenhang gleich zutage, so daß der Befragte selbst erstaunt über die Leistungsfähigkeit seines Unbewußten ist. Oft wird jeder Zusammenhang bestritten. Lassen Sie sich dadurch nicht irremachen.... Nach einiger Zeit wird die Richtigkeit der Assoziation sich erweisen und gleichzeitig eine Menge psychisches Material zum Vorschein kommen« (Groddeck 1923 a, S. 199).

Groddeck fragte seine Patienten nach dem Zweck ihrer Erkrankung, nach dem Zweck ihrer Symptome. Dabei ging es ihm nicht um die Aufklärung der objektiven Ursachen der Erkrankung, sondern um die Anregung des Kranken, um eine Bewegung seines Es.

So »frage ich«, berichtete Groddeck von einem Kranken mit chronischem Schnupfen, »den Kranken: ›Wozu hast du eine Nase?‹ ›Zum Riechen‹, antwortet er mir. ›Also‹, folgere ich, ›hat dein Es dir den Schnupfen gegeben, damit du irgend etwas nicht riechen sollst. Suche, was du nicht riechen solltest‹.... Und dabei kümmere ich mich gar nicht darum, ob ich das, was ich behaupte, selber glaube oder nicht, ich behaupte es einfach« (ebd., S. 113). Auf die Wirkung der Frage kam es ihm an, auf die Bewegung im Es, die sie provozierte. »Der Erfolg? Nicht selten verschwinden die Symptome wie unter einem Zauberschlage, selbst schwere lebensgefährliche Anzeichen hören plötzlich auf. Meist tritt die Besserung nur allmählich ein, und natürlich oft genug kommt gar keine Änderung. Wer aber ein einziges Mal einen Erfolg erlebt hat, wird diese einfache ungefährliche Art der Behandlung nie wieder aufgeben« (1933 c, S. 334).

Die ganze Behandlung war das Setzen einer phantastischen Wirklichkeit, das freie anregende Spiel des Es des Arztes mit jenem des Kranken mit dem Ziel, dessen schöpferische Tätigkeit über die krankmachenden Widerstände hinaus anzuregen. »Wir können tief in das Unbewußte eindringen, wenn wir uns entschließen, nicht mehr wissen zu wollen, sondern zu phantasieren« (Groddeck 1923 a, S. 27). Phantasieren war für Groddeck keine illusionäre Wunscherfüllung, die dem Druck der Realität auswiche. Phantasieren war die Vorstellungsweise, die der Es-Tätigkeit und dem kindlich-symbolischen Denken entsprach und mit der auch der Vorgang der Symptombildung nachvollzogen werden konnte. Phantasie und spielerische Spontaneität waren die Grundlage von Groddecks analytischer Arbeit. Sie galten für den Patienten wie für den Arzt.

Groddeck fokussierte die Behandlung oft auf den Beginn der Erkrankung, auf die anfänglichen Symptome, auf die auslösenden

Faktoren, die zeitliche, die örtliche, die individuelle Disposition. Denn daran – das zeigten seine Erfahrungen – kam oft viel von dem Krankheitswillen zum Ausdruck, verriet sich viel von den Absichten des Es.

Die sprachlichen Mitteilungen und Assoziationen seiner Patienten und seiner selbst nahm Groddeck nie als eindeutige objektive Aussage. Die Sprache erschien ihm, ihre Wörter, Ausdrücke, Sätze, als ebenso vieldeutig und individuell bestimmbar wie die Krankheitssymptome. Auch sie war Ausdruck der schöpferischen Tätigkeit des Es, dem es nie um Eindeutigkeit, sondern immer um die Darstellung komplexer Zusammenhänge in scheinbar einfachen Symbolisierungen ging.

Ein naiver, kindlicher Umgang mit der Sprache war für Groddeck ein wichtiges Mittel, das hintergründige Spiel des Es zu erkennen und anzuregen. Vor allem arbeitete er mit assoziativen Sprachverknüpfungen – konkreter-abstrakter Wortsinn zum Beispiel, Begriffsverwandtschaft, Sinnähnlichkeit und Sinnwandel, Erinnerungsfülle der Begriffe, Laut-Klangähnlichkeit, spielerische Wortabwandlung, sprichwörtliche Wortverknüpfung und so weiter (Clauser 1970, S. 432). In ›Der Mensch als Symbol‹ (1933) läßt sich dieser wild assoziierende Umgang Groddecks mit der Sprache genauer studieren.

Groddecks analytische Gesprächsführung lebte – im Zusammenhang der stationären Behandlung – in Ausmaß und Intensität auch von den Bedürfnissen der Patienten und von Groddecks therapeutischer Spontaneität. Sie konnte auf einem Spaziergang oder am Krankenbett stattfinden, doch in der Regel hatte sie ihren festen täglichen Termin und Ort. Auch die Vorträge und Diskussionen der Abende (mittwoch- und samstagabends) waren Elemente der analytischen Therapie. Es ging in ihr um die Anregung des Es des Patienten, um den freien Anstoß der Es-Tätigkeit; Groddeck befolgte insofern psychoanalytische Zurückhaltung, als er sich jeder Art didaktischer dirigistischer Eingriffe enthielt – sie würden, davon war er überzeugt, von den Patienten sowieso nur zur Aufrichtung von Widerständen benützt werden.

Organmedizinische Behandlungselemente

Groddeck, das ist bekannt, hielt aus praktischen Gründen viel von der Frage nach dem Zweck einer Erkrankung. »Wer daraus den Schluß zieht«, schrieb er dazu, »daß ich einen Menschen, der sich das Bein gebrochen hat, psychisch behandle, hat ganz recht, nur freilich richte ich den Bruch erst ein und verbinde ihn. Aber dann –

nun ja, dann massiere ich ihn eigenhändig, mache Übungen mit ihm, lasse ihn das Bein eine halbe Stunde lang täglich in 45 Grad baden, sorge dafür, daß er weder frißt noch säuft, und gelegentlich frage ich ihn: Warum hast du dir das Bein gebrochen, du dir?« (1933 c, S. 334).

Groddeck suchte den Unterschied zwischen Untersuchung und Behandlung, zwischen diagnostischer und therapeutischer Tätigkeit nach Möglichkeit aufzuheben. Und er hielt die reinliche Trennung von körperlichen und seelischen Erkrankungen und von einem somatischen oder psychischen Zugang zu ihnen für unsachgemäß und schädlich.

»Vortragender ... erkennt die Notwendigkeit einer Trennung psychoanalytischer Behandlungen von anderen Behandlungsarten nicht an«, meinte Groddeck 1922 in einer Referatenthese (1922 b, S. 492). Für Freud sei sie notwendig gewesen, um seinen psychoanalytischen, auf die Psyche des Menschen bezogenen Ansatz zu entwickeln und durchzusetzen. Doch könne man nun daran gehen, die Freudschen Entdeckungen auch auf anderen Gebieten zu erproben. Er, Groddeck, begreife nicht, »warum wir immer noch so tun, als ob es unsere Aufgabe wäre, die Wahrheit seiner Arbeit zu prüfen oder gar selbst Freuds zu werden« (1951, S. 487). Für die psychoanalytische Wissenschaft wie für ihre Praxis sei es an der Zeit, die Reserve gegenüber den körperlichen Elementen der Krankheiten, ihrer Untersuchung und Behandlung, aufzugeben. Und für die Organmedizin sei es ebenso unsachgemäß, die Psyche des Patienten allein den Psychologen oder Psychoanalytikern zu überlassen.

Groddeck verwandte zur Diagnostik und zur Therapie aller Arten von Erkrankungen sowohl psychische als auch organmedizinische Methoden. »Es kommt so gut wie nie vor«, meinte er, »daß ich mich in meinen Behandlungen nur auf psychotherapeutisches Verfahren im weitesten Sinne verlasse, obwohl ich es überall anwende« (1928 a, S. 137). Die Wahl des Verfahrens richtete sich nach seiner jeweiligen Zweckmäßigkeit. Doch war diese Wahl letztendlich nicht für sich entscheidend für den Behandlungserfolg, da – eine für Groddeck wichtige Aussage – das »Es die Fähigkeit hat, eine Laparatomie oder eine Dosis Digitalis psychisch und einen suggestiven oder analytischen Einfluß physisch zu verwenden« (ebd.). Das Psychoanalytische an all seinem Vorgehen war ihm die Arbeit mit Übertragung und Widerstand. Er meinte geradezu, nur psychoanalytisch Geschulte könnten eine unschädliche und produktive körperliche Untersuchung vornehmen – eine Untersuchung, in der sich der Arzt nicht unwillkürlich von dem Krankheitswillen, den Widerständen des Patienten in Dienst nehmen ließe, sondern sie als Widerstände erkenne und sie zum schöpferischen Mittel der Behandlung mache.

Eine hervorragende Stellung hatten für Groddeck die körperliche Untersuchung und die Massage. Er verwendete sie bei nahezu allen Patienten zu diagnostischen und therapeutischen Zwecken. Schon ihr Anfang, Zeitpunkt und Art des Annäherns zwischen Arzt und Patient, war ein Moment äußerster Diffizilität, entschied sich daran doch ein Großteil des Übertragungsgeschehens, seiner Möglichkeiten oder aber seiner Grenzen.

»Die tiefste Grundlage für ärztliches Handeln, das im wesentlichen Wechselwirkung zwischen Arzt und Krankem, Krankem und Arzt ist, ... ist eine gewisse Übereinstimmung dieser beiden Menschen auf animalischem Gebiet. Der Ausdruck ›animalisch‹ soll bedeuten, daß dieser wichtigste Faktor der Behandlung ... aus der Begegnung zweier Menschenwelten, aus ihrer gegenseitigen Sympathie und Antipathie entsteht. Es gehört nicht viel Erfahrung dazu, um zu wissen, daß die körperliche Berührung für die Ausbildung dieses Heilfaktors beinahe entscheidend ist« (Groddeck 1931 a, S. 51).

In diesem Zusammenhang sei an Freud erinnert, der in der frühen Zeit seiner Hysterie-Behandlungen die Technik des »Drükkens« entdeckt hatte: mit seiner Hand auf die Stirn der im Widerstand befangenen Patienten einen Druck ausübend, provozierte er sie, die im wahrsten Sinne des Wortes einfallslos waren, zu neuen Assoziationen. Freud verließ diesen Ansatz einer somatopsychischen Technik, weil er sah, daß sie langfristig keinen Vorteil gegenüber der ganz frei gelassenen Assoziation bot. Diese Abstinenz Freuds gegenüber somatischen Interventionen war wohl entscheidend für die Stringenz, mit der er seine psychoanalytische Theorie und Therapie der psychoneurotischen Störungen entwickelte und durchsetzte.

Groddeck machte, an diesem Punkt über Freud hinausgehend, aus den alten Techniken seiner physikalischen Medizin die Grundlagen seiner somatopsychischen Widerstandsbehandlung, welche die analytisch-psychosomatische Therapie ergänzte. Nach seinen Erfahrungen bot die Kombination der psychischen mit den somatischen Behandlungselementen unter der Ägide der umfassenden Widerstandsbehandlung den besten Zugang zu allen Erkrankungen psychischer und organischer Art.

Dejours (1980, S. 53) merkte zu Groddecks Körpertherapie, besonders der Massage, an, Groddeck habe damit intuitiv eine Möglichkeit entwickelt, auch nach heutigem Verständnis tief gestörte psychosomatische Patienten analytisch zu behandeln. Über die präverbale Kommunikation des direkten physischen Hautkontaktes habe er ihr Es anregen gelernt, ohne an ihrer möglichen Unfähigkeit zu scheitern, auf direkte Weise ihr Unbewußtes erfahren und ausdrücken zu können. Eine englische Patientin Groddecks schrieb in einem Gedicht ›To the Doktors

Hands‹ (Knoch 1961, S. 9) zu diesem Aspekt von Groddecks Tätigkeit:

» ... Welcome the hands with their magical touch,
Bringing tranquillity, courage, vitality,
Spending your own health us, giving so much. ...«

Angesichts »des überaus zarten Verhältnisses zweier sich kreuzender Menschenwelten« (Groddeck 1931a, S. 51) waren alle therapeutischen Maßnahmen Groddecks von höchster Sensibilität getragen. Er konnte die hochempfindlichen Augäpfel einschlägig erkrankter Patienten oder die Nervenaustrittspunkte mit größter Zartheit massieren, konnte aber auch mit all seinem Körpergewicht auf dem Bauch und den Eingeweiden seiner Patienten lasten, um dann Atemübungen mit ihnen zu veranstalten. Die Massage hatte den Zweck, physikalische und biochemische Prozesse bei den Patienten auszulösen, vor allem den Säftefluß (die Zirkulationsverhältnisse) und die Funktionen der inneren Organe zu beeinflussen, aber auch, durch die Provokation von Schmerz, von Abwehrreaktionen, von vegetativen Symptomen, psychische Prozesse in Gang zu setzen. Zu analytischen Zwecken bevorzugte Groddeck eine Art von Schmerzpunktmassage, Keyserling nannte sie eine »gütig gelenkte Höllenpein« (1958, S. 300). Während dieser Massagen analysierte er den Patienten, an dessen Schmerzäußerungen anknüpfend. Der durch die Massage ausgelöste Schmerz entsprang für Groddeck der körperlichen Vergegenständlichung von Widerständen; die Schmerzpunktmassage war Element der Widerstandsbehandlung. »Aus der Abwehrbewegung gegenüber dem Schmerz wuchs bei seinen Patienten ... der Heilungswille, und zugleich fiel ihm beim akuten Schmerz, durch stichwortartige Fragen aufgerufen, allemal zur Kur Dienliches ein« (Keyserling 1934, S. 283).

Auch die Massage blieb für Groddeck immer ein Spiel, eine Anregung des Es des Patienten. Oscar Köllerström hat uns eine schöne Beschreibung dieses analytischen Massage-Spiels hinterlassen, eine Beschreibung seiner ersten Begegnung mit Groddeck 1925, in der der doppelte Aspekt von Groddecks analytischer Technik deutlich wird: auf der einen Seite die spontane anregende Selbstäußerung in der Massage, auf der anderen Seite die ebenso eindrückliche Rückkehr in die Gelassenheit der analytisch abstinenten Gesprächssituation.

»For this (die Massage – H.W.) Groddeck screwed an ancient, brass-bound monocle into his eye; and as he concentrated his gaze, his face creased into a score of wrinkles surrounding, and radiating from, his eye. His eyebrows swivelled to reach from the root of his nose to the upper limits of his forehead. I never saw such mobile brows. All his expressions engulfed every bit of his face and being. In a puckish sort of way, he now looked ferocious, as he set his jaw, breathed in a rather guttural way, and then went at one. *He suddenly seemed like a small boy attacking his mud pie.* One writhed and screamed with laughter, not merely because one could not contain oneself, but also because *the very spirit of fun* seemed to have taken over. We were a couple of children playing doctor and patient.... But the moment it was finished he closed up, and abruptly took his leave. With very visible reluctance he turned back to consider a question I suddenly produced. But then, quietly, unhurried, and as uninvolved as though a mere witness of himself giving utterance, he gave me the counsel of a sage: and his face was expressionless« (Köllerström 1974, S. 27f.).

Neben der Massage verwandte Groddeck alle Methoden der Medizin, die er von Schweninger übernommen hatte und die er, durch jahrzentelange Erfahrung geschult, virtuos handhabte. Schulmedizinische Therapeutika setzte er »nach Wissenschaft und Erfahrung« ein. Daneben verordnete er vor allem Maßnahmen der Hydrotherapie, besonders gerne sehr heiße Teilkörperbäder – »mein Bein«, berichtete Keyserling, »kochte er buchstäblich« (1958, S. 300). Andere Methoden der physikalischen Medizin kamen hinzu, von krankengymnastischen Übungen verschiedenster Intensität und Bewegungstherapien bis zu verschiedenen Formen der Atemgymnastik. Besonders eindrücklich auch für Groddecks Patienten war seine Technik, sich auf den Bauch des Kranken zu knien und ihn gegen den Widerstand seines Körpergewichts Atemübungen machen zu lassen; Groddeck erzielte damit oft verblüffende Erfolge (eine genauere Beschreibung der Massage-, Hydrotherapie- und Diätmaßnahmen, von denen Groddeck ausging, findet sich oben S. 30–32).

Alle Maßnahmen seiner physikalischen Medizin richteten sich auf die Beeinflussung der Zirkulationsverhältnisse der verschiedenen Flüssigkeitssysteme des Körpers (er beklagte oft, daß die Schulmedizin die Säfteverhältnisse etwa der interstitiellen und der lymphatischen Flüssigkeitssysteme vernachlässige – vgl. dazu seine frühen Arbeiten zum Wasserhaushalt des Körpers). Darüber hinaus suchte er vor allem die Funktion der inneren Organe und jener Systeme gezielt zu beeinflussen, denen er eine vermittelnde Funktion zwischen Physis und Psyche zusprach, vor allem des sympathischen und parasympathischen Nervensystems und der endokrinen Geschehnisse. Ein weiteres Element der Behandlung waren jeweils individualisierte diätetische Verordnungen.

Schon die Schule Schweningers hatte eine äußerst differenzierte physikalisch-diätetische Behandlungstechnik entwickelt; Groddeck hatte sie übernommen und in jahrzehntelanger Erfahrung

Emmy und Georg Groddeck ca. 1923

weiterentwickelt, wobei sein individualisierender Ansatz besonders wichtig war. Die immer neue Anpassung und Korrektur aller Behandlungsmaßnahmen mit Blick auf den einzelnen Kranken und auf den Krankheitsverlauf ließen ihn immer neu lernen und Erfahrungen sammeln.

Am Beispiel von Augenerkrankungen beschrieb Groddeck 1932 die Maßnahmen einer physischen Behandlung, die er in Zusammenarbeit mit einem augenärztlichen Spezialisten anwenden würde. Sie richteten sich vorwiegend auf eine Beeinflussung der Zirkulationsverhältnisse im erkrankten Auge.

»Zunächst steht uns da die aktive Tätigkeit des Auges, der Wechsel zwischen methodischer Bewegung und Ruhe zur Verfügung, wobei Bewegungsrichtungen bevorzugt werden, die nicht gebräuchlich sind (Bewegung nach oben). Diese aktive Tätigkeit kann durch passiven Druck verstärkt werden.... Weiter kommt Massage der greifbaren Nerven in der näheren und ferneren Umgebung des Auges in Betracht. Das Schwergewicht der interzellulären Flüssigkeiten kann durch Tieflagern des Kopfes und Hochlagern der Beine benutzt werden. Verwendung der feuchten Hitze in Form von Augenbädern und Kopfbädern hat sich bewährt. Pflege der Atmung, Beseitigung der Hindernisse im interzellulären Kreislauf, sie liegen meist im Bauch; Atemübungen bei starkem Druck auf den Bauch. Künstlicher Wechsel der Flüssigkeitsverbreitung durch Ableiten nach anderen Teilen (heiße Teilbäder). Wechsel von Licht und Dunkelheit, Beseitigung aller Brillen, wenn das unmöglich ist, Einschränken des Brillentragens auf die kürzeste Zeit. Ausbildung aller Sinne, um den Gesichtssinn zu entlasten.

Wenn wir so einige Anregungen zur physischen Behandlung Augenkranker geben, so legen wir noch mehr Gewicht auf das, was man die psychische Behandlung zu nennen pflegt. Hier scheint uns als aktive Maßnahme die Batessche Vorschrift von der Ausbildung der ›imagination‹ besonders ratsam. ... Den Hauptwert würden wir bei der Behandlung auf das Balancieren der verdrängenden Tätigkeit des Auges legen ...« (1932b, S. 330).

Groddecks Patienten waren nicht nur psychisch, sondern auch organisch zu höchster Tätigkeit und Selbstwahrnehmung angeregt. Groddeck leitete sie auch dazu an, sich selbst zu massieren. Und er liebte es, ihnen die Mühen der Behandlung zu versüßen. Magda Knoch berichtete von ihrer Lazarettätigkeit mit Groddeck 1915: »Bei den Turnübungen legte ich vor jeden eine Zigarre auf den Boden, die sie bei ›Beugt euch‹ versuchen mußten zu erwischen. Das Vergnügen war schon ein bissel grausam, aber zum Schluß hatte doch jeder sein Teil« (1961, S. 33).

Massage, Bäder, Krankengymnastik und Bewegungstherapie, Diät – das waren die von Groddeck verwendeten organmedizinischen Behandlungselemente. Sie waren nicht getrennt von der im engeren Sinn psychoanalytischen Behandlung, der Behandlung der Psyche des Patienten durch die Psyche des Arztes. Sie stellten deren somatopsychische Ergänzung dar. Beide waren gleich strukturiert: als Widerstandsbehandlung. Darin hatten sie ihre Einheit. Groddeck verstand seine gesamte psychosomatische Medizin als eine psychoanalytisch orientierte Medizin und wurde darin von Freud bestärkt. Denn in ihr waren Übertragung und Widerstand die Drehpunkte, um die alles ging. Das wird besonders deutlich an der zentralen Bedeutung, die Groddeck der Arzt-Patient-Beziehung und ihrer Reflexion mit Blick auf Übertragung und Widerstand beimaß.

Arzt und Patient

»Sie behandeln ja Ihre Patienten, wie ich die Kinder in den Kinderanalysen«, meinte Anna Freud gelegentlich zu Sandor Ferenczi, als sie sich über einige Aspekte seiner aktiven Technik unterhielten. »Ich mußte ihr recht geben«, war Ferenczis Kommentar dazu. »Zweifellos war ich bei dieser Annäherung beider Behandlungsarten (der Erwachsenen- und der Kinderanalyse – H. W.) von Eindrücken beeinflußt, die ich bei Georg Groddeck, dem mutigen Vorkämpfer der Psychoanalyse organischer Leiden empfing, als ich bei ihm wegen einer organischen Erkrankung Hilfe suchte. Ich gab ihm recht, als er es versuchte, seine Patienten zu kindlicher Naivität aufzumuntern, und sah auch die Erfolge, die er damit erzielte« (Ferenczi 1930, S. 270).

Einen Zustand kindlicher Naivität zu erreichen, das war tatsächlich Groddecks Therapieziel, ein Ziel, das für den Patienten wie für den Arzt galt. »Der Spruch: So ihr nicht werdet wie die Kinder, werdet ihr nicht in das Himmelreich kommen, hat für mich eine unwiderstehliche Anziehungskraft« (Groddeck 1926a, S. 67).

Groddeck hielt dafür, daß ein Großteil, und zwar gerade der vermeidbare Anteil der Erkrankungen durch einen überstarken Druck des Ichs auf das Es zustande komme, zumindest in einem wesentlichen Moment. Unmittelbarer Realitätsdruck oder internalisierte Forderungen brächten Verdrängungen und Abwehr hervor; diese wiederum manifestierten sich in Krankheitssymptomen. Eine Erleichterung dieses Drucks und dieses Widerspruchs zwischen Es und Ich reiche oft schon zur Krankheitsheilung aus. Deshalb war Groddecks zweite Maxime ebenso wichtig wie die erste, denn sie zeigte den Weg, auf dem man wieder Kind werden konnte: »Richtet nicht, auf daß ihr nicht gerichtet werdet« (1923a, S. 148). Der Patient (und der Arzt) sollten lernen, nichts an sich selbst (und natürlich auch nichts an anderen) mehr zu richten, keine Urteile zu fällen, alles, was ist, anzuerkennen. Vor allem ging es um die Anerkennung jenes Materials, das ins Unbewußte verbannt war, vom Ich des Erwachsenen dazu verurteilt, der Verdrängung zu unterliegen. Es war Material, das der Erlebniswelt der Kindheit entsprungen und von dem erwachenden Ich für unvereinbar mit der Erwachsenenwelt erklärt worden war. »Werdet wie die Kinder« und: »Richtet nicht« hieß, die Kraft dieser Verdrängung zu vermindern und das Kindliche im Erwachsenen, das ihn hintergründig beherrschte, wieder zu entdecken. Es hieß, wieder immoral zu werden, unpersönlich, spielerisch, phantasievoll, im Symbol denkend und vor allem: der polymorph-perversen Weltauffassung Raum gebend.

»Ein von mir hochverehrter Forscher«, schrieb Groddeck, »hat nachgewiesen, daß das Kind alle nur denkbaren perversen Neigungen hat; er sagt, das Kind ist multipel pervers. Gehen Sie einen Schritt weiter und sagen Sie, jeder Mensch ist multipel pervers, jeder Mensch hat jede perverse Neigung in sich, so haben Sie meine Ansicht. Aber dann ist es unnötig und unpraktisch, den Ausdruck pervers weiter zu gebrauchen« (1923a, S. 80).

Für Groddeck hieß das nicht, alle Strebungen unterschiedslos ausleben zu müssen. Es ging ihm um die Offenheit, alle Inhalte des Es als wirklich wahrzunehmen, frei mit ihnen zu spielen und die Verdrängungen, die ihnen assoziiert waren, zu erleichtern.

Auch hier galt die therapeutische Grundregel: »Der Kranke weiß immer besser als der Arzt, was ihm frommt; nur leider vermag er sein Wissen nicht zu denken, sondern nur im Traum, Bewegung, Kleidung, Wesen, Krankheitssymptom auszudrücken, kurz in einer Sprache, die er selbst nicht versteht« (1923a, S. 261). Das Ziel der Therapie war es, (unspezifisch) die Tätigkeit des Es anzuregen und (spezifisch) das Bewußtsein des Patienten für jenes Wissen zu öffnen, das er verdrängt hatte und deshalb nicht zu denken vermochte. Unbewußtes galt es für Groddeck bewußt zu machen. (Freuds naheliegendes Wort: »Aus Es werde Ich« lassen wir hier wegen der bei Groddeck andersartigen Bedeutung von »Es« und »Ich« lieber aus dem Spiel).

Das Therapieziel: Richtet nicht, urteilt nicht! konnte natürlich nicht auf dem Weg einer moralischen Forderung, eines Gesetzes erreicht werden. Groddeck wollte nicht auf abstrakte Weise die Welt und seine Patienten verändern. Er verführte seine Patienten dazu, das Sich-selbst-Richten aufzugeben und meinte: »Das klingt sehr fromm und sehr frivol, je nachdem, was man heraushören will, im Grunde ist es nur ein medizinischer Kunstgriff« (1923a, S. 148). Damit hatte er wieder die für ihn so spezifische Wendung zur konkreten Behandlungssituation vollzogen. Er hatte keine Weisheiten zu verkünden, sondern Erfahrungen mit sich selbst und seinen Patienten.

Damit ist klar, daß es für Groddeck kein analytisches Herrschaftswissen gab, daß er nicht prinzipiell zwischen Laien- und Fachanalytikern unterschied und daß er jedem die Befähigung zu analytischem Denken zusprach. Einziges Kriterium war für ihn, wie weit er sich selbst, sein Unbewußtes, kennengelernt hatte, wie sehr er wieder Kind geworden war, frei von Urteilen und Verurteilungen gegenüber den Strebungen des Es. Von manchen seiner psychoanalytischen Fachkollegen hatte er in dieser Hinsicht eine schlechte Meinung. Immer, wenn psychoanalytische »Erkenntnisse« dem freien, konkreten Spiel des Es entzogen wurden, um als Argumente zu dienen, wurde er sehr deutlich gegenüber seinen Kollegen wie gegenüber seinen Patienten.

Groddeck trat gegenüber seinen Patienten keineswegs als Halbgott in Weiß auf. Die Insignien der ärztlichen Macht bedeuteten ihm wenig; einen weißen Arztmantel etwa benützte er nie. Magda Knoch (1961, S. 18) hat dazu ein Gedicht ›Zum Doktor-Kittel‹ überliefert, das den Geist des Sanatoriums gut zum Ausdruck bringt:

> Man kam im Plenum überein,
> Der Doktor könnt noch schöner sein.
> Ihm fehlt zu seines Amtes Bürde
> Entschieden noch des Kleides Würde.
> Mit Zittern und mit bangem Zagen
> Ward ihm ein Arztrock angetragen.

Ein Arztrock, rief er da, o Graus!
Dann säh ich wie ein Arzt ja aus!
Doch bleib ich gerne jung und schön,
Ihr dürft mir einen Kittel nähn,
Ihr dürft ihn auch recht hübsch besticken,
Das wird dann mich und Euch beglücken.
Die Kranken sollen mich nicht scheuen,
Mein Anblick soll ihr Herz erfreuen.
Wie damals, als in Kindertagen,
Ich solche Kittel hab getragen. ...

Für Groddeck war der Arzt wie der Patient kein Wissender, sondern ein Lernender. Jede ärztliche Behandlung war Widerstandsbehandlung, Behandlung der Widerstände des Kranken gegen die Gesundung im Medium der Arzt-Patient-Beziehung mit Hilfe des Arztes. Je bewußter und wahrnehmungsfähiger sich der Arzt auf dieser Ebene der Widerstandsbehandlung bewegen konnte, desto wirksamer konnte er in den Dienst des Gesundungswillens des Kranken treten. Der Arzt wurde dann zum Diener des Kranken.

»Wie soll man nun mit dem Widerstand fertig werden?... Ich glaube, das Wesentliche dabei ist, daß man bei sich selber beginnt. ... Bei sich selbst lernt man am besten die Widerstände kennen. ... Also sich selbst analysieren, das ist nötig. ... Und sich selbst lernt man am gründlichsten kennen, wenn man andere analysiert« (1923a, S. 138f.). Gerade seine Konzentration auf die Widerstandsbehandlung ließ Groddeck erkennen, wie sehr jedes Übertragungsmoment des Patienten auch mit den Eigentümlichkeiten des Arztes selbst zu tun hatte, wie sehr ihm der Arzt bei jedem in der Übertragung auftretenden Widerstand einen – meist unbewußten – Anlaß dazu gegeben hatte. Wenn der Krankheitswille in der Behandlung einen Widerstand, etwa ein Symptom, aufrichtete, war damit auch der Arzt gemeint. Der Arzt, erkenne er diese Zusammenhänge, stehe deshalb selbst ununterbrochen in Analyse, in Behandlung durch den Patienten. Groddeck sagte dazu: »Der Kranke macht dem Arzt sein Unbewußtes bewußt. Deshalb glaube ich, daß der Arzt dem Kranken Dank schuldet. Der Kranke ist der Lehrer des Arztes« (1928e, S. 590).

In noch stärkerem Maß als für den Patienten galt für den Arzt das Ziel, wieder ein Kind zu werden, urteilslos, offen, frei; nichts durfte ihm fremd sein, denn nur was er an seinem eigenen Es an Strebungen und Verdrängungen wahrgenommen und akzeptiert hatte, konnte er auch dem Kranken zugestehen. »Um Dienen zu können, muß man seine eigenen Eigentümlichkeiten kennen, sie, so weit es möglich ist, zu verlieren suchen, und was nicht verloren werden kann, offen heraus stellen. Es gibt für den Diener-Arzt nur einen verhängnisvollen Fehler: das Verstecken, das Verstecken vor anderen und, noch schlimmer, das Verstecken vor sich« (ebd., S. 589).

»Nihil humani a me alienum esse puto« war für Groddeck »ein Ideal, das wir freilich nie erreichen, das aber berechtigt ist und dem unsereiner als Arzt mit Haut und Haaren sich verpflichtet fühlt« (1923a, S. 80). Nichts Menschliches sollte ihm fremd sein, alles Verdrängte von ihm mit offenen Armen aufgenommen werden, war es doch eine Schöpfung des Es und damit nicht einfach zu verurteilen; es mußte nur dem freien Spiel des Es zurückgegeben werden.

Wie intensiv Groddeck sich diese Auseinandersetzung mit der Macht der eigenen Verdrängungen vorstellte, zeigt sein Vorschlag, doch einmal das frühkindliche Spiel mit Urin und Kot als Erwachsener realiter nachzuvollziehen.

»Ich muß Sie doch bitten«, schrieb er der Freundin des ›Buch vom Es‹, »im Namen der Forschung sich einmal den Urin über Schenkel und Arme laufen zu lassen, sonst glauben Sie gar nicht, daß das Kind so etwas genießt, und halten auch fernerhin Erwachsene, die sich hin und wieder solchen Genuß verschaffen, für pervers, unnatürlich, lüstern, krank. Krank daran ist nur die Angst. Versuchen Sie es. Das Schwierige ist, es unbefangen zu tun. ... Welch ungeheures Maß von verdrängender Gewalt ist da tätig gewesen, um eine unbefangene Handlung eines jeden Kindes so mit Angst zu belasten. Und nun gar der Versuch, das Aa unter sich zu lassen und sich dareinzulegen. Schon wie man das machen soll, kostet tagelanges Kopfzerbrechen ...« (1923a, S. 230).

Der Psychoanalytiker war nach Groddecks Verständnis ein Arzt, der mit dem Instrument seiner Psyche, mit seinem Bewußten und Unbewußten, in den Dienst des Patienten trat, der ausdrücklich an der Psyche des Patienten ansetzte und der diesem die Möglichkeit bot, die Dienste des Arztes anzunehmen und zur Heilung zu verwenden, sei es über sein psychisches, sei es über sein vegetativ-organisches System. Aufgabe des Arztes war es, sein Instrument, die Psyche, möglichst umfassend auszubilden. »Daraus ergibt sich für den Arzt die Forderung, daß er bei sich selbst den Umfang des Bewußten nach Möglichkeit zu erweitern und das Unbewußte seiner Psyche nach Möglichkeit einzuengen hat; er muß das Unbewußte bewußt machen. Zum mindesten muß er den Vorrat an Vorbewußtem, das heißt an Dingen, die dem Bewußtsein nahe liegen und ihm leicht erreichbar sind, vermehren. Er muß Kenntnis über das Unbewußte erwerben«, über sein eigenes und über das seiner Patienten (Groddeck 1928e, S. 583). Das hieß für Groddeck intensivstes Hineinleben in sich selbst und in den Patienten. »Sich in den Kranken einleben, ... mit dem Wunsch, ihm gleich zu werden« (ebd.) – das war der einzige Weg, auf dem Arzt und Kranker schöpferischen Einfluß aufeinander gewinnen konnten.

Groddeck sprach geradezu von dem neuen Individuum Kranker-Arzt, das sich in der Behandlung konstituiere.

Harold F. Searles, der psychoanalytische Schizophrenie-Forscher und Meisterschüler Frieda Fromm-Reichmanns, sprach von Groddeck als einem Pionier in der Wahrnehmung des hochkomplexen Arzt-Patient-Verhältnisses bei schwergestörten Patienten. Groddeck habe weit vorausschauend schon die für die Behandlung schizophrener Kranker so zentralen »Aspekte des symbiotischen Kerns der therapeutischen Wechselwirkung« berücksichtigt (Searles 1964, S. 511).

Groddeck verband mit der Mutterübertragung, die er in den Therapien herzustellen suchte, auch diese Vorstellung von der intensiven wechselseitigen Beeinflussung von Arzt und Patient, die dem symbiotischen Verhältnis von Mutter und Kind entsprach. Gleichzeitig aber hielt er jene Zurückhaltung aufrecht, ohne die eine analytische Arbeit nicht möglich ist. »Alle hingen mit Dankbarkeit und Verehrung an ihrem Doktor. Doch tat er, wie schon erwähnt, nie das Geringste, sie an seine Person zu fesseln, wie er überhaupt immer bei aller verstehenden Hingabe eine große Distanz wahrte« (Knoch 1961, S. 10).

Da sich das Es des organisch Kranken ebenso in psychischen wie in somatischen Phänomenen ausdrückte, war es für den Arzt notwendig, neben der psychischen (psychoanalytischen) Sensibilität auch eine somatische Sensibilität zu entwickeln. Groddecks Arbeiten quellen über von Elementen und Bruchstücken seiner psychosomatischen Selbstanalyse, von der lebensgeschichtlichen Aufklärung seiner eigenen Symptombildungen und Erkrankungen. Durch die Auseinandersetzung mit den Kranken weitete sich diese in Selbstanalyse gewonnene psychische und somatische Sensibilität für das Tun des Es aus; die Sprache des Es wurde für Groddeck als eine allgemeine und zugleich höchst individuelle immer differenzierter. Sie war nicht nur die Sprache des Unbewußten, sondern auch des Vegetativen des Patienten (mit »vegetativ« bezeichnete Groddeck den gesamten somatischen Bereich). Da der Kranke die Sprache seines eigenen Es nicht verstand und da die Kommunikation des psychosomatischen Arztes mit seinem Patienten meist auch eine somatische war, ergab sich für Groddeck die Forderung: »Der Arzt muß die Sprachen des Es nicht nur verstehen, er muß sie selber sprechen, mit Bewußtsein sprechen. Dann wird sich in ihm auch die Fähigkeit ausbilden, zu dem Kranken in der Sprache des Unbewußten und Vegetativen zu reden« (1928e, S. 583). Diese Fähigkeit des Arztes war Teil seiner Mutterrolle im Übertragungsverhältnis. Nicht nur die psychischen, auch die somatosensorischen Grenzen zwischen Mutter und Kleinkind, zwischen Arzt und Patient in der Mutterübertragung, waren wenig starr. Der Mutter-Therapeut, das betonte Roustang (1976, S. 170), wurde geradezu ein Teil des Mutter und Kind umfassenden Es, wurde als allwissend und omnipotent phantasiert.

Die psychische und die somatische Kommunikation zwischen Arzt und Patient standen unter der gleichen Voraussetzung höchster Sensibilität, Offenheit und zugleich Zurückhaltung von seiten des Arztes. Die freie assoziative Aufmerksamkeit des Freudschen Neurosenanalytikers wurde von Groddeck ausgeweitet zu einer Art psychisch-somatischer Assoziationsfähigkeit. Damit wurde eine (nicht spekulativ, sondern praktisch orientierte) somatische Kommunikation auf der Ebene der körperlichen Symptombildungen möglich. Sie konnte von dem präverbalen Medium der organmedizinischen Behandlungselemente, vor allem der Massage, ausgehen und einen Übergang herstellen zu der im engeren Sinn psychoanalytischen Behandlung; sie konnte bei bestimmten Patienten eine solche sogar erst ermöglichen (Dejours [1980, S. 54] sprach geradezu von dem Überfließen libidinöser Energie vom Arzt zum Patienten im Rahmen des präverbalen Kontaktes, von einer Reanimation des Es des Kranken, die es Groddeck ermöglicht habe, auch tiefgestörte psychosomatisch Kranke erfolgreich zu behandeln).

Groddeck eröffnete dem psychosomatisch behandelnden Arzt eine breite Palette von Therapiemöglichkeiten. Die hochsensible Wahrnehmung der Übertragungs- und Gegenübertragungsphänomene und die Ausweitung des reflektierten Arzt-Patient-Verhältnisses auf den gesamten Bereich somatischer und psychischer Kommunikation boten Groddeck die Möglichkeit, jeden Patienten höchst individualisiert, d. h. höchst spezifisch, zu behandeln. So ist zu vermuten, und die phantastischen Erfolge seiner Behandlungen sprechen dafür, daß Groddeck Angstneurotiker unter anderem methodischen Schwergewicht behandelte als etwa Konversionshysteriker, und die wiederum anders als tiefgestörte psychosomatische Patienten. Die Variationsbreite seines Zugangs zum Patienten von der präverbalen Kommunikation der Massage bis hin zur klassischen analytischen Situation bot alle therapeutischen Übergangsmöglichkeiten. Praktisch ergaben sich für Groddeck keine Brüche zwischen den verschiedenen Behandlungselementen. Denn alle hatten ihre Einheit darin, daß sie als Widerstandsanalyse konzipiert waren, sich also immer auf das reflektierte Arzt-Patient-Verhältnis bezogen.

Groddecks Therapieerfolge hingen nicht zuletzt damit zusammen, daß er alle seine Erfahrungen und Einsichten in konsequenter Weise auf sich selbst anwandte. Groddecks Charakter war integrierender Bestandteil seiner Behandlungstechnik. Er meinte, ein Arzt könne bei seinen Patienten nur bewirken, was in ihm selbst schon sich bewegt habe; sein Verhältnis zu sich selbst bestimme sein Verhältnis zu den Patienten. Groddecks Ideal war es nicht, sich als Persönlichkeit, als unverwechselbar Besonderes zu akzentuieren und Profil zu gewinnen, sondern im Gegenteil sich zu öffnen, Grenzen abzubauen, Urteile zu vermeiden, alles Wirkliche als Tätigkeit des Es kennen und sich aneignen zu lernen. »Er war wie ein Beichtiger, der das Geständnis unmerklich hervorzieht, doch nur um zu helfen, um zu entlasten und das Gefühl der Schuldlosigkeit zu erzeugen« (Scheffler zit. nach Groddeck 1970, S. 454). Groddeck muß ein überwältigend freier und befreiender Mensch gewesen sein. Er war exzentrisch durch und durch. Dabei verdankte er seine Wirkung der einfachsten Maxime, die er jedoch mit höchster Konsequenz verfolgte: Werde, der du bist!

»Groddeck hörte es nicht ungern, wenn man ihn einen *Skeptiker* nannte« (Roeder von Diersburg 1961, S. 135). Das hieß für Groddeck Nicht-Tun, Abwarten, Innehalten, Betrachten. Gerade dadurch entwickelte er im Lauf der jahrzehntelangen offenen Auseinandersetzung mit sich selbst und seinen Patienten höchste Individualität. Sie bildete die Grundlage seiner therapeutischen Arbeit.

»Von Jahr zu Jahr mehr verbreitet sich der Glaube – man könnte es ruhig Aberglaube nennen –, die Psychoanalyse sei eine Angelegenheit der Ärzte, sei eine Art psychischer Behandlung, die zum Besten von Kranken verwendet werden müsse. Gegen diesen Irrtum in Wort und Schrift anzukämpfen, halte ich für eine notwendige Pflicht; denn sollte diese Ansicht sich durchsetzen – und leider sind deren Viele, die sich in den Dienst solcher Irrlehre gestellt haben –, so würde die Welt um das köstlichste Gut, das ihr Freud schenkte, betrogen. Das Studium des Unbewußten – so kann man Psychoanalyse übersetzen – ist eine Angelegenheit der Menschheit und ihre Verwendung in der Medizin ist nur ein kleiner Bruchteil dessen, was solches Studium bedeutet.« Dies schrieb Groddeck (1927i, S. 11) in der Einleitung zu seinen Vorträgen über den Ring des Nibelungen, Peer Gynt, Faust und den Struwwelpeter, die er ›Vier Lehrbücher der Psychoanalyse‹ nannte.

Groddeck wandte das psychoanalytische Denken jedoch nicht nur an, um auf breitester Ebene Kunst-, Literatur- und Sprachschöpfungen zu analysieren, er stellte sich selbst und seine literarischen Schöpfungen unter das Gesetz der Psychoanalyse. Was dabei herauskam, beschrieb Ingeborg Bachmann so: »Es muß nicht unbedingt ein Arzt besser schreiben können, weil er besser denken kann als die meisten, aber in diesem Fall ist das zweifellos eine Koinzidenz von Schriftstellerei und Forschen und Erforschen« (Bachmann 1967, S. 149).

Groddeck stammte aus einer Familie, für die die Literatur ein Lebenselixier bedeutete. Sein Großvater mütterlicherseits, August Koberstein, war Literarhistoriker und Vorsitzender der Germanistengesellschaft »Vogelweide«, seine Mutter lebte geradezu im Medium der Literatur, sie verachtete insgeheim, so berichtete Groddeck, das allzu realitätsnahe Berufs- und Alltagsleben der väterlichen Linie der Groddecks. Georg selbst las zeit seines Lebens viel, er war ein großer Kunst- und Musikfreund; seine Kenntnis etwa der englischen Geschichte und Literatur erstaunte selbst seine meist akademisch gebildeten englischen Patienten. Sein Herz schlug von Jugend an für die Literatur und für die eigene literarische Produktion; seine ärztliche Tätigkeit war ihm zunächst vorwiegend ein Mittel des Gelderwerbs, die materielle Basis seiner eigentlichen Berufung. Zumal in der Zeit nach der Jahrhundertwende, als seine Ehe immer weniger hielt, was sie versprochen hatte, und die erste Begeisterung über das eigene

Sanatorium verflogen war, entdeckte Groddeck seine literarischen Neigungen.

›Ein Frauenproblem‹ (1902 a) war Groddecks erstes veröffentlichtes Opus – eine Essaysammlung im Nietzschestil, in der Groddeck in erhabener Prosa Wissenschaft, Kunst, Weib, Mann, Kind, historische Assoziationen und dergleichen mehr besprach. Drei Jahre später folgte der zweibändige Roman ›Ein Kind der Erde‹ (1905 a), der mit seiner Hauptperson Wolfgang, einem Arzt, deutlich autobiographische Züge trägt. Von Carl Spittelers Epos ›Olympischer Frühling‹ – desselben Spitteler übrigens, dessen psychoanalytischer Roman ›Imago‹ Freud so beeindruckt hatte – war Groddeck so begeistert, daß er eine ausführliche Rezension für die Zeitschrift ›Der Osten‹ verfaßte, mit Spitteler darüber korrespondierte und sich zu einer eigenen Produktion veranlaßt sah.

Zwei Jahre später erschien sein großes Gedicht ›Die Hochzeit des Dionysos‹ (1907), das schon im Titel die Anlehnung an Nietzsche nicht verleugnete. Nebenbei schrieb Groddeck einige »dramatische Sächelchen«, wie er sie nannte, für seine Kinder und zu Gelegenheiten wie 1908 dem Jahresfest der Abteilung Baden-Baden des Vereins Frauenbildung – Frauenstudium: ›Der Dr. Müller‹ und ›Roswitha tanzt‹, zwei Lustspiele zur Frauenfrage.

Die Frauenfrage war auch Gegenstand eines der Vorträge, die Groddeck 1908/09 in Baden-Baden hielt und die in dem Essayband ›Hin zu Gottnatur‹ 1909 veröffentlicht wurden. Maximilian Harden hatte diesen Essay in seiner ›Zukunft‹ vorabgedruckt; es kam zu einem ausgiebigen Streit Groddecks mit der Frauenbewegung (Stropp 1909; Keppler 1909).

Groddeck fuhr eigens nach Berlin, um sich der Diskussion im Deutschen Lyceum-Klub, in der Höhle der Löwinnen, zu stellen. In seinem psychoanalytischen Roman ›Der Seelensucher‹ verewigte er diesen Abend in verfremdeter Form im 20. Kapitel: »Wie sich die Frauen und wie sich Thomas die Hebung der Sittlichkeit denken«. In den einzelnen Abschnitten von ›Hin zur Gottnatur‹ breitete Groddeck seine Weltanschauung aus, die sich an Goethes Naturphilosophie orientierte – auch »Gottnatur«, Groddecks damals höchster naturphilosophischer Begriff, stammte von Goethe. Später, nach seiner psychoanalytischen Wende, amüsierte Groddeck sich über sein vormaliges Schwärmen über Weltseele, Pantheismus, Gottnatur. Er verhielt sich nach dem Ersten Weltkrieg in weltanschaulichen Fragen weitgehend abstinent.

In der ›Frankfurter Zeitung‹ erschien 1909 eine Novelle Groddecks in Fortsetzungen, die 1981 zusammenhängend veröffentlicht wurde: ›Der Pfarrer von Langewiesche‹. Groddecks Bruder Carl meinte in einem Brief an Groddeck, dies sei das erste literarische

Werk Groddecks, das tatsächlich literarische Qualitäten besitze (Groddeck 1970, S. 446). Interessant erscheint mir vor allem der Schluß, in dem der Held Pastor Lange, an der Welt und sich verzweifelnd, sich selbst ans Kreuz nagelt, ein selbstgesetzter Christus – eine sinnfällige Darstellung der neuzeitlichen Subjektivitätsproblematik!

1910 erschien eine weitere Vortrags- und Essaysammlung Groddecks, diesmal über Ibsen: ›Tragödie oder Komödie? Eine Frage an die Ibsenleser‹. Eine der Frauenbewegung nahestehende Autorin, Lu Märten, besprach Groddecks Buch für die ›Frauen-Zukunft‹: »Niemals fand ich ein so erschütternd unschuldiges Banausentum, eine so mutige Beschränktheit zur Methode für eine Untersuchung gemacht wie in diesen Vorträgen, die endlich der Welt, vor allem den Frauen, die wahre Wahrheit über Ibsen bringen sollen« (1910–11, S. 736). In den aufgeweckteren Kreisen Baden-Badens waren Groddecks Vortragsreihen auch weiterhin bekannt und beliebt. Seine meist ungewöhnlichen Perspektiven und Interpretationen waren zumindest nie einschläfernd, immer anregend (dazu oben S. 38f.).

In Groddecks zunehmender literarischer und essayistischer Produktion von 1902 an kam auch die Krise seiner medizinischen Tätigkeit zum Ausdruck. Seine Sanatoriumsleiterin Magda Knoch schrieb 1910 an ihre Mutter: »Es ist ja recht schön, daß er schriftstellert und auch Erfolg hat. Aber es hat auch seine Schattenseiten, insofern seine Interessen und Freuden sich immer mehr darauf konzentrieren. ... Ich habe immer Angst, daß er das Sanatorium eines schönen Tages an den Nagel hängt ...« (Knoch 1961, S. 17). Groddecks Unzufriedenheit mit seiner ärztlichen Praxis wuchs in diesen Jahren tatsächlich zunehmend. Doch hatte er schon 1909 die Patientin Fräulein G. kennengelernt und machte sich in der folgenden Zeit mit wachsender Begeisterung daran, der Macht des Unbewußten, der Sexualität und des Symbols nachzuspüren. 1910 brach seine literarische Produktion ab, neben seiner sozialen Tätigkeit ging er aufs neue in der – nun zunehmend analytisch orientierten – ärztlichen Praxis auf.

Was die Qualitäten der literarischen Arbeiten Groddecks aus der voranalytischen Zeit angeht, maße ich mir (mangels Kompetenz) kein eigenes Urteil an. Groddeck selbst hielt später nicht viel von ihnen, er nannte den ›Seelensucher‹, seinen psychoanalytischen Roman von 1921, sein einziges ernstzunehmendes literarisches Werk. Nun, viele Künstler und Literaten sprechen in gereiftem Alter abfällig von ihrem früheren Werk, das sagt nicht viel. Im ›Seelensucher‹ jedenfalls gelang es Groddeck meisterhaft, seine neue medizinische Orientierung und deren Reflexion mit seinen literarischen Ambitionen zu verbinden. Alfred Polgar nannte ihn in einer begeisterten Rezension ein Buch, das kaum seinesgleichen habe unter deutschen Büchern (Polgar 1921). Für den späten Groddeck gab es nicht mehr hier eine ärztliche, dort eine literarische Tätigkeit. Alle seine Arbeiten nach der psychoanalytischen Wende, auch die Literatur-, Kunst- und Sprachinterpretationen, sind wie der ›Seelensucher‹ durch ihre in freier Assoziation verbundenen medizinisch-analytisch-literarischen Elemente gekennzeichnet.

Damit schuf Groddeck eine literarische Gattung, die P. Tytell mit Blick auf Groddecks französische Jüngerschar »psychanalittérature« getauft hat (1980, S. 95). Mit jener narzißtischen »Orgie der Wörter« aber, deren Inhaltsleere Bela Grunberger (1982) an vielen Produkten der französischen Anti-Ödipus-, z. T. Lacan- und z. T. auch Groddeck-orientierten »psychanalittérature« zu Recht kritisiert, haben Groddecks Werke wenig gemein. In ihnen, auch im ›Seelensucher‹, steht allemal der Inhalt im Vordergrund. Groddeck berauschte sich nicht an der Schönheit seiner eigenen Worte. Nicht Selbstdarstellung, sondern eine seiner psychosomatischen Praxistheorie adäquate Darstellungsform kam in seinen Werken zum Ausdruck.

Groddecks hemmungslose Assoziationskraft, die in seinen späteren Arbeiten zur Literatur, Kunst und Sprache das hauptsächliche Stilmittel darstellte, war auch das primäre Medium seiner psychosomatischen Therapie und Theorie. Mit dem Spiel der Phantasie, der freien Assoziation, hatte er die Methode entdeckt, die seinem ärztlichen Tun und Denken eine ebensolche Produktivität gab wie seinen literarisch-analytischen Versuchen.

Mit Groddecks analytischen Arbeiten zur Literatur, Kunst und Sprache (vor allem dem ›Seelensucher‹ 1921, dem späten ›Der Mensch als Symbol‹ 1933 a und den vielfältigen Literatur- und Kunstinterpretationen etwa in Groddeck 1978 a) sollen sich Berufenere auseinandersetzen als ich. Hier noch einige Anmerkungen: einmal zum Surrealismus, der wie Groddeck Freuds Assoziationsmethode als eines seiner künstlerischen Mittel aufgenommen hatte. Als Hinweis auf Groddecks Nähe zum Surrealismus hier nur einige Sätze aus André Bretons surrealistischem Manifest von 1924: »SURREALISMUS ... Denk-Diktat ohne jede Kontrolle durch die Vernunft, jenseits jeder ästhetischen oder ethischen Überlegung. ... Der Surrealismus beruht auf dem Glauben an die höhere Wirklichkeit gewisser, bis dahin vernachlässigter Assoziationsformen, an die Allmacht des Traumes, an das zweckfreie Spiel des Denkens ...« (1968, S. 26 f).

Eine zweite Anmerkung bezieht sich auf Arno Schmidt, dessen

DER MENSCH ALS SYMBOL

Unmaßgebliche Meinungen über

Sprache und Kunst

VON

GEORG GRODDECK

Mit 14 Bildtafeln im Anhang

1933

INTERNATIONALER PSYCHOANALYTISCHER

VERLAG GESELLSCHAFT M.B.H. WIEN

literarische Arbeit und dessen Etym-Theorie eine erstaunliche Affinität zu dem späten Groddeck aufweisen. Groddecks Umgang mit der Sprache gerade in ›Der Mensch als Symbol‹ ist ähnlich assoziativ, phantastisch und hemmungslos wie die Spracharbeit Arno Schmidts. Inwieweit historische Beziehungen zwischen Groddeck und Schmidt bestehen, entzieht sich meiner Kenntnis. Groddeck übrigens gewann das Material seines späten spekulativen Sprachverständnisses vorwiegend aus den Büchern des großen Sprachforschers Rudolf Kleinpaul, die er von 1927 an studierte; er bezog sich vor allem auf Kleinpauls dreibändiges Werk ›Das Leben der Sprache und ihre Weltstellung‹ von 1893.

Eine dritte Anmerkung betrifft Schriftsteller, die von Groddeck stark beeinflußt worden sein sollen. Ich stieß auf Namen wie W. H. Auden, Henry Miller und natürlich Lawrence Durrell. Drei zeitgenössische Autorinnen, über deren Beschäftigung mit Groddeck ich eher zufällig stolperte, seien noch angeführt (als vermutliche Spitze eines Eisberges der Groddeckschen Wirkungsgeschichte): Susan Sontag in ihrem großen Essay ›Krankheit als Metapher‹, Simone de Beauvoir in ihrem letzten Buch über den alten und todkranken Sartre und Ingeborg Bachmann in einem eigenen Essay über Georg Groddeck, den sie 1967 für den ›Spiegel‹ konzipiert hatte. Sie meinte, Groddeck sei »ein glänzender Schriftsteller, den man aber auch lesen kann, wenn man ein paar Volksschulklassen absolviert hat, seine Prosa ist witzig, trivial, großartig«. Am Ende ihres Groddeck kongenialen Essays schrieb sie: »Wenn man mit einem Autor ein paar Monate zugebracht hat, mit ihm so oft sich zerstritten hat, mit ihm sich so befreundet hat, ist es schwer, einen vernünftigen Schluß zu finden. Diese Kritik ist keine Kritik. Die Kritik wird erst stattfinden, sie ist auch nötig. Sie ist ein Hinweis, eine Aufforderung, ein Wunsch, einen Autor mit anderen zu teilen, den man lieber für sich behalten hätte, eifersüchtig, und weil man sich von einer Eifersucht befreien muß« (Bachmann 1967, S. 146 und 153).

VI. Zur Kritik Groddecks

Groddeck hatte seine psychosomatische Medizin zunächst unabhängig von Freud in der Nachfolge Ernst Schweningers entwickelt und war bei seinen Patienten auf die Bedeutung des Unbewußten, des Symbols, von Übertragung und Widerstand gestoßen. Dann lernte er Freud kennen und entfaltete in Auseinandersetzung mit ihm seine psychoanalytische Behandlung organischer Leiden. Zu seinen Lebzeiten war er von allen einschlägig Interessierten als Vater der Psychosomatik anerkannt, als erster, der eine differenzierte psychoanalytische Therapie und Theorie psychosomatisch Kranker entwickelte. Er wurde einer der wenigen, die Freuds Theoriegebäude um einen Begriff – den des »Es« – bereicherten. Er wurde der engste Freund Ferenczis und ein wichtiger Kristallisationspunkt für viele schöpferischen Psychoanalytiker der zweiten Generation wie Erich Fromm, Frieda Fromm-Reichmann, Ernst Simmel, Heinrich Meng, Karen Horney, Karl Landauer. Vor allem aber war er ein in ganz Europa berühmter Arzt, der neben vielen Psychoanalytikern – selbst Ernest Jones weilte drei Wochen in seinem Sanatorium – eine internationale Klientel aus Adel und Bürgertum, aber auch von Arbeitern und kleinen Angestellten behandelte.

Groddeck, der »Fanatiker der Heilkunst« (Simmel), war kein wilder Praktiker, der seine Therapieerfolge und seine psychosomatischen Entdeckungen allein seiner Intuition, seinem Genius verdankt hätte. Schon seine Dissertation zeigt, wie stark er sein ärztliches Tun reflektierte, in welchem Ausmaß er Praxis und Theorie miteinander verband. Im Gegensatz zu Freud war Groddeck primär und mit Leib und Seele Kliniker. Seine Begabung, meinte er einmal zu Freud, sei wesentlich Krankenbehandlung. Seine theoretischen Überlegungen entwickelten sich immer bezogen auf die klinische Praxis. Sie entzündeten sich dort, wo ihm die Praxis durch theoretische Annahmen, Vorurteile oder Terminologien behindert erschien. Dies war der Fall bei Groddecks Kampf gegen Dogmatismen der Schulmedizin in der Nachfolge Schweningers, darum ging es ihm auch bei seiner Erweiterung der Freudschen Neurosenpsychologie auf ein Verständnis aller seelisch-körperlichen Erkrankungen hin. Nie hatte er das Ziel, ein besseres theoretisches System zu entwickeln, vielmehr wollte er weniger Theorie, aber eine solche Theorie, die mehr und umfassendere Praxis ermöglichte.

Groddecks Denken hatte nicht System, aber Methode; und darin war er höchst konsequent. Methodisch und mit aller List und Kraft, meinte er, müsse man mit dem Es des Patienten umgehen. Seine theoretischen Vorstellungen waren durchgehend durch diesen methodischen Zugang zum Kranken geprägt, sie hatten allein ihm zu dienen und waren entsprechend strukturiert.

Groddeck stand in der Tradition der Aufklärungsmedizin. Er war durch Rademachers Erfahrungsheillehre beeinflußt worden und hatte von Schweninger das unbedingte Primat der klinischen Praxis vor patientenfernen Theoriebildungen und Wissenschaftsentwicklungen gelernt; er war zeit seines Lebens und in höchstem Maß Empiriker, nicht Dogmatiker. Gleichzeitig stand Groddeck mittelbar in der Tradition der romantischen Medizin. Bekanntlich hatten sich in ihr schon ganzheitliche Vorstellungen von psychosomatischer Medizin ausgebildet. Wie Carl Gustav Carus war Groddeck stark von Goethes Naturphilosophie beeinflußt worden. Groddeck hielt das verstandesmäßige moralische Denken der Aufklärungszeit für oberflächlich, die Irrationalität und Amoralität des Es waren für ihn die umfassenderen Kräfte. Er sah das Individuum eingebettet in größere Zusammenhänge, er arbeitete mit dem Es des Patienten, das das Verstandesdenken des Ichs umfaßte und in dem die Trennung von Leib und Seele aufgehoben war.

Doch Groddeck ging wiederum über die romantische Medizin hinaus: durch die unbedingte Konzentration seines ganzen Denkens auf die materiellen Verhältnisse der klinischen Konkretion. Systematisierende theoretische Vorstellungen waren für ihn nur insofern berechtigt, als sie sich hypothetisch und phantasievoll gaben und es gerade ermöglichten, unbefangen empirisch und konkret zu sein. Unter den Psychosomatikern seiner Zeit war Groddeck derjenige, der am spekulativsten dachte und am ausgiebigsten und methodisch reflektiertesten klinisch-empirisch arbeitete.

An Groddecks Vorstellungen von Krankheit und Heilung, vom Es, vom Symbol und von der Bedeutung des Symptoms wurde gezeigt, wie sehr sie allesamt und systematisch nicht als Theorieelemente an sich, sondern bezogen auf die klinische Konkretion gefaßt waren. Die psychosomatische Theorie war ein notwendiges Moment der psychosomatischen Therapie. Diese stand, methodisch reflektiert und technisch differenziert, für Groddeck im Zentrum. Ihre Offenheit ermöglichte Groddeck seine aufregenden und vielfältigen psychosomatischen Entdeckungen und seine beeindruckenden therapeutischen Erfolge. Seine psychosomatische Medizin bewegte sich auf einem therapeutischen Niveau, das keinen Vergleich mit der heutigen Psychosomatik zu scheuen braucht.

Anhand einiger Grundzüge der heutigen psychosomatischen Medizin sei Groddecks Verfahren noch einmal zusammengefaßt. 1981 hat von Rad einige grundsätzliche Richtlinien angegeben, in denen sich wohl mehr oder weniger alle derzeit praktizierten tiefenpsychologischen Verfahren der psychosomatischen Medizin wiederfinden werden (alle folgenden Zitate nach von Rad 1981, S. 11f.):

1. »Entsprechend der Formulierung von Balint ist es nie eine bestimmte Krankheit, sondern immer der Kranke selbst, der behandlungsbedürftig ist.« Diese Einsicht war von Groddeck unermüdlich wiederholt worden, sie war schon für Schweninger zentral gewesen. Balint hat sie aus der Tradition Groddecks übernommen.

2. »Therapie psychosomatischer Patienten hat letztlich immer die Aufgabe, das Körpersymptom, die ›stumme‹ Körperklage in Sprache zu übersetzen; also das, was man die Körper-Fixierungen nennen kann, in ein verbales Feld von Symbolisierungen zurückzuholen.« Groddecks Therapie bestand wesentlich in dieser Tätigkeit.

3. »Damit dies gelingt, muß der Therapeut Übersetzungshilfen bereitstellen, die mitunter zu Modifikationen bewährter Verfahren bzw. zu speziellen Strategien zwingen können.« Groddeck hat zu diesem Zweck eine Vielzahl technischer »Kunstgriffe« entwickelt; sie betreffen seine analytische Gesprächsführung ebenso wie die nichtverbalen Elemente seiner Behandlung, vor allem die Massage.

4. »Die wichtigste Voraussetzung für ein Gelingen ist vielleicht die bedingungslose Annahme des Kranken, das Bereitstellen fürsorglicher Zuwendung in einer verläßlichen Atmosphäre des Vertrauens, also das, was Winnicott (1965) als ›facilitating environment‹ und als ›caring‹ bezeichnet hat.« Groddeck hat seine intensivste Aufmerksamkeit auf diese Aspekte der Arzt-Patient-Beziehung gerichtet (Stichworte: Mutterübertragung, »Richtet nicht!«, der Arzt als Diener des Kranken).

5. »Eine weitere Schwierigkeit liegt darin, daß Organkranke oft ganz ungeübt sind in der Wahrnehmung und der Verbalisierung von Gefühlen oder konflikthaftem Erleben. Das kann eine aktivere Gestaltung, ›eine offenere Pflege der Beziehung‹ ..., also eine weniger distanzierte Haltung des Therapeuten bisweilen (z.B. bei Behandlungsbeginn) notwendig machen. Ruesch formuliert pointiert: ›He must be a concrete figure – approachable, visible, understandable and comprehensible.‹« Groddeck betonte diesen Punkt ganz besonders. Er machte seine Person ohne Vorbehalte und Zurückhaltung zu einem Element der Therapie und intensivierte dadurch die Übertragungssituation; zugleich aber reflektierte er sie durchgehend durch seine Konzentration auf die Widerstände des Patienten und die Gegenübertragungsphänomene.

6. »Aus dem Letztgenannten folgt, daß in der eigentlichen analytischen Arbeit das Verstehen und Klären von Zusammenhängen und Beziehungsaspekten, das Fördern und Aussprechen von Gefühlen zumindest lange Zeit den Vorrang hat vor dem Interpretieren und Deuten unbewußter Strebungen.« Groddecks Fokussieren der Behandlung auf Übertragung und Widerstand, seine Abkehr von einer Inhaltsanalyse des Es, seine extreme Zurückhaltung im Deuten unbewußter Zusammenhänge und seine aktive Konzentration auf die Dynamik der Arzt-Patient-Beziehung gehen genau in diese Richtung.

7. »Aus all dem folgt aber auch, daß die psychotherapeutische Behandlung psychosomatisch Kranker ihre Zeit braucht.« Für Groddeck war jeder Kranke ein psychosomatisch Erkrankter, hatte er nun Schnupfen, eine Zwangsneurose

oder Nierensteine. Dementsprechend waren Dauer und Intensität der Behandlung äußerst variabel. Doch wenn chronisch organische Erkrankungen vorlagen, reichten Kurztherapien nicht aus, es ergaben sich dann langwierige, meist mehrjährige Behandlungsverläufe mit wiederholten »therapeutischen Ferien« in Groddecks Sanatorium, reguliert gemäß den Bedürfnissen der Patienten.

In seiner Praxis und seinem Denken war Groddeck ebenso kreativ wie einseitig. Er dachte vollkommen »naiv« und ungeschützt und sicherte sich in keiner Weise dagegen ab, kritisiert oder mißverstanden zu werden. Sein Werk bietet so viele Angriffspunkte, daß die Geschichte seiner Rezeption bei uns weitgehend die Geschichte einer meist sehr pauschalen Groddeck-Kritik ist. Ein Großteil dieser Kritik beruht auf Mißverständnissen, so die häufigste, er vertrete einen Panpsychismus (die unbeschränkte Macht der Psyche über körperliche Vorgänge) und spirituellen Monismus und interpretiere organische Vorgänge direkt symbolisch. Hier wird der Zusammenhang von Groddecks Denken, den er selbst tatsächlich nie ausdrücklich dargestellt hat, verkannt (mit ihm beschäftigt sich der zweite Hauptteil dieser Arbeit); außerdem wird Groddecks Denken von den psychologischen Begriffen Freuds her interpretiert, als ob das »Es« Groddecks ein Synonym für eine psychische Instanz sei, die er mit mystischer Kraft ausgestattet hätte – dabei hat Groddeck immer betont, daß sein »Es« kein mystischer, sondern ein heuristischer Begriff war, der sich von vornherein auf psychosomatische Zusammenhänge bezog und gerade nicht wie Freuds »Es« im Zusammenhang einer psychologischen Theorie stand; damit wollte Groddeck die Trennung von Psyche und Körper auch theoretisch unterlaufen.

Groddeck war kein Philosoph oder Metaphysiker. »Ein Mann, der so klar denkt«, meinte Ingeborg Bachmann, die durch ihre unvoreingenommene und intensive Beschäftigung mit Groddeck wirklich verstanden hatte, was er wollte, »ein Mann, ... der die kompliziertesten Sachverhalte einem Kind erklären und anschaulich machen kann, braucht keine Geheimnisse – er stellt nur etwas fest, von dem er nichts weiß, dessen Auswirkungen allein er kennt – und das Es ist für ihn ein Hilfswort, es ist kein Ding an sich ...« (Bachmann 1967, S. 151 f.).

Groddecks Denken scheint, liest man seine Werke, zunächst nichts als assoziativ und systemlos zu sein. Bei näherem Hinsehen jedoch entdeckt man bei ihm eine konsequent verfolgte psychosomatische Praxistheorie, die hintergründig am Werk ist und deren Prinzip das spielerische, phantasievolle, assoziative, primärprozeßhafte Denken ist. Es organisiert Groddecks therapeutische Praxis ebenso wie seine psychosomatische Theorie. Der Kern von Groddecks Denken ist: kindliche Naivität. »So ihr nicht werdet wie die Kinder, werdet ihr nicht in das Himmelreich kommen« – diese Aufforderung richtete Groddeck nicht nur an sich und seine Patienten, sondern auch an seine Leser. Er selbst hatte sich in jahrzehntelanger Arbeit dem Zustand der kindlichen Naivität wieder angenähert. Sein Ideal war es, einfacher zu denken, kindlicher zu folgern, nicht zu urteilen oder apodiktische Wahrheiten zu finden, sondern offen und phantasievoll zu sein. Nur ein solches Denken, meinte er, könne den Produktionsprozeß des Es nachvollziehen; es wurde (mit den Worten des Psychoanalytikers Hanns Sachs) geradezu zu einer Selbstdarstellung des Unbewußten. Der Umgang mit sich selbst und seinen Patienten war für Groddeck ebenso ein Spiel wie der Umgang mit Einfällen, Deutungen und Theorien. Es war ein Spiel mit jenem Ernst, mit dem die Kinder spielen.

Diese kindliche Naivität ist der methodische Ansatzpunkt von Groddecks gesamtem Denken. Wer sie außer Acht läßt, versteht Groddeck immerzu falsch. Ihre Technik ist die auf alle Lebensbereiche angewandte freie Assoziation. Die kindliche Naivität und das freie Spiel der Assoziationen machen die Qualitäten Groddecks aus. Sie sind aber auch verantwortlich für die Grenzen seines Denkens.

Mit ihnen hängt zusammen, daß Groddecks Vorstellungen und Äußerungen letztlich aphoristisch blieben. Groddeck hat nie den hintergründig wissenschaftlichen Charakter seines Werkes reflektiert. Gut, er war klinischer Praktiker. Doch auch die Krankengeschichten, die seine Domäne hätten sein müssen, blieben – so anregend sie auch sein mögen – bruchstückhaft; nicht nur Freud und Ferenczi meinten, sie schrien nach mehr. Groddeck verweigerte sich weitgehend der wissenschaftlichen Diskussion mit seinen Zeitgenossen. Zwar arbeitete er eng mit vielen von ihnen, etwa im Kreis der südwestdeutschen Psychoanalytiker, zusammen, doch war Groddeck im wesentlichen anregend für andere, er selbst ließ sich wenig sagen. Groddeck hintertrieb auch die Absichten einiger der südwestdeutschen Analytiker, ihren Kreis zu organisieren und zu institutionalisieren – am Ende hätte er an einem psychoanalytischen Institut als Lehrer auftreten müssen! Groddeck verweigerte sich einer »Karriere« innerhalb der internationalen psychoanalytischen Bewegung, einer intensiven Mitarbeit in deren Institutionen, die 1922 in Berlin ausdrücklich zur Debatte stand. Schon gut zwanzig Jahre zuvor hatte er die Möglichkeit einer akademischen Karriere an der Berliner Universität, zu der Schweninger ihn drängte, ausgeschlagen. Auch der Aufgabe, sein eigenes Reich zu organisieren, wie Freud es mit der internationalen psychoanalytischen Bewegung so unnachahmlich geschickt unternahm, entzog er sich. Oft wurde der Wunsch gerade von englischen Freunden und Bewunderern an ihn herangetragen, eine Groddeck-Gesellschaft zu gründen. Es kam nie dazu.

Auch Groddecks politisches Denken und Handeln war letztlich aphoristischer Natur. Er war gleichzeitig fortschrittlich und reaktionär. Sein antibürgerlicher Affekt entstammte den Privilegien der feudalen Einstellung. Seine sehr ausgeprägten Vorstellungen zur Frauenfrage illustrieren diese Inkonsequenz sehr schön: Mit seiner weit über Freud hinausgehenden Theorie von der Entwicklung und Bedeutung der weiblichen Sexualität, mit der Betonung des mütterlich-weiblichen Aspekts des psychosomatischen Therapeuten und vielen Vorstellungen mehr vertrat Groddeck ein weitgehend matriarchalisches Weltbild. Es wurde ergänzt durch seine Ansicht von der fundamentalen Bisexualität eines jeden Menschen. Für sich selbst realisierte er diese Bisexualität: Ein Gutteil seiner therapeutischen Ausstrahlung beruhte auf seiner Fähigkeit und Funktion als Mutter-Therapeut. Den Frauen aber legte Groddeck nahe, immer nur ewig-weiblich zu sein. Von ihren Emanzipationsbestrebungen sprach er nur abfällig, weil sie sich an der oberflächlichen männlichen Verstandeswelt orientierten. Daß ein Gespräch mit der Frauenbewegung, an dem beide Teile sehr interessiert waren, an dem vollkommenen gegenseitigen Unverständnis scheiterte, verwundert nicht.

Groddeck hat nie einen Hehl aus der Einseitigkeit und Vorläufigkeit seines Denkens gemacht. Er wußte, daß er die psychosomatische Medizin anregen, doch nicht erschöpfen konnte und wies selbst immer wieder auf die zukünftige Wissenschaft hin, deren Aufgabe es sein werde, systematisch das zu erforschen, was er und andere entdeckt hätten. Schon 1895 hatte er seine eigenen Grenzen deutlich beschrieben: »Da mein Zweck nicht ist, Anhänger zu werben, sondern lediglich zum freien Meinungsaustausch anzuregen, so wird vielleicht gerade das Mangelhafte und Unvollständige zum Widerspruch oder gar zur weiteren Ergänzung antreiben. Ich werde für beides gleich dankbar sein« (Groddeck 1895, S. 47).

Ähnliches möchte ich für meine Arbeit in Anspruch nehmen. Groddecks Werk ist so vielfältig, daß ich ihm in keiner Weise erschöpfend habe gerecht werden können. Und es ist so hintergründig, daß die von mir aufgezeigten Perspektiven sicher nicht die einzigen der Groddeck-Interpretation bleiben werden. Zu wünschen ist eine intensive Diskussion um Groddeck auch bei uns, wie sie in Frankreich schon seit fünfzehn Jahren auf zum Teil hohem Niveau stattfindet. Zu wünschen ist vor allem auch eine Beschäftigung mit Groddeck aus Perspektiven, die nicht genuin medizinische sind. Denn er reduzierte die Psychoanalyse nicht auf eine medizinische Disziplin. Seine literarischen Werke und die Unzahl seiner Arbeiten zur Literatur, Kunst und Sprache sind noch nahezu unerschlossen; ebenso wie sie weisen Groddecks sozialpolitische Aktivitäten darauf hin, wie sehr eine patiententenbezogene Medizin, die ihr eigenes Tun reflektiert, über die engen Grenzen der therapeutischen Zweisamkeit hinausführen muß.

Warum wird Groddeck – fünfzig Jahre nach seinem Tod – von immer mehr Lesern geschätzt? Warum wächst das internationale Interesse an ihm? Der Psychoboom bei uns ist abgeflaut. Doch die Psychosomatik, und das ist fast durchgehend die analytisch orientierte Psychosomatik, wächst kontinuierlich. Sie wächst, weil die Grenzen einer rein naturwissenschaftlich-rationalistisch orientierten Medizin allzu offensichtlich sind. Sie wächst, weil auch in der Schulmedizin die Einsicht um sich greift, wie sehr nicht nur die Arzt-Patient-Beziehung, sondern auch die Entstehung und Heilung von Krankheiten durch scheinbar irrationale Momente bestimmt werden, die dadurch nicht wirkungsloser werden, daß man sie links liegen läßt. Die Psychosomatik als wissenschaftliche Disziplin hatte es (und hat es zum Teil auch noch heute) schwer, die ihr gebührende Anerkennung und Unterstützung zu finden. Deshalb hat sie ihre eher schillernden Vertreter wie Groddeck im Hintergrund gehalten. Doch liegt die Stärke einer Disziplin auch in der Wahrnehmung ihrer Geschichte. Zumal wenn sich zeigt, daß auch bei umstrittenen Vorläufern wie Groddeck mehr Vernunft im Spiel ist, als es zunächst den Anschein hat. Groddeck in seiner Produktivität und Unerschrockenheit bildet einen würdigen Auftakt zur Geschichte der zeitgenössischen psychosomatischen Medizin.

Groddeck stand ganz auf der Seite seiner Patienten. Er sah, daß sie nicht nur vernünftig, aufgeklärt und sachlich sein konnten. Er akzeptierte ihre Irrationalität, ja, er ermunterte sie dazu, phantasievoll und assoziativ den Spuren ihres Es zu folgen. Seine Erfolge bestätigten diesen Ansatz. Er zeigte, daß der subjektive Faktor in der Medizin kein lästiges Übel sein muß, sondern als schöpferisches Moment der Erkrankung und Heilung und der Beziehung von Arzt und Patient aufgenommen werden kann. Seine Patienten waren begeistert von ihm, weil er sie ernst nahm. Seine Leser fühlen sich von ihm angezogen, weil es – mit den Worten Ingeborg Bachmanns – auch in seinen Schriften »zu einem ununterbrochenen Dialog zwischen dem Arzt und dem Patienten oder Expatienten oder künftigen Patienten kommt, denn krank waren wir ja alle, sind wir alle, werden wir alle, und da erfahren wir, was wir in keiner Sprechstunde zu hören bekommen.« Ingeborg Bachmann meinte geradezu, es sollte jedem Kranken »zu seinen Hustentropfen oder seiner Spritze, das alte ›Buch vom Es‹ mitverschrieben werden«, das einstmals zu den Klassikern dieses Jahrhunderts gehören werde (Bachmann 1967, S. 147). Dabei ist Groddecks Werk nichts anderes als ein besonders gelungener Ausdruck dessen, was eine psychosomatische Perspektive in der Medizin für ihre Patienten bedeuten kann.

Was an Groddeck für den »laienhaften,« »naiven« (und damit Groddeck kongenialen) Leser gut ist, muß für den wissenschaftlich gebildeten Fachmediziner keineswegs unbrauchbar sein.* Auch er kann sich von Groddecks Unvoreingenommenheit, Offenheit und Güte, von seinen ebenso genialen wie einfachen Einsichten bestricken lassen wie Frieda Fromm-Reichmann, die große Psychoanalytikerin und Psychoseforscherin, die 1933 an Groddeck schrieb: »Nichts Psychoanalytisches, was je gedruckt wurde, spricht so unmittelbar, so zugleich neu und längst vertraut zu mir, wie Ihre Bücher. Kaum etwas wirkt anregender auf mich, und nichts macht das Bild von dem, was wirklich Psychoanalyse ist, lebendiger und gesicherter in mir, als was Sie darüber aussagen« (Brief im Nachlaß Groddeck).

Der subjektive Faktor ist ein zentrales Moment in der Medizin. Gerade die Psychosomatik kann nicht von ihm absehen. Georg Groddeck verkörperte ihn in seiner Person und seinem Werk; deswegen ist er für uns so wichtig.

* Der amerikanische Psychoanalytiker Vann Spruiell meinte, Groddecks ›Buch vom Es‹ sollte – wie bei ihm an dem New Orleans Psychoanalytic Institute – für jeden Kandidaten der Psychoanalyse zur Pflichtlektüre gehören. »As a devoted follower of ego psychology and the developmental point of view, I believe Groddeck serves a function in reintroducing us to the excitement, terrors, richness, comedies, tragedies, earthiness, and *joyfulness* of the private worlds of conscious and unconscious fantasy. After all, should not our theories subsume these matters too? In fact, I believe he reintroduces us to the very qualities that fascinated most of us about psychoanalysis in the first place« (Spruiell 1979, S. 178).

VII. Anhang

Biographische Übersicht

1866 wird Georg Groddeck am 13. Oktober in Bad Kösen an der Saale geboren – als Jüngster von fünf Kindern des Arztes Carl Theodor Groddeck (1826–1885), der einer alten Danziger Patrizierfamilie entstammt, und dessen Gemahlin Caroline (1825–1892), großbürgerlicher Tochter des Literarhistorikers August Koberstein. Kindheit in Bad Kösen.

1878–1885 Gymnasialzeit im Eliteinternat Schulpforta, das sein Großvater Koberstein geleitet und das zuvor auch Nietzsche besucht hatte.

1885–1889 Studium der Medizin in Berlin. Promotion am 4. Oktober 1889. Dissertation bei Ernst Schweninger, dem Leibarzt Bismarcks, ›Über das Hydroxylamin und seine Verwendung in der Therapie der Hautkrankheiten‹.

1890–1891 Assistent bei Schweninger in Berlin.

1891–1896 Militärarzt in Brandenburg und Weilburg an der Lahn.

1896–1900 wiederum Assistent Schweningers, bis 1897 in Berlin, dann in dessen Baden-Badener Sanatorium. In Zusammenarbeit mit Schweninger und seiner Ärzteschule vielfältige medizinische Veröffentlichungen. Verbindungen zu Schweningers Patientenschar von Geld, Adel und Kultur.

1896 Heirat mit Else, geb. Neumann, gesch. von der Goltz; Stiefkinder Ursula und Joachim, 1901 Geburt von Groddecks einzigem leiblichen Kind Barbara.

1900 gründet Groddeck in Baden-Baden ein eigenes kleines Sanatorium mit 15 Betten, das er bis zu seinem Tod 1934 leitet.

Ab 1900 großer Zulauf an Patienten aus ganz Europa. Breitgefächerte medizinische und literarische Veröffentlichungen und Vorträge. Ab 1909 Mitarbeit im »Volksbildungs- und Diskussionsklub Baden-Baden«; 1911 Mitbegründer des genossenschaftlichen »Konsumvereins Baden-Baden,« 1912 Mitbegründer der »Gemeinnützigen Baugenossenschaft Baden-Baden.«
Unzufriedenheit mit der eigenen ärztlichen Praxis.

1909 Patientin Fräulein G.; Entwicklung einer neuen psychosomatischen Perspektive.

1913 erste literarische Bekanntschaft mit der Psychoanalyse.

1914–1915 Leitung eines Militärlazaretts, wegen Kontroversen um die Kriegsmedizin Entlassung aus dem Militärdienst.
Trennung von seiner Frau Else. Neue Lebensgefährtin die Schwedin Emmy, geb. Larsson.

Ab 1916 intensives Studium der Psychoanalyse. 1916–1919 wöchentliche ›Psychoanalytische Vorträge‹ für seine Patienten. Selbstanalyse.
Mai 1917 Beginn des Briefwechsels mit Freud.

1917 ›Psychische Bedingtheit und psychoanalytische Behandlung organischer Leiden‹ (der programmatische Beginn der zeitgenössischen psychosomatischen Medizin). Verrisse in der Fachkritik; positive Aufnahme bei Freud und in seiner Schule (Ferenczi).

1918 Privatzeitschrift ›Satanarium‹.
1920 Aufnahme als ordentliches Mitglied des Berliner Zweigs der Internationalen Psychoanalytischen Vereinigung. Im September Vortrag auf dem VI. Intern. Psychoanal. Kongreß im Haag: ›Ich bin ein wilder Analytiker‹.
Bis 1934 vielfältige Veröffentlichungen und Vorträge zu psychoanalytischen und psychosomatischen Themen. Häufige Vortragsreisen in Deutschland, Holland, England, Skandinavien. Zusammenarbeit mit der Südwestdeutschen Psychoanalytischen Arbeitsgemeinschaft und später mit dem Frankfurter Institut für Psychoanalyse, daneben mit Graf Keyserlings »Schule der Weisheit«.
1921 ›Der Seelensucher‹.
Enge Freundschaft mit Sandor Ferenczi.
1923 ›Das Buch vom Es‹.
Hochzeit mit Emmy.
1924 Tod Ernst Schweningers.
1925–1927 Privatzeitschrift ›Die Arche‹.
1933 ›Der Mensch als Symbol‹.
Am 24. Mai Tod Ferenczis.
1934 Zunehmende Schwierigkeiten mit dem nationalsozialistischen Regime. Am 11. Juni stirbt Georg Groddeck in Medard Boss' Sanatorium in Knonau (Schweiz).

Literaturverzeichnis

Bibliographie Georg Groddeck

Eine vollständige Bibliographie von Groddecks Werken würde viele hundert Titel umfassen – die unveröffentlichten Manuskripte, die Vortragskonzepte, die Unzahl kleinerer Artikel und Bemerkungen in seinen Privatzeitschriften ›Satanarium‹ (1918) und ›Die Arche‹ (1925–1927) und die Vielzahl fremdsprachiger Ausgaben eingeschlossen.

Hier werden nur Groddecks Arbeiten zur Medizin und Psychosomatik mit Bemühen um Vollständigkeit angeführt. Von den Artikeln aus der ›Arche‹ wurden die wichtigsten ausgewählt, dabei stammen die in Klammern gesetzten Titel nicht von Groddeck. Von den unveröffentlichten Manuskripten wurden jene mit Bezug zur medizinisch-psychologischen Thematik aufgenommen. Fremdsprachige Ausgaben werden nur angeführt, soweit die Texte nicht auf deutsch veröffentlicht sind. Zur Ergänzung sei auf die Groddeck-Ausgaben von H. Siefert (1979, 1983) verwiesen.

Groddeck-Zitate im Text entstammen – soweit im folgenden nichts anderes vermerkt ist – der Erstveröffentlichung der zitierten Arbeit.

1889

Groddeck, G.: Über das Hydroxylamin und seine Verwendung in der Therapie der Hautkrankheiten. Inaugural-Dissertation zur Erlangung der Doctorwürde in der Medizin und Chirurgie. Berlin 1889.

1890

Groddeck, G. (1890a): Über das Hydroxylamin und seine Verwendung in der Therapie der Hautkrankheiten. Monatshefte für Praktische Dermatologie 10 (1890), 162–173.

Groddeck, G. (1890b): Das Hydroxylamin und die Schweningerkur. Monatshefte für Praktische Dermatologie 10 (1890), 349–354.

1892

Groddeck, G. (1892a): Ketzereien. 1. Rezeptschwindel. 2. Laienweisheit. Von einem Theilnehmer am Colloquium des Prof. Dr. Ernst Schweninger, Berlin. Hygieia 6 (1892–93), 23–29. Auch in: Hamburger Nachrichten Okt.-Dez. 1892.

Groddeck, G. (1892b): Korset und Frauenzukunft. Aus einem Colloquium beim Professor Schweninger. Hygieia 6 (1892–93), 193–199. Auch in: Zukunft (Jan. 1893).

Groddeck, G. (1892c): Das Gesetz gegen die Cholera. Aus einem Colloquium beim Professor Schweninger. Hygieia 6 (1892–93), 234–238.

1893

Caius (1893a): Einiges über moderne »Kollegialität«. Hygieia 6 (1892–93), 277–280.

Caius (1893b): Kunst und Wissenschaft in der Medizin. Hygieia 6 (1892–93), 401–404. Auch in: Groddeck 1983, 19–22.

Caius (1893c): Badekuren. Aus einem Kolloquium beim Professor Schweninger. Hygieia 6 (1892–93), 441–450.

Caius (1893d): Die Schutzmaßregeln gegen die Cholera. Hygieia 6 (1892–93), 481–487.

Caius (1893e): »Krankheit«. Hygieia 7 (1893–94), 17–19. Auch in: Groddeck 1983, 23–26.

1894

Caius (1894a): Theophrastus Bombastus Paracelsus ab Hohenheim. Hygieia 7 (1893–94), 188–190.

Caius (1894b): Die Aerztin. Hygieia 7 (1893–94), 225–226.

Groddeck, G. (1894c): Aerzteschulen. Aus einem Kolloquium beim Professor Schweninger. Hygieia 7 (1893–94), 289–295. Auch in: Zukunft (1894), Nr. 79.

Groddeck, G. (1894d): Behring und Virchow. Hygieia 8 (1894–95), 114–117. Auch in: Gerster, F. C. (Hg.): Aerztliche Stimmen über und gegen Behring und sein Heilserum. Stuttgart: Ernst Mohrmann 1895, 43–46.

Schweninger, E. & Groddeck, G. (1894e): Cur und Curen. In: Drasche, A. (Hg.): Bibliothek der gesamten medicinischen Wissenschaften für practische Aerzte und Specialaerzte. Interne Medicin und Kinderkrankheiten. Bd. I, Wien Leipzig: Karl Prochaska 1894, 294–306. Auch in: Hygieia 7 (1893–94), 86–90, 138–148. Auch in: Groddeck 1983, 27–32.

1895

Groddeck, G.: Autoreferat zum Art. Krankendiät von Schweninger-Groddeck. Hygieia 9 (1895–96), 41–47.

1896

Schweninger, E. & Groddeck, G. (1896 a): Krankendiät. In: Drasche, A. (Hg.): a. a. O. Bd. II. 1896, 432–453.

Schweninger, E. & Groddeck, G. (1896 b): Mechanotherapie. In: Drasche, A. (Hg.): a. a. O. Bd. II. 1896, 650–667. Auch in: Hygieia 9 (1895–96), 301–323.

1898

Schweninger, E. & Groddeck, G.: Verstopfung. In: Drasche, A. (Hg.): a. a. O. Bd. III. 1898, 1016–1029.

1899

Groddeck, G.: Ueber Messen und Wägen in der ärztlichen Tätigkeit. Wiener Medizinische Presse 40 (1899), 1759–1762, 1810–1813.

1900

Schweninger, E. & Groddeck, G.: Dermato-Balneotherapie. In: Drasche, A. (Hg.): a. a. O. Venerische und Hautkrankheiten. 1900, 180–188.

1901

Groddeck, G.: Einiges über die Bedeutung mechanischer Vorgänge im Bauche. Wiener Medizinische Presse 42 (1901), 1455–1459, 1534–1538.

1902

Groddeck, G. (1902 a): Ein Frauenproblem. Leipzig: C. G. Naumann o. J. (1902).

Groddeck, G. (1902 b): Ernst Schweninger. Hamburger Nachrichten April 1902.

1904

Groddeck, G.: Über den Zusammenhang von Sehschärfe und Zirkulation. Wiener Medizinische Presse 45 (1904), 1845–1851.

1905

Groddeck, G. (1905 a): Ein Kind der Erde. Bd. 1–2. Leipzig: S. Hirzel 1905.

Groddeck, G. (1905 b): Bemerkungen über die Mechanik des Wachstums. Wiener Medizinische Presse 46 (1905), 1184–1188. Auch unter dem Titel: Aus Schweningers Aerzteschule. Ueber die Mechanik des Wachstums. Archiv für physikalisch-diätetische Therapie in der ärztlichen Praxis 8 (1906), 40–44.

Groddeck, G. (1905 c): Ein deutsches Gedicht im großen Stil (Rez. von Carl Spittelers ›Olympischer Frühling‹). Der Osten 31 (1905), 186–192.

1906

Groddeck, G. (1906 a): Aus Schweningers Aerzteschule. Bemerkungen über mechanische Kräfte im menschlichen Körper. Archiv für physikalisch-diätetische Therapie in der ärztlichen Praxis 8 (1906), 8–12.

Groddeck, G. (1906b): Aus Schweningers Aerzteschule. Die Wasserverteilung im Körper. Archiv für physikalisch-diätetische Therapie in der ärztlichen Praxis 8 (1906), 69–76.
Groddeck, G. (1906c): Aus Schweningers Aerzteschule. Die Wasserbewegung im Körper. Archiv für physikalisch-diätetische Therapie in der ärztlichen Praxis 8 (1906), 99–106. Auch in: Groddeck 1983, 33–47.
Groddeck, G. (1906d): Aus Schweningers Aerzteschule. Wasserfülle und Wasserarmut. Archiv für physikalisch-diätetische Therapie in der ärztlichen Praxis 8 (1906), 263–269. Auch in: Wiener Medizinische Presse 48 (1907), 377–383.
Groddeck,G. (1906e): Doktor Besserwisser. Aus Schweningers Ärzteschule. Die Zukunft 55 (1906), 478–489.

1907

Groddeck, G.: Die Hochzeit des Dionysos. Dresden: E. Pierson's 1907.

1908

Groddeck, G. (1908a): Studien über die Rolle des Wassers im menschlichen Organismus. Zeitschrift für den Ausbau der Entwicklungslehre 2 (1908), 91–112, 129–135.
Groddeck, G. (1908b): Der Dr. Müller. Lustspiel. Aufgeführt beim Jahresfest der Abteilung Baden-Baden des Vereins Frauenbildung-Frauenstudium am 5. 2. 1908. Typoskript im Nachlaß Groddeck.
Groddeck, G. (1908c): Roswitha tanzt. Lustspiel. Aufgeführt beim Jahresfest der Abteilung Baden-Baden des Vereins Frauenbildung-Frauenstudium am 5. 2. 1908. Typoskript im Nachlaß Groddeck.

1909

Groddeck, G. (1909a): Hin zu Gottnatur. Leipzig: S. Hirzel 1909, 3. Aufl. 1912.
Groddeck, G. (1909b): Der Pfarrer von Langewiesche. Frankfurter Zeitung (in Fortsetzungen) März-April 1909. Neu herausgegeben: Groddeck 1981.

1910

Groddeck, G. (1910a): Tragödie oder Komödie? Eine Frage an die Ibsenleser. Leipzig: S. Hirzel 1910.
Groddeck, G. (1910b): Vom Wert der Krankheit. Mens sana in corpore sano. Typoskript im Nachlaß Groddeck. Veröffentlicht in: Groddeck 1983, 48–61.
Groddeck, G. (1910c): Vortragszyklus »Leben und Tod«, gehalten im Volksbildungs- und Diskussionsklub Baden-Baden. Typoskript im Nachlaß Groddeck.

1913

Groddeck, G.: Nasamecu, natura sanat, medicus curat. Der gesunde und kranke Mensch gemeinverständlich dargestellt. Leipzig: S. Hirzel 1913. Neu veröffentlicht: Groddeck 1976a; Groddeck 1984.

1916

Groddeck, G. (1916–1919): Hundertfünfzehn psychoanalytische Vorträge, gehalten im Sanatorium Groddeck in Baden-Baden 16. 8. 1916 – 2. 4. 1919. Typoskript im Nachlaß Groddeck. Bisher nur auf Französisch: Groddeck 1978b, Spanisch und Portugiesisch erschienen.

1917

Groddeck, G. (1917a): Psychische Bedingtheit und psychoanalytische Behandlung organischer Leiden. Leipzig: S. Hirzel 1917. Auch in: Groddeck 1966, 19–45; Groddeck 1983, 62–90.

Groddeck, G. (1917b): Groddeck, Georg Walther, Dr. med. (Selbstbiographie). In: Degener, H. A. L. (Hg.): Wer ist's? Leipzig: Degener, VII. Ausgabe, 1917, 521, u. ö.

1918

Groddeck, G. (Hg.): Satanarium (Privatzeitschrift im Selbstverlag Groddecks). Baden-Baden, Typoskript. Nr. 1 vom 6. 2. 1918 – Nr. 23 vom 10. 7. 1918.

1920

Groddeck, G. (1920a): Wunscherfüllungen der irdischen und göttlichen Strafen. Internationale Zeitschrift für ärztliche Psychoanalyse 6 (1920), 216–227. Auch in: Groddeck 1966, 77–91.

Groddeck, G. (1920b): Eine Symptomanalyse. Internationale Zeitschrift für ärztliche Psychoanalyse 6 (1920), 320–327. Auch in: Groddeck 1966, 92–100.

Groddeck, G. (1920c): Über die psychoanalytische Behandlung organischer Krankheiten. Autoreferat des Vortrages gehalten am 9. 9. 1920 auf dem VI. Internationalen Psychoanalytischen Kongreß im Haag. Internationale Zeitschrift für ärztliche Psychoanalyse 6 (1920), 399.

Groddeck, G. (1920d): Über das ES. Typoskript im Nachlaß Groddeck. Veröffentlicht in: Groddeck 1966, 46–76.

1921

Groddeck, G. (1921a): Der Seelensucher. Ein psychoanalytischer Roman. Leipzig, Wien, Zürich: Internationaler Psychoanalytischer Verlag 1921, 2. Aufl. ebd. 1922. Wieder veröffentlicht: Groddeck 1971; Groddeck 1979b; Groddeck 1981a.

Groddeck, G. (1921b): Über die Psychoanalyse des Organischen im Menschen. Nach einem Vortrag am VI. Internationalen Psychoanalytischen Kongreß im Haag, September 1920. Internationale Zeitschrift für Psychoanalyse 7 (1921), 252–263. Auch in: Groddeck 1966, 101–114; Groddeck 1983, 96–111.

1922

Groddeck, G. (1922a): Der Symbolisierungszwang. Imago 8 (1922), 67–81. Auch in: Groddeck 1966, 114–129; Groddeck 1978a, 64–78.

Groddeck, G. (1922b): Die Flucht in die Philosophie. Autoreferat des Vortrages gehalten auf dem VII. Internationalen Psychoanalytischen Kongreß in Berlin, September 1922. Internationale Zeitschrift für Psychoanalyse 8 (1922), 491–492.

1923

Groddeck, G. (1923a): Das Buch vom Es. Psychoanalytische Briefe an eine Freundin. Leipzig, Wien, Zürich: Internationaler Psychoanalytischer Verlag 1923, 2. Aufl. ebd. 1926, 3. Aufl. ebd. 1934. Wieder veröffentlicht: Groddeck 1961; Groddeck 1968; Groddeck 1979a (nach dieser Ausgabe wird im Text zitiert).

Groddeck, G. (1923b): Nachlust und Nachbewußt. Typoskript im Nachlaß Groddeck. Veröffentlicht in: Groddeck 1970, 131–136; Groddeck 1974b, 7–12.

1925

Groddeck, G. (1925a): Symbole und Gesundheit. Vortrag, gehalten am 5. 2. 1925 an der Lessing-Hochschule in Berlin. Mskr. im Nachlaß Groddeck.

Groddeck, G. (1925b): Symbole und Krankheit. Vortrag, gehalten am 19. 2. 1925 an der Lessing-Hochschule in Berlin. Mskr. im Nachlaß Groddeck. Veröffentlicht in: Groddeck 1983, 112–122.

Groddeck, G. (1925c): Der Arzt und die Symbole in der Behandlung. Vortrag an der Lessing-Hochschule in Berlin Febr. 1925. Mskr. im Nachlaß Groddeck. Auszugsweise veröffentlicht in: Groddeck 1983, 122–128.

Groddeck, G. (1925d): Selbstbetrachtung, Selbsterkenntnis, Selbstheilung. Vortrag an der Lessing-Hochschule Berlin Febr. 1925. Mskr. im Nachlaß Groddeck.

Groddeck, G. (1925e): Der Sinn der Krankheit. Der Leuchter 6 (1925), 339–347. Auch in: Groddeck 1966, 130–137; Groddeck 1983, 132–139.

Groddeck, G. (1925f): Die Psychoanalyse und das Es. Autoreferat des Vortrages, gehalten auf dem IX. Internationalen Psychoanalytischen Kongreß in Bad Homburg, September 1925. Internationale Zeitschrift für Psychoanalyse 11 (1925), 509.

Groddeck, G. (1925g): Rede zum Dessert beim Bankett des 9. Internationalen Psychoanalytischen Kongresses. Typoskript im Nachlaß Groddeck.

Groddeck, G. (Hg.): Die Arche (Halbmonatsschrift im Selbstverlag). Baden-Baden Jg. 1–3 (1925–1927).

Groddeck, G. (1925h): (Der Gegenstand der ärztlichen Behandlung). Die Arche 1 (1925–26), Nr. 1, 7–8. Auch in: Groddeck 1983, 129–131.

Groddeck, G. (1925i): (Über das Es, den Arzt, die Wissenschaft). Die Arche 1 (1925–26), Nr. 3, 1–4.

Groddeck, G. (1925j): (Ernst Schweninger zum 75. Geburtstag). Die Arche 1 (1925–26), Nr. 5, 1–5. Auch in: Groddeck 1970, 140–144; Groddeck 1974b, 16–20.

Groddeck, G. (1925k): (Über den Widerstand). Die Arche 1 (1925–26), Nr. 5, 12–16. Auch in: Groddeck 1966, 137–140: Groddeck 1970, 144–148; Groddeck 1974b, 20–24.

Groddeck, G. (1925l): (Krankheit und Gesundheit). Die Arche 1 (1925–26), Nr. 7, 1–7. Auch in: Groddeck 1966, 141–148; Groddeck 1970, 148–154; Groddeck 1974b, 24–30.

Groddeck, G. (1925m): (Atmen). Die Arche 1 (1925–26), Nr. 7, 15–16 und Nr. 8, 7–8. Auch Groddeck 1970, 154–156; Groddeck 1974b, 30–32.
Groddeck, G. (1925n): Das Es und die Psychoanalyse, nebst einigen Anmerkungen zum Kongreßwesen. Die Arche 1 (1925–26), Nr. 10, 1–15. Ohne Einleitung auch: Groddeck 1951; Groddeck 1966, 148–161.
Groddeck, G. (1925o): (Selbstanalyse: Husten und Schnupfen). Die Arche 1 (1925–26), Nr. 12, 1–9.
Groddeck, G. (1925p): (Von der Bedeutung des Blutes). Die Arche 1 (1925–26), Nr. 13, 8–12.
Groddeck, G. (1925q): Erotische Eheschwierigkeiten. (Diskussion mit Ferenczi). Die Arche 1 (1925–26), Nr. 14, 5–11.
Groddeck, G. (1925r): (Eine Symptom- und Traumanalyse. Rom und Budapest). Die Arche 1 (1925–26), Nr. 16, 1–16.

1926

Groddeck, G. (1926a): Schicksal und Zwang. Der Leuchter 7 (1926), 45–67. Auch in: Groddeck 1970, 233–250; Groddeck 1974b, 109–126.
Groddeck, G. (1926b): Traumarbeit und Arbeit des organischen Symptoms. Internationale Zeitschrift für Psychoanalyse 12 (1926), 504–512. Auch in: Groddeck 1966, 207–217; Groddeck 1983, 184–195.
Groddeck, G. (1926c): Warum ich Arzt wurde und wie ich zur Abneigung gegen das Wissen gekommen bin. (1. Brief des »Buch vom Es«). Almanach für das Jahr 1926. Wien: Internationaler Psychoanalytischer Verlag 1926, 63–72.
Groddeck, G. (1926d): Psychoanalyse und organische Krankheiten. Kölnische Zeitung vom 4. 12. 1926. Auch in: Die Arche 2 (1926–27), Nr. 10/11, 1–5.
Groddeck, G. (1926e): Lebenserinnerungen (ab 1926). Veröffentlicht in: Groddeck 1970, 267–407.
Groddeck, G. (1926f): (Postskript zum ›Seelensucher‹). Die Arche 1 (1925–26), Nr. 21, 21–23.
Groddeck, G. (1926g): Ein Samstagabend in der Marienhöhe. (Über den endemischen Blähhals). Die Arche 1 (1925–26). Nr. 22, 1–16.
Groddeck, G. (1926h): Würmer – Geburt – Kastration. Die Arche 1 (1925–26), Nr. 23, 14–22.
Groddeck, G. (1926i): (Vom Unsinn der »Psychogenese«). Die Arche 2 (1926–27), Nr. 1, 7–9. Auch in: Groddeck 1966, 162–164; Groddeck 1983, 140–142.
Groddeck, G. (1926j): (Über Kopfschmerzen. Zur psychoanalytischen Technik). Die Arche 2 (1926–27), Nr. 1, 9–17. Auch in: Groddeck 1966, 165–172.
Groddeck, G. (1926k): (Über Arteriosklerose). Die Arche 2 (1926–27), Nr. 1, 25–32. Auch in: Groddeck 1966, 173–181.
Groddeck, G. (1926l): (Psychoanalyse und »Psychosynthese«). Die Arche 2 (1926–27), Nr. 2, 9–12.
Groddeck, G. (1926m): (»Pansexualität« und die Bedeutung Freuds). Die Arche 2 (1926–27), Nr. 2, 13–16. Auch in: Groddeck 1970, 159–161; Groddeck 1974b, 34–37.
Groddeck, G. (1926n): (Symptomanalysen und längere Analysen). Die Arche 2 (1926–27), Nr. 2, 27–29.

Groddeck, G. (1926o): (Der I. allgem. ärztl. Kongreß für Psychotherapie in B-B). Die Arche 2 (1926–27), Nr. 2, 29–31.
Groddeck, G. (1926p): Reichsgesundheitswoche. (Und:) Zur roten Gesundheitswoche. Die Arche 2 (1926–27), Nr. 3/4, 1–5.
Groddeck, G. (1926q): (Wohlauf zum fröhlichen Spielen!). Die Arche 2 (1926–27), Nr. 3/4, 9–12.
Groddeck, G. (1926r): (Nochmals: Psychoanalyse und »Psychosynthese«). Die Arche 2 (1926–27), Nr. 5, 21–24.
Groddeck, G. (1926s): Verstopfung. (Und:) Verstopfung (Fortsetzung). Die Arche 2 (1926–27), Nr. 8, 11–24 und Nr. 9, 9–20. Auch in: Groddeck 1966, 182–206; Groddeck 1983, 143–170.
Groddeck, G. (1926t): (Gallensteine und Gallensteinkoliken). Die Arche 2 (1926–27), Nr. 10/11, 15–19.
Groddeck, G. (1926u): (Freud und Rank. Zur Bedeutung der Vater- und der Mutterimago). Die Arche 2 (1926–27), Nr. 10/11, 26–30.
Groddeck, G. (1926v): Laienanalyse. Die Arche 2 (1926–27), Nr. 12/13, 19–26.
Troll, Patrik (1926w): (Verdrängen und Heilen. 34. Brief des ›Buch vom Es‹). Die Arche 2 (1926–27), Nr. 14, 3–11. Auch in: Groddeck 1970, 176–184; Groddeck 1974b, 52–60; Groddeck 1979a, 275–282.
Groddeck, G. (1926x): Das Es und die Psychoanalyse. 1. Vortrag an der Berliner Lessinghochschule. 22. Oktober 1926. Die Arche 2 (1926–27), Nr. 15, 13–22. Auch in: Groddeck 1970, 184–194; Groddeck 1974b, 60–70.
Groddeck, G. (1926y): Der Alltag. Zweiter Vortrag in der Lessinghochschule. Die Arche 2 (1926–27), Nr. 16, 1–13. Auch in: Groddeck 1970, 194–206; Groddeck 1974b, 70–82.
Groddeck, G. (1926z): Krankheit. Dritter Vortrag in der Lessinghochschule. Die Arche 2 (1926–27), Nr. 16, 13–23. Auch in: Groddeck 1970, 207–218; Groddeck 1974b, 83–94; Groddeck 1983, 171–183.
Groddeck, G. (1926aa): Behandlung. Vierter Vortrag in der Lessinghochschule. Die Arche 2 (1926–27), Nr. 17, 1–15. Auch in: Groddeck 1970, 218–233; Groddeck 1974b, 94–109.
Groddeck, G. (1926bb): Industrie, Wissenschaft und Kunst. Fünfter Vortrag in der Lessinghochschule. Die Arche 2 (1926–27), Nr. 17, 15–26. Auch in: Groddeck 1978a, 105–116.
Groddeck, G. (1926cc): Das Es und die Evangelien. Sechster Vortrag in der Lessinghochschule. Die Arche 2 (1926–27), Nr. 18, 1–17.

1927

Groddeck, G. (1927a): Nicht wahr, zwei Damen? Und der Schlag aufs Paradiesäpflein. (Aus dem ›Seelensucher‹). Almanach für das Jahr 1927. Wien: Internationaler Psychoanalytischer Verlag 1927, 250–256.
Groddeck, G. (1927b): (Zur Auseinandersetzung um die Psychoanalyse). Die Arche 2 (1926–27), Nr. 21, 12–18.
Groddeck, G. (1927c): Die psychoanalytische Behandlung. Die Arche 2 (1926–27), Nr. 22, 1–4.
Groddeck, G. (1927d): Arzt und Gesundheitsdienst. Die Arche 2 (1926–27), Nr. 22, 4–7.
Groddeck, G. (1927e): In eigener Sache. (Zum II. Psychotherapie-Kongreß). Die Arche 3 (1927), Nr. 2, 1–3.
Groddeck, G. (1927f): (Selbstgespräch über das Arzt-Sein). Die Arche 3

(1927), Nr. 2, 17–24. Auch in: Groddeck 1970, 257–264; Groddeck 1974b, 133–140; Groddeck 1983, 196–203.
Groddeck, G. (1927g): (Meine Doktorarbeit). Die Arche 3 (1927), Nr. 5, 18–24.
Groddeck, G. (1927h): (Über Nasamecu). Die Arche 3 (1927), Nr. 9, 19–23.
Groddeck, G. (1927i): Vier Lehrbücher der Psychoanalyse. Vorträge in der Lessinghochschule. I. Vortrag: Der Ring des Nibelungen. Die Arche 3 (1927), Nr. 11, 11–31. Auch in: Groddeck 1978a, 120–140.
Groddeck, G. (1927j): Zweiter Vortrag: – Peer Gynt. Die Arche 3 (1927), Nr. 12, 1–25. Auch in: Groddeck 1978a, 140–164.
Groddeck, G. (1927k): Dritter Vortrag: – Faust. Die Arche 3 (1927), Nr. 13/14, 1–32. Auch in: Groddeck 1978a, 165–195.
Groddeck, G. (1927l): Vierter Vortrag: – Der Struwwelpeter. Zwei kurze Zusammenfassungen als Mskr. im Nachlaß. Veröffentlicht in: Groddeck 1978a, 195–213.

1928

Groddeck, G. (1928a): Über die psychische Behandlung der Nierensteinbildung. Allgemeine ärztliche Zeitschrift für Psychotherapie und psychische Hygiene 1 (1928), 136–141. Auch in: Groddeck 1966, 217–223.
Groddeck, G. (1928b): Klinische Mitteilungen aus einer zwanzigjährigen psychotherapeutischen Tätigkeit. Leitsätze zum Vortrag. Allgemeine ärztliche Zeitschrift für Psychotherapie und psychische Hygiene 1 (1928), 226.
Groddeck, G. (1928c): Klinische Mitteilungen aus einer 20jährigen psychotherapeutischen Praxis. Autoreferat. Archiv für Psychiatrie und Nervenkrankheiten 85 (1928), 491–498. Auch in: Eliasberg, W. (Hg.): Bericht über den III. Allgemeinen ärztlichen Kongreß für Psychotherapie in Baden-Baden, 20. bis 22. April 1928. Leipzig: S. Hirzel 1929, 130–138. Auch in: Groddeck 1966, 236–248.
Groddeck, G. (1928d): Schlußwort (der Diskussion auf dem III. Allgemeinen ärztlichen Kongreß für Psychotherapie). Autoreferat. Archiv für Psychiatrie und Nervenkrankheiten 85 (1928), 571.
Groddeck, G. (1928e): Grundsätzliches über Psychotherapie. Allgemeine ärztliche Zeitschrift für Psychotherapie und psychische Hygiene 1 (1928), 581–590. Auch in: Groddeck 1966, 224–235; Groddeck 1983, 204–217.
Groddeck, G. (1928f): Psychotherapeutische Praxis. Bruchstücke eines Vortrags über psycho-physische Behandlung. Typoskript im Nachlaß Groddeck.

1929

Groddeck, G. (1929a): Analytische Lebenserinnerungen. Rast und Rückblick. Vier Vorträge, gehalten an der Lessinghochschule Jan.-Febr. 1929. Typoskript im Nachlaß Groddeck (teilweise erhalten).
Groddeck, G. (1929b): Schlußwort (der Diskussion zum Vortrag Groddeck). In: Eliasberg, W. (Hg.): Bericht über den III. Allgemeinen ärztlichen Kongreß für Psychotherapie in Baden-Baden, 20. bis 22. April 1928. Leipzig: S. Hirzel 1929, 139–140.
Groddeck, G. (1929c): Psychical Treatment of Organic Disease. The British Journal of Medical Psychology 9 (1929), 179–186.

1930

Groddeck, G. (1930 a): Ernst Schweninger. Der Arzt 2 (1930), 167–174.
Groddeck, G. (1930 b): Unbewußtes in Mutterliebe und Mutterhaß. (Aus dem ›Buch vom Es‹). Zeitschrift für psychoanalytische Pädagogik 4 (1930), 329–341.
Groddeck, G. (1930 c): Geleitwort. In: Geinitz, H. Th.: Vom Sinn der Krankheiten. Bioanalytische Betrachtungen. Bonn: Rheinland 1930. 7–9.
Groddeck, G. (1930 d): Speziell Organisches Leiden als Ausdrucksform der Sexualität. Referat gehalten auf dem Congress for Sex Research in London am 6. 8. 1930. Mskr. im Nachlaß Groddeck.
Groddeck, G. (1930 e): Der Struwwelpeter. Vortrag auf der psychoanalytischen Tagung in Dresden am 28. 9. 1930. Autoreferat im Nachlaß Groddeck. Veröffentlicht in: Groddeck 1978 a, 213–219.

1931

Groddeck, G. (1931 a): Massage. In: Kretschmer, E. & Cimbal, W. (Hg.): Bericht über den VI. Allgemeinen ärztlichen Kongreß für Psychotherapie in Dresden, 14. bis 17. 5. 1931. Leipzig: S. Hirzel 1931, 51–55. Auch in: Groddeck 1966, 249–255; Groddeck 1983, 218–225.
Groddeck, G. (1931 b): Das Zwiegeschlecht des Menschen. Psychoanalytische Bewegung 3 (1931), 166–172. Auch in: Groddeck 1966, 256–262.

1932

Groddeck, G. (1932 a): Wege zum Es. Psychoanalytische Bewegung 4 (1932), 161–171.
Groddeck, G. (1932 b): Vom Sehen, von der Welt des Auges und vom Sehen ohne Augen. Mskr. im Nachlaß Groddeck. Veröffentlicht in: Groddeck 1966, 263–330.
Groddeck, G. (1932 c): Über das Herz. Referat gehalten in London 1932. Typoskript im Nachlaß Groddeck.
Groddeck, G. (1932 d): Lebenserinnerungen (1932–1934). Typoskript im Nachlaß Groddeck.

1933

Groddeck, G. (1933 a): Der Mensch als Symbol. Unmaßgebliche Meinungen über Sprache und Kunst. Wien: Internationaler Psychoanalytischer Verlag 1933.
Groddeck, G. (1933 b): Über Verstopfung. Typoskript im Nachlaß Groddeck.
Groddeck, G. (1933 c): Ich erkälte mich. Mskr. im Nachlaß Groddeck. Veröffentlicht in: Groddeck 1966, 331–334; Groddeck 1983, 226–230.
Groddeck, G. (1933 d): Vom Menschenbauch und dessen Seele. Zwei Fassungen. Manuskripte im Nachlaß Groddeck. Auszugsweise veröffentlicht in: Groddeck 1966, 335–380.
Groddeck, G. (1933 e): Mensch und Person. Typoskript im Nachlaß Groddeck.

1934

Groddeck, G. (1934a): Von der psychischen Bedingtheit der Krebserkrankung. Fragment. Mskr. im Nachlaß Groddeck. Veröffentlicht in: Groddeck 1966, 380–385.
Groddeck, G. (1934b): Über Verstopfung. Typoskript im Nachlaß Groddeck.
Groddeck, G. (1934c): Vom Mund und dessen Seele. Typoskript im Nachlaß Groddeck. Veröffentlicht in: Groddeck 1966, 386–388; Groddeck 1983, 231–233.
Groddeck, G. (1934d): Vom Kopf und dessen Seele. Typoskript im Nachlaß Groddeck.
Groddeck, G. (1934e): Von den Gliedmaßen und deren Seele. Typoskript im Nachlaß Groddeck.
Groddeck, G. (1934f): Über die Wirkung der Behandlung. Typoskript im Nachlaß Groddeck.

Postume Veröffentlichungen

Groddeck, G. (1951): Psychosomatische Forschung als Erforschung des Es. (Abdruck des Vortrages: Das Es und die Psychoanalyse; Groddeck 1925n). Psyche 4 (1950–51), 481–487.
Groddeck, G. (1961): Das Buch vom Es. Psychoanalytische Briefe an eine Freundin. Wiesbaden: Limes 1961.
Groddeck, G. (1964): Psychoanalytische Schriften zur Literatur und Kunst. Ausgewählt und hg. von E. Roeder von Diersburg. Wiesbaden: Limes 1964.
Groddeck, G. (1966): Psychoanalytische Schriften zur Psychosomatik. Ausgewählt und hg. von G. Clauser. Wiesbaden: Limes 1966, 2. Aufl. 1976.
Groddeck, G. (1968): Das Buch vom Es. Psychoanalytische Briefe an eine Freundin. München: Kindler (Geist und Psyche) 1968.
Groddeck, G. (1970): Der Mensch und sein Es. Briefe, Aufsätze, Biografisches. Hg. von M. Honegger. Wiesbaden: Limes 1970.
Groddeck, G. (1971): Der Seelensucher. Ein psychoanalytischer Roman. Wiesbaden: Limes 1971.
Groddeck, G. (1973a): Der Mensch als Symbol. Unmaßgebliche Meinungen über Sprache und Kunst. Wiesbaden: Limes 1973.
Groddeck, G. (1973b): Das Buch vom Es. Psychoanalytische Briefe an eine Freundin. Frankfurt: Uni-Print (fotomechanischer Raubdruck) 1973.
Groddeck, G. – Freud, S. (1974a): Briefe über das Es. München: Kindler (Geist und Psyche) 1974. (= Taschenbuchausgabe von Groddeck 1970, Teil 1).
Groddeck, G. (1974b): Verdrängen und Heilen. Aufsätze zur Psychoanalyse und zur psychosomatischen Medizin. München: Kindler (Geist und Psyche) 1974. (= Taschenbuchausgabe von Groddeck 1970, Teil 2).
Groddeck, G. (1976a): Die Natur heilt ... Die Entdeckung der Psychosomatik. Hg. und mit einem Nachwort versehen von H. Siefert. Wiesbaden, München: Limes 1976. (= Neuausgabe von »Nasamecu«, Groddeck 1913).
Groddeck, G. (1976b): Der Mensch als Symbol. Unmaßgebliche Meinungen über Sprache und Kunst. München: Kindler (Geist und Psyche) 1976.

Groddeck, G. (1978a): Psychoanalytische Schriften zur Literatur und Kunst. Neu ausgewählt und hg. von H. Siefert. Frankfurt: Fischer Taschenbuch Verlag 1978.

Groddeck, G. (1978b): Conférences psychoanalytiques á l'usage des malades prononcées au sanatorium de Baden-Baden. Ed. et trad. par R. Lewinter. Paris: Ed. Champ Libre, Bd. I, 1978; Bd. II, 1979; Bd. III, 1981. (= Erstveröffentlichung der 115 psychoanalytischen Vorträge Groddeck 1916).

Groddeck, G. (1979a): Das Buch vom Es. Psychoanalytische Briefe an eine Freundin. Neu hg. von H. Siefert. Frankfurt: Fischer Taschenbuch Verlag 1979, 16.–20. Tsd. 1981, 21.–25. Tsd. 1983.

Groddeck, G. (1979b): Der Seelensucher. Ein psychoanalytischer Roman. Berlin: Medusa 1979.

Groddeck, G. (1981a): Der Seelensucher. Ein psychoanalytischer Roman. Wiesbaden: Limes 1981.

Groddeck, G. (1981b): Der Pfarrer von Langewiesche. Basel, Frankfurt: Stroemfeld, Roter Stern 1981.

Groddeck, G. – O. Rank: (1981c) Correspondance inédite à propos de la publication du Livre du ça avec un »Intermezzo«. Ed. par R. Lewinter. Le Bloc – Notes de la Psychanalyse No 1 (1981), 63–76.

Groddeck, G. (1983): Krankheit als Symbol. Schriften zur Psychosomatik. Hg. und mit einer Einleitung versehen von H. Siefert. Frankfurt: Fischer Taschenbuch Verlag 1983.

Groddeck, G. (1984): Die Natur heilt ... Die Entdeckung der Psychosomatik. Frankfurt: Fischer Taschenbuch Verlag 1984. (= Taschenbuchausgabe von Groddeck 1976a).

Groddeck, G. – S. Ferenczi: (1986) Briefwechsel 1921– 1933. Frankfurt: Fischer Taschenbuch 1986.

Sekundärliteratur

Adorno, Th. W.: Noten zur Literatur III. Frankfurt: Suhrkamp 1965.

Alexander, F.: Strafbedürfnis und Todestrieb. Internationale Zeitschrift für Psychoanalyse 15 (1929), 231–245.

Andrä, B.: Georg Groddeck und die psychosomatische Medizin. Würzburg: Univ., Diss. med. 1982.

L'ARC. Revue trimestrelle, Aix-en-Provence. Numéro 78, 1er trimestre 1980: Georg Groddeck (Themenheft).

Assoun, P.-L.: Freud et Nietzsche. Paris: P. U. F. 1980.

Bachmann, I.: (Georg Groddeck). Entwurf. In: Bachmann, I.: Die Wahrheit ist dem Menschen zumutbar. Essays, Reden, Kleinere Schriften. München: Piper 1981, S. 146–153.

Balint, M.: Psychoanalyse und klinische Medizin. Zeitschrift für klinische Medizin 103 (1926), 628–645.

Balint, M.: (Rez.) Exploring the Unconscious. The Book of the It. By Georg Groddeck. The International Journal of Psycho-Analysis 32 (1951), 250–251.

Bally, G.: Bericht über die II. Tagung der Deutschen Psychoanalytischen Ge-

sellschaft in Dresden. Zentralblatt für Psychotherapie und ihre Grenzgebiete 3 (1930), 642–644.
Boss, M.: Ansprache, gesprochen bei der Bestattung Georg Groddecks im Krematorium Zürich am 13. Juni 1934. Typoskript im Nachlaß Groddeck.
Boss, M.: (Erinnerung an Georg Groddeck. 1934). In: Groddeck, G.: The World of Man. London: C. W. Daniel, 2. Aufl., 1951, 21–23.
Breton, A.: Die Manifeste des Surrealismus. Reinbek: Rowohlt 1968.
Bridges, E.: Die Rezeption von Georg Groddecks Werk im englischsprachigen Raum. Frankfurt: Univ., Diss. med. (in Bearbeitung).
Chemouni, J.: Georg Groddeck. Psychanalyste de l'imaginaire. Paris: Payot 1984.
Clauser, G.: Vororientierung. In: Groddeck, G.: Psychoanalytische Schriften zur Psychosomatik. Ausgewählt und herausgegeben von G. Clauser. Wiesbaden: Limes 1966, 10–18.
Clauser, G.: Über Georg Groddeck. Von einem Arztfreund. In: Groddeck, G.: Der Mensch und sein Es. Briefe, Aufsätze, Biografisches. Herausgegeben von E. Honegger. Wiesbaden: Limes 1970, 430–435.
Cocks, G. C.: Psyche and Swastika. »Neue Deutsche Seelenheilkunde« 1933 bis 1945. Ann Arbor, London: Xerox Univ. Microfilms 1975.
Cohn, H.: Ueber Schweninger's Entfettungscuren. Wiener Medizinische Presse 39 (1898), 169–174.
Collins, M.: Georg Walther Groddeck 1866–1934 (1934). In: Groddeck, G.: The World of Man. London: C. W. Daniel, 2. Aufl., 1951, 5–11.
Dejours, C.: La psychosomatique avec ou sans Groddeck? L'ARC 78 (1980), 51–57.
Deutsch, F.: Psychoanalyse und Organkrankheiten. Internationale Zeitschrift für Psychoanalyse 8 (1922), 290–306.
Deutsch, F.: Biologie und Psychologie der Krankheitsgenese. Internationale Zeitschrift für Psychoanalyse 19 (1933), 130–137.
Durrell, L.: Groddeck. Wiesbaden: Limes 1961.
Eichhoff, P. J.: Für das Hydroxylamin in der Dermatotherapie. Monatshefte für Praktische Dermatologie 10 (1890), 219–225.
Eichhoff, P. J.: Zum drittenmale für das Hydroxylamin, unter gebührender Berücksichtigung der Schweningerkur in der Dermatotherapie. Monatshefte für Praktische Dermatologie 10 (1890), 501–506.
Engel, G. L. & Schmale Jr., A. H.: Eine psychoanalytische Theorie der somatischen Störung. Konversion, Spezifität und Situation bei Ausbruch der Krankheit. Psyche 23 (1969), 241–261.
Espach, A.: Beiträge zur Biographie Ernst Schweningers. München: Schriftenreihe der Münchener Vereinigung für Geschichte der Medizin Bd. 4 1979.
Fédida, P.: Le psychanalyste sauvage. Les Temps modernes 25 (1969), 925–932.
Fenichel, O.: (Bericht von einer Berliner Diskussion über die Psychoanalyse). Internationale Zeitschrift für Psychoanalyse 11 (1925), 246–247.
Ferenczi, S.: Schriften zur Psychoanalyse. Herausgegeben und eingeleitet von Michael Balint. Frankfurt: S. Fischer Bd. I, 1970, Bd. II, 1972.
Ferenczi, S.: (Rez.) Dr. med. Georg Groddeck. Die psychische Bedingtheit und psychoanalytische Behandlung organischer Leiden (1917). In: Ders.: Schriften I, 258–259.
Ferenczi, S.: (Rez.) Georg Groddeck. Der Seelensucher. Ein psychoanalytischer Roman (1921). In: Ders.: Schriften II, 94–98.
Ferenczi, S.: Erotische Eheschwierigkeiten. Die Arche 1 (1925), Nr. 14, 1–5.

Ferenczi, S.: Kontraindikationen der aktiven Psychoanalytischen Technik (1926). In: Ders.: Schriften II, 182–193.
Ferenczi, S.: Relaxationsprinzip und Neokatharsis (1930). In: Ders.: Schriften II, 257–273.
Fließ, R.: Der psychoanalytische Struwwelpeter. Vossische Zeitung vom 30. 11. 1927.
Fließ, R.: Psychoanalyse organischer Leiden. Schluß des Baden-Badener Kongresses. Georg Groddeck. Vossische Zeitung vom 12. 5. 1928.
Fließ, R.: Oedipus und Struwwelpeter. Psychoanalytiker-Tagung. Vossische Zeitung vom 2. 10. 1930.
Freud, E. & Freud, L. & Grubrich-Simitis, I.: Sigmund Freud. Sein Leben in Bildern und Texten. Frankfurt: Suhrkamp 1976.
Freud, S.: Die Traumdeutung (1900). Ges. Werke II/III, Frankfurt: S. Fischer 1976.
Freud, S.: Das Ich und das Es (1923). Ges. Werke XIII, Frankfurt: S. Fischer 1976, 235–289.
Freud, S.: Neue Folge der Vorlesungen zur Einführung in die Psychoanalyse (1933). Ges. Werke XV, Frankfurt: S. Fischer 1973.
Freud, S. & Abraham, K.: Briefe 1907–1926. Frankfurt: S. Fischer 1965.
Freud, S. & Andreas-Salomé, L.: Briefwechsel. Frankfurt: S. Fischer 1966.
Freud, S. & Ferenczi, S.: Sechs Briefe zur Wechselbeziehung von psychoanalytischer Theorie und Technik. Mit begleitenden Überlegungen von Ilse Grubrich-Simitis. In: Jappe, G. & Nedelmann, C. (Hg.): Zur Psychoanalyse der Objektbeziehungen. Stuttgart-Bad Cannstatt: fromman-holzboog 1980, 139–174.
Freud, S. & Pfister, O.: Briefe 1909–1939. Frankfurt: S. Fischer 1963.
Freud, S. & Weiss, E.: Briefe zur psychoanalytischen Praxis. Frankfurt: S. Fischer 1973.
Friedländer, A. A.: Psychoanalyse organischer Leiden. Die medizinische Welt 2 (1928), 986–987.
Fromm, E.: Die gesellschaftliche Bedingtheit der psychoanalytischen Therapie. Zeitschrift für Sozialforschung 4 (1935), 365–396.
Gerö, G.: III. Allgemeiner ärztlicher Kongreß für Psychotherapie in Baden-Baden, 20. bis 22. April 1928. Internationale Zeitschrift für Psychoanalyse 14 (1928), 280–281.
Goethe, J. W. v.: Iphigenie auf Tauris (1787). In: Goethes Werke, Weimarer Ausgabe, Bd. X. Weimar: Hermann Böhlau 1889, 1–95.
Goltz, J. v. d.: Der Kohlweißling. Zeitschrift der Kurverwaltung Baden-Baden 1958, 27–30.
Groddeck, C. Th.: De morbo democratico, nova insaniae forma. Berlin: Diss. med. 1849.
Groddeck, K. A. v.: Die Danziger Familie Groddeck. Danziger familiengeschichtliche Beiträge 1 (1929), 47–52.
Groddeck, K. A. v.: Dr. Georg Groddeck †. Danziger familiengeschichtliche Beiträge 2 (1934), 122–123.
Groddeck, W.: (Art.) K. A. Gr. – K. Th. Gr. Altpreußische Biographie, Bd. I. Königsberg 1941, 231–232.
Groddeck-Almanach. Hg. im Auftrag der Georg-Groddeck-Gesellschaft von H. Siefert e. a. Basel u. Frankfurt: Stroemfeld/Roter Stern 1986.
Grossman, C. M. & S.: The Wild Analyst. The Life and Work of Georg Groddeck. New York: George Braziller 1965.
Grotjahn, M.: Georg Groddeck and his Teachings about Man's Innate Need

for Symbolization. A contribution to the history of early psychoanalytic psychosomatic medicine. The Psychoanalytic Review 32 (1945), 9–24.
Grotjahn, M.: Georg Groddeck. The untamed analyst. In: Alexander, F. & Eisenstein, S. & Grotjahn, M. (Hg.): Psychoanalytic Pioneers. New York, London: Basic Books 1966, 308–320.
Grotjahn, M.: Die Sprache des Symbols. Der Zugang zum Unbewußten. München: Kindler 1977 (Insbesondere Kap. 7 zu Georg Groddeck).
Grunberger, B.: Von der Analyse des Ödipus zum Ödipus des Analytikers. Psyche 36 (1982), 513–540.
Hahn, P.: Die Entwicklung der psychosomatischen Medizin. In: Balmer, H. (Hg.): Die Psychologie des 20. Jahrhunderts, Bd. I. Zürich: Kindler 1976, 932–952.
Hansen, K.: (Rez.) Über die psychische Behandlung der Nierensteinbildung. Von G. Groddeck. Der Nervenarzt 1 (1928), 512.
Henning, H.: (Rez.) Georg Groddeck. Psychische Bedingtheit und psychoanalytische Behandlung organischer Leiden. Leipzig 1917. Zeitschrift für Psychologie 82 (1920), 363.
Heyer, G. R.: Autoreferat (einer Diskussionsbemerkung zu Georg Groddeck). III. Allgemeiner ärztlicher Kongreß für Psychotherapie. Archiv für Psychiatrie und Nervenkrankheiten 85 (1928), 569.
Jägersberg, O. (Hg.): Georg Groddeck. Der wilde Analytiker, Es-Deuter, Schriftsteller, Sozialreformer und Arzt aus Baden-Baden. Dokumente und Schriften. Bühl-Moos: Elster 1984.
Jay, M.: Dialektische Phantasie. Die Geschichte der Frankfurter Schule und des Instituts für Sozialforschung 1923–1950. Frankfurt: Fischer 1981.
Jelliffe, S. E.: Psychoanalyse und organische Störung: Myopie als Paradigma. Internationale Zeitschrift für Psychoanalyse 12 (1926), 517–527.
Jelliffe, S. E.: The Death Instinct in Somatic and Psychopathology. The Psychoanalytic Review 20 (1933), 121–132.
Jones, E.: Das Leben und Werk von Sigmund Freud, 3 Bde. Bern, Stuttgart, Wien: Hans Huber, 2. Aufl., 1978.
Keppler, H.: »Hin zu Gottnatur« als Diskussions-Thema im »Deutschen Lyceum-Klub«. Die Frau und ihre Zeit (1909), 57–59.
Keyserling, H. Graf: Nachruf für Georg Groddeck. Deutsche Allgemeine Zeitung vom 14. 6. 1934.
Keyserling, H. Graf: Die gesammelten Werke, Bd. II. Reise durch die Zeit. Abenteuer der Seele, Darmstadt, Baden-Baden: Holle 1958.
Kleist, H. v.: Über die allmähliche Verfertigung der Gedanken beim Reden (1805/06). In ders.: Das Erdbeben in Chili und andere Prosastücke. Stuttgart: Reclam 1978, 48–55.
Knoch, M. & Koch-Thorbecke, A.: Erinnerungen (an Georg Groddeck und das Sanatorium in Baden-Baden), niedergeschrieben 1961. Typoskript im Nachlaß Groddeck.
Köllerström, O.: Groddeck. In ders.: The Actual and the Real. A Way of Thinking About Eternity. London: Turnstone 1974, 27–53.
Lalive d'Epinay, M.: Groddeck. Paris: Ed. universitaire 1983.
Lehmann, H.: Georg Groddeck und seine Bedeutung für uns. Christliche Freiheit 42 (1926), 221.
Lewinter, R.: Présentation. (Einleitung zu) Georg Groddeck: Du ventre humain et de son âme. Nouvelle Revue de Psychanalyse 3 (1971), 211–216.
Lewinter, R.: Groddeck: (Anti)judaisme et bisexualité. Nouvelle Revue de Psychanalyse 7 (1973), 199–203.

Lewinter, R.: Groddeck et le Royaume Milénaire de Jérôme Bosch. O. O.: Ed. Champ Libre 1974.
Lewinter, R.: L'apparat de l'âme. L'expérience de Groddeck. Paris: Ed. Mazarine 1980.
Lewinter, R.: L'expérience de parole. L'ARC 78 (1980), 15–17.
Lewis, N. D. C.: Smith Ely Jelliffe. 1866–1945. Psychosomatic Medicine in America. In: Alexander, F. & Eisenstein, S. & Grotjahn, M. (Hg.): Psychoanalytic Pioneers. New York, London: Basic Books 1966, 224–234.
Märten, L.: Tragödie oder Komödie? Eine Antwort einer Ibsen-Leserin. Frauen-Zukunft 1 (1910–11), 736–741.
Mairet, Ph.: Religio Medici (Nachruf auf Georg Groddeck). The Criterion 14 (1934–35), 369–373.
Mannoni, M.: La théorie comme fiction. Freud, Groddeck, Winnicott, Lacan. Paris: Ed. du Seuil 1979.
Mariot, J. P.: Georg Groddeck. Une lecture contribuant à l'épistémologie de la psychologie clinique. Bulletin de psychologie 2 (1971–72), 714–723.
Maurer, R. G.: A Thesis Toward an Understanding of Georg Groddeck. O. O.: Yale University School of Medicine, Harvard College, Diss. med. 1967.
Meier, R.: Krankheitsbericht. Von einem befreundeten Arzt. In: Groddeck, G.: Der Mensch und sein Es. Briefe, Aufsätze, Biografisches. Herausgegeben von M. Honegger. Wiesbaden: Limes 1970, 428–429.
Mendel, K.: (Rez.) Psychische Bedingtheit und psychoanalytische Behandlung organischer Leiden von Georg Groddeck (Leipzig 1917). Neurologisches Centralblatt 36 (1917), 991.
Meng, H.: Georg Groddeck†. Internationale Zeitschrift für Psychoanalyse 20 (1934), 408–411.
Meng, H.: Nachtrag zum Nachruf auf Georg Groddeck. Internationale Zeitschrift für Psychoanalyse 21 (1935), 111.
Meng, H.: (Rez.) Georg Groddeck. Psychoanalytische Schriften zur Psychosomatik, ausgewählt und herausgegeben von Günter Clauser. Zeitschrift für Psychosomatische Medizin und Psychoanalyse 13 (1967), 70.
Meng, H.: Leben als Begegnung. Stuttgart: Hippokrates 1971.
Munk, F.: Das Medizinische Berlin um die Jahrhundertwende. München, Wien, Baltimore: Urban & Schwarzenberg, 2. Aufl., 1979.
Nietzsche, F.: Jenseits von Gut und Böse (1886). Sämtl. Werke. Krit. Studienausgabe, Bd. V. München, Berlin, New York: dtv, de Gruyter 1980, 9–243.
Nitzschke, B.: Zur Herkunft des »Es«: Freud, Groddeck, Nietzsche – Schopenhauer und E. von Hartmann. Psyche 37 (1983), 769–804.
Overbeck, G.: Groddecks psychosomatisches Konzept. Versuch einer kritischen Würdigung. Praxis der Psychotherapie und Psychosomatik 30 (1985), 4–10.
Pfister, O.: Abdankungsrede, gesprochen bei der Bestattung Georg Groddecks im Krematorium Zürich am 13. Juni 1934. Typoskript im Nachlaß Groddeck.
Pfister, O.: (Rez.) Psycho-Analysis Today. Ed. by S. Lorand, 1948. Schweizerische Zeitschrift für Psychologie 9 (1950), 152–153.
Pichler, M.: Dr. Groddeck als Volkswirtschafter. Die Arche, Sonderheft, Georg Groddeck zum 60. Geburtstag gewidmet, 13. 10. 1926, 11–15.
Pichler, M.: Georg Groddeck als Sozialreformer und Mensch. In: Groddeck, G.: Der Mensch und sein Es. Briefe, Aufsätze, Biografisches. Herausgegeben von M. Honegger. Wiesbaden: Limes 1970, 414–428.

Pietzcker, C.: (Rez.) Groddeck, Georg: Psychoanalytische Schriften zur Literatur und Kunst, Frankfurt a. M. 1978. Psyche 34 (1980), 660–664.
Polgar, A.: (Rez.) Der Seelensucher. Berliner Tageblatt vom 20. 12. 1921.
Pontalis, J.-B.: Entre Groddeck et Freud. La Nouvelle Revue Française 297 (Okt. 1977), 102–110.
Prinzhorn, H.: Psychoanalyse organischer Leiden. Die medizinische Welt 2 (1928), 1020–1021.
Psyche 39 (1985), Heft 2: Zur Genealogie des »Es«. Themenheft.
Rad, M. v.: Zur Theorie und Therapie psychosomatisch Kranker. Zeitschrift für Psychosomatische Medizin und Psychoanalyse 27 (1981), 1–20.
Raimann, E.: (Rez.) Psychische Bedingtheit und psychoanalytische Behandlung organischer Leiden. Von Dr. med. Georg Groddeck – Baden-Baden. Leipzig 1917. Wiener klinische Wochenschrift 31 (1918), 1043.
Rattner, J.: Georg Groddeck. In: Ders. (Hg.): Der Weg zum Menschen. Wien, München, Zürich: Europaverlag 1981, 65–87.
Richter, W.: Bismarck. Frankfurt: S. Fischer 1962.
Roeder von Diersburg, E.: Epoche. Die Arche, Sonderheft Georg Groddeck zum 60. Geburtstag gewidmet, 13. 10. 1926, 18–22.
Roeder von Diersburg, E.: (Nachruf für Georg Groddeck). Ecce der nationalsozialistischen Erziehungsanstalt Schulpforta, Naumburg (1934), 39–46.
Roeder von Diersburg, E.: Georg Groddecks Philosophie des Es. Zeitschrift für philosophische Forschung 15 (1961), 131–138.
Roustang, F.: A-t-il désappris à rire? (Groddeck et Freud). In: Ders.: Un destin si funeste. Paris: Ed. de Minuit 1976, 145–174.
Rubins, J. L.: Karen Horney. Sanfte Rebellin der Psychoanalyse. Biographie. München: Kindler 1980.
Runge, H.: Wissenschaft und Phantasie. Die Arche, Sonderheft Georg Groddeck zum 60. Geburtstag gewidmet, 13. 10. 1926, 3–11.
Sachs, H.: (Rez.) Georg Groddeck: Das Buch vom Es, 1923. Imago 11 (1925), 478.
Sarasin, Ph.: Ansprache, gesprochen bei der Bestattung Georg Groddecks im Krematorium Zürich am 13. Juni 1934. Typoskript im Nachlaß Groddeck.
Schmidbauer, W.: Die subjektive Krankheit. Kritik der Psychosomatik. Reinbek: Rowohlt 1986.
Schultz, J. H.: Lebensbilderbuch eines Nervenarztes – Jahrzehnte in Dankbarkeit. Stuttgart: Thieme 1964.
Schur, M.: Sigmund Freud. Leben und Sterben. Frankfurt: Suhrkamp 1973.
Searles, H. F.: Phasen der Wechselbeziehung zwischen Patient und Therapeut bei der Psychotherapie der chronischen Schizophrenie. Psyche 18 (1964–65), 494–531.
Siefert, H.: Einleitung des Herausgebers. In: Georg Groddeck: Das Buch vom Es. Neu hrsg. von H. Siefert. Frankfurt: Fischer Taschenbuch-Verlag 1979, 7–13.
Siefert, H.: Sigmund Freud, Georg Groddeck und die psychosomatische Medizin. Praxis der Psychotherapie und Psychosomatik 24 (1979), 63–78.
Simmel, E.: Georg Groddeck zum sechzigsten Geburtstag. Internationale Zeitschrift für Psychoanalyse 12 (1926), 591–595.
Simmel, E.: Die psychoanalytische Behandlung in der Klinik. Internationale Zeitschrift für Psychoanalyse 14 (1928), 352–370.
Simmel, E.: (Diskussionsbemerkung – Generaldiskussion). In: Eliasberg, W. (Hg.): Bericht über den III. Allgemeinen ärztlichen Kongreß für Psycho-

therapie in Baden-Baden, 20. bis 22. April 1928. Leipzig: S. Hirzel 1929, 286–290.
Simmel, E.: Über die Psychogenese von Organstörungen und ihre psychoanalytische Behandlung. In: Kretschmer, E. & Cimbal, W.: Bericht über den VI. Allgemeinen ärztlichen Kongreß für Psychotherapie in Dresden, 14. bis 17. 5. 1931. Leipzig: S. Hirzel 1931, 56–65.
Sommer, R.: (Rez.) Groddeck, Georg, Psychische Bedingtheit und psychoanalytische Behandlung organischer Leiden. Leipzig 1917. Klinik für psychische und nervöse Krankheiten 10 (1919), 256–257.
Spruiell, V.: Groddeck's children. Journal of the Philadelphia association of psychoanalysis 6 (1979), 175–181.
Stekel, W.: (Rez.) Groddeck, Georg, Psychische Bedingtheit und psychoanalytische Behandlung organischer Krankheiten. Leipzig 1917. Zeitschrift für Sexualwissenschaft 6 (1919), 43–44.
Storfer, A. J.: (Vorbemerkung zu:) Wege zum Es. Von Georg Groddeck. Psychoanalytische Bewegung 4 (1932), 161.
Stropp, E.: Die Frau ohne Persönlichkeit. Eine Entgegnung. Die Frau und ihre Zeit (1909), 17–20.
Studt, H. H. & Arnds, H.-G.: Probleme der psychosomatischen Diagnostik. In: Hahn, P. (Hg.): Die Psychologie des 20. Jahrhunderts, Bd. IX. Zürich: Kindler 1979, 299–313.
Taylor, H. M.: Life's Unknown Ruler. An Exposition of the Teaching of Georg Groddeck. With an Introduction by Milton Powell. London: C. W. Daniel 1935.
Tytell, P.: Un précurseur des fictions théoriques. L'ARC 78 (1980), 92–103.
Verspohl, U.: Baugenossenschaft. Die Arche, Sonderheft Georg Groddeck zum 60. Geburtstag gewidmet, 13. 10. 1926, 15–17.
Wald, R.: Deutsche Nervenärzte als Dichter und Denker. III. Georg Groddeck. Psychiatrisch-neurologische Wochenschrift 38 (1936), 166–169.
Weigert, E.: The Courage to Love. New Haven, London: Yale University Press 1970.
Weisz, P.: The Contribution of Georg Wilhelm Groddeck on Zen Buddhism and Psychiatry. Psychologia 3 (1960), 50–57.
Weizsäcker, V. v.: Vorbemerkung zu Georg Groddeck: Psychosomatische Forschung als Erforschung des Es. Aus einem nicht gehaltenen Vortrag. Psyche 4 (1950–51), 481.
Weizsäcker, V. v.: Natur und Geist. Erinnerungen eines Arztes (1954). München: Kindler, 3. Aufl., 1977.
White, W. A.: (Rez.) The World of Man. By Georg Groddeck, M. D. London. The Psychoanalytic Review 22 (1935), 237–238.
Will, H.: Der wilde Analytiker. Georg Groddeck, dem Vater der Psychosomatik, zum 50. Todestag am 11. Juni 1984. Psychologie heute 11 (1984), 58–63.
Will, H.: Freud, Groddeck und die Geschichte des »Es«. Psyche 39 (1985), 150–169.

Diese Arbeit entstand ursprünglich als medizinische Dissertation an der Technischen Universität München bei Prof. Dr. Dr. Albert Görres.

Personenregister

Sachregister

Literaturwissenschaft

dtv 4226

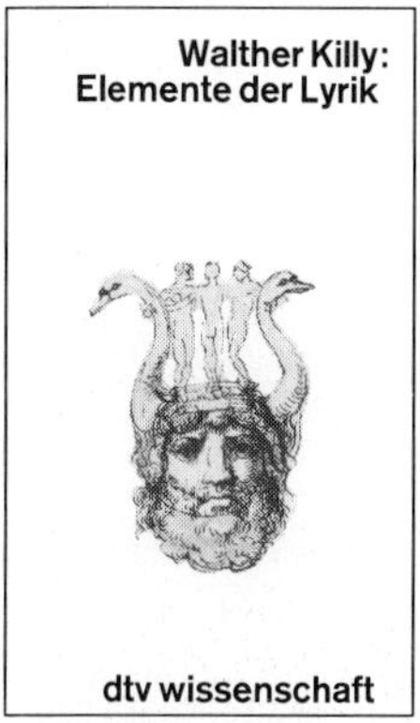

dtv 4417

dtv 2935

Teun A. van Dijk:
Textwissenschaft
Eine interdisziplinäre
Einführung
dtv 4364

Hermann Schlüter:
Grundkurs der Rhetorik
Mit einer Textsammlung,
einer umfangreichen
Literaturliste und
ausführlichem Register
dtv 4149

Die Kunst des
Gesprächs
Texte zur Geschichte
der europäischen
Konversation
Hrsg. von Claudia
Schmölders
dtv 4446

Bruno Hillebrand:
Theorie des Romans
Eine Problem-
geschichte der Roman-
theorien: der Roman als
literarische Gattung
anhand von Beispielen
insbes. aus der
deutschen Literatur
dtv 4340

Emil Staiger:
Die Kunst
der Interpretation
Eine Sammlung von
Aufsätzen und
Vorträgen aus den
Jahren 1945 bis 1955
dtv 4078

Harald Weinrich:
Literatur für Leser
Essays und Aufsätze zur
Literaturwissenschaft
dtv 4451

Juden und Judentum in
der Literatur
Hrsg. von Herbert A.
Strauss und Christhard
Hoffmann
dtv 10513

dtv